中国纺织出版社

内容提要

《止学》是中华传统文化中极有价值的一部经典，是中国古代文化关于“止”之思想的集大成之作。它以道家思想为核心，论述处世之道。虽文短却内涵深厚，意境悠远，具有极强的实用价值。《止学全鉴》围绕其主旨含义进行解读，将国学和现代励志学融为一体，便于读者更好地领略《止学》的精髓要义。

图书在版编目（CIP）数据

止学全鉴 /（隋）文中子著；东篱子解译. --北京：中国纺织出版社，2019.1（2024.1重印）

ISBN 978-7-5180-5345-2

Ⅰ. ①止…　Ⅱ. ①文…　②东…　Ⅲ. ①哲学理论—中国—隋代 ②《止学》—注释 ③《止学》—译文　Ⅳ. ①B241.1

中国版本图书馆CIP数据核字（2018）第194461号

策划编辑：于磊岚　　特约编辑：张彦彬

责任校对：武凤余　　责任印制：储志伟

中国纺织出版社出版发行

地址：北京市朝阳区百子湾东里 A407 号楼　邮政编码：100124

销售电话：010—67004422　传真：010—87155801

http：//www.c-textilep.com

E-mail：faxing@c-textilep.com

中国纺织出版社天猫旗舰店

官方微博 http://weibo.com/2119887771

永清县晔盛亚胶印有限公司印刷　各地新华书店经销

2019年1月第1版　2024年1月第4次印刷

开本：710×1000　1/16　印张：20

字数：241千字　定价：68.00元

前言

“止学”，顾名思义，是“停下来”的学问。那么，在中国古人看来，“停下来”也是一门学问吗？的确如此。不要小瞧了一个“止”字，一个“止”字，蕴含着无穷无尽的做人处世智慧。我国著名思想家、墨家学派的创始人墨子两千多年前就揭示了“止”字中所蕴含的人生智慧，他说：“知止，则日进无疆，反者，道之动。知足不辱，知止不殆。持盈保泰、长生久视之道。”对于商人来说，一个“止”字决定了其输与赢；对于官员来说，一个“止”字决定了其平凡与伟大；对于一个普通人来说，一个“止”字决定了他的成功与失败。“止”之奥妙，存乎一心。

隋朝大儒文中子，就以“止学”为题，以道家思想为核心，论处世之道，称为《止学》，其文笔优美，意境深远，将传统文化中关于“止”的精髓集于千余言内，极具实用价值，堪称一部奇书，是中华传统文化中极有价值的一部珍贵经典，也是一部关于胜败荣辱的古代绝学。“止”，不仅仅是“停下”的意思，所谓的“止”就是志有定向，妄念不萌，外念不摇，不急于求成，在纷杂的尘世中，求得一颗安定从容之心；所谓“知止”就是不仅知道自己什么时候要做什么，更要知道在什么情况下、什么地方该停下来。纵览古今，凡是深谙《止学》要义并以其为人生指导的人，无不收获了辉煌的人生。

曾国藩是清代名臣，他的做人之道被后人作为榜样，其实，他为人处世的核心就是“止”，懂得韬光养晦、急流勇退。梁启超先生曾评价曾国藩：“文正深守知止知足之戒，常以急流勇退为心。”这句话精辟概括了他36年独步官场的终极仕道，也是他留给后世的最珍贵的处世宝典。

李嘉诚是“香港首富”“亚洲超人”“世界华人首富”，他就曾把“知止”二字作为自己经商的座右铭，这是李嘉诚自创业以来半个多世纪一往无前、所向披靡的终极商道。

对于现代人来说，《止学》仍然具有积极的借鉴意义，它是一部了解为人处世之道颇具价值的参考指南，有助于职场人士融洽同事之情，有助于普通朋友之间的友好相处……可以说，《止学》是一部不可多得的为人处世的秘诀宝典。

本书在编写过程中，借鉴和参考了大量的文献和作品，从中得到不少启悟，汲取了其中的智慧精华，将国学和现代励志学融合在一起，让读者能全面深刻了解《止学》的精髓要义。由于编写和出版时间仓促以及编者水平有限，书中不足之处在所难免，诚请广大读者指正。

解译者

2018 年 8 月

目录

智卷第一

用势卷第二

利卷第三

辩卷第四

誉卷第五

情卷第六

蹇卷第七

释怨卷第八

心卷第九

修身卷第十

智卷第一

本卷主要对智谋的理解和运用给予精辟的阐述。在文中子看来，任何智谋都不是完美无缺的，不能做到万无一失，在用智谋处理事情的时候，由于智谋有欠缺，所以要慎重使用才能减少祸患。智谋的作用终究是有限的，用智谋的原则是恰到好处和适可而止，尤其对智谋高的人，更不可轻易随便使用。只有权衡得失，当用则用，当弃则弃，才是人生大智慧，才能谋求长远。所以，有智谋是一种智慧，而懂得如何运用智谋才是大智慧。

1. 聪明过分就是愚

【原文】

智极则愚也。

【译文】

过分的聪明就是愚蠢了。

【解析】

智谋的运用讲究的是恰到好处和适可而止，在特定时期，不用智谋也是智谋之一。人们若是在此一味玩弄聪明，片面追求极致，其结果势必会作茧自缚，为自己的小聪明付出沉重的代价。智谋最忌滥施和张扬，如果一个人处处工于心计和不加掩饰，便会令人侧目，更加防范，其智谋的出奇和有效性也就大打折扣了，弄巧成拙、反受其害的事最易由此产生。

生活中，我们总是不能客观地正视自己，总以为比别人聪明，比别人优秀，并时常为自己耍小聪明而取得的成功窃喜。殊不知，这些小聪明其他人一眼就能看穿，而我们自己却蒙在鼓里洋洋得意！观察我们身边的每个人，其实耍小聪明的事情比比皆是，有的时候只不过我们没有意识到这些小聪明的危害而已。

【主题延伸阅读】

盛极必衰，应知进退

事物的发展都遵循着“盛极必衰，物极必反”的发展规律。然而真正能够懂得其深刻含义的人却不多，因为人人都向往着成就大事，希望自己能够强势。自古以来，人的进退，本就不是件容易处理的事，尤其是“退”字，要想成就一番事业，就要练就“退”的功夫。假如一个人只知进不知退，在“退”上欠火候，可能会使一生功绩毁于一旦，甚至身败名裂，最终落个凄惨的下场。

战国时代政治家商鞅在辅助秦孝公治理国家时，施行的“商鞅变法”，奠定了他在秦国的地位，同时也巩固了秦国的统治。然而，他后来却遭到了五马分尸的极刑，使一世荣华化为乌有，死后仍骂声不绝。

商鞅最大的不幸，就是得罪了他之前强有力的靠山——秦孝公。当初，他在秦孝公的支持下，断然采取了极其严厉的政治改革措施，虽然为秦国政治清明、富国强兵做出了根本性的贡献，但是，改革也触动了新兴地主阶级的利益，在一段时间内，朝野上下树起了数不清的政敌。之前变法有秦孝公的支持，反对派对他无可奈何，但是随着时间的推移，商鞅权倾朝野，他已使秦孝公感到了威胁，据说，孝公生前曾故意要传位于商鞅，以试他的忠心。

《战国策》中有载：“孝公疾起，传位商君，商辞而不受。”可见商鞅已见疑于主子。这时他本该主动从位子上退下来，隐遁避险。据《史记》载，有位叫赵良的人引用“以德者荣，求力者威”之典故力劝商鞅隐退，可是商鞅不以为然，固执己见，或许他想看看自己一手改革的政治是否能够进

展下去，他这样的判断思考逻辑显然过于天真。孝公已将他驾空，他的政敌正伺机报复，他在台上一天，受到的威胁就多一天。秦孝公去世后，新王即位，政敌们再也用不着“投鼠忌器”了，纷纷策谋陷害他。新王为了笼络人心，只有将他以谋反罪名处以极刑。

商鞅之所以被处以极刑，就是因为他太不识时务，只知进而不知退，且“好生事”，以至于犯了众怒，落了个五马分尸的结局。因此，在做事上，我们就要避免商鞅犯下的错误。纵观历史可以发现，凡是在成事上的进退过程中处理不当者，大多得不到好的下场。相反，处理得当的人，却能成就一番功名伟业。

另一方面，大凡立身处世，是最需要聪明和智慧的，但聪明与智慧有时候却依赖“糊涂”才得以体现。郑板桥说：“聪明有大小之分，糊涂有真假之分，所谓小聪明大糊涂是真糊涂假智慧。而大聪明小糊涂是假糊涂真智慧。所谓做人难得糊涂，正是大智慧隐藏于难得的糊涂之中。”

从理论上讲，一个人的智商高出普通人的正常值，这样的人就是我们生活中常说的聪明人。然而，顺着这个逻辑，我们会发现很多成功的人物并不绝顶聪明，相反，他们可能还有些笨。有个统计数字显示，成功的人物中最多只有不超过10%的人智商超群，其余90%的智商只是普通人水平。但是，他们成功了。为什么会这样呢？原来，成功的人物更重视智慧。

生活中，聪明与智慧实在是两回事，聪明是一种先天的东西，总令人感到耀眼的光辉，但往往这种表面的光芒不能让聪明人成功，所以我们经常看到很多“聪明人”一事无成。

而智慧就不同了，有智慧的人未必显山露水，如寓言塞翁失马中的塞翁，愚公移山中的愚公，他们眼里看见的不是即时利益，而是日后的好处，因为日后的大利，他们肯去吃眼前的苦。这样的人肯定不能以“聪明”定义，但他们却是有智慧的人。

生活中，智慧和聪明就像主人和仆人的关系。主人没有仆人的协助不行，会显得非常笨拙狼狈，缺乏效率。但再聪明的仆人都还是仆人，他不可能是主人。仆人需要主人的方向，没有主人的仆人，等于失去了用处。因此，我们必须通过实践去把聪明转变成智慧，在智慧的基础上行动，从而能够事半功倍。当然，聪明不是错，更不是罪过，关键是要用好自己的聪明，把聪明转化为智慧。这样，才能为自己的人生锦上添花，而不会让它成为美丽的泡沫。

2. 失败多是因为失德

【原文】

圣人不患智寡，患德之有失焉。

【译文】

圣人不担心自己的智慧少，却担心品德有缺失。

【解析】

品德体现在生活中就是人品问题。人们之所以越来越注重品德，是因为它是一切成功的基础。现代社会，有能力有才华的人到处都是，但才能卓越且人品过硬的人却是很少有，每个团体都在寻找这样的人。人品，是

人能力施展的基础，仅仅有能力，没有人品，人将残缺不全。能力是一把双刃剑，如果掌握在品德高尚的人手中，它将会给团队与社会创造出无数的价值；相反，如果掌握在品德低下的人手中，它将时刻有可能成为阻止社会前进的羁绊。

【主题延伸阅读】

修名不如修德

自古至今，许多人喜欢追名逐利，而不去积攒德行，这是错误的做法。历史上许多大的灾祸，就是由追名逐利而引发的，正所谓“修名不如修德”，修名者往往身败名裂，而修德者可以独善其身。唐朝大将郭子仪就是一个很好的例子。

郭子仪是唐朝战功赫赫的大将。想当初，郭子仪带兵平定安史之乱，击退吐蕃的入侵，在朝野有很高的威望。而奸臣鱼朝恩却嫉恨郭子仪的功劳，多次向皇帝进谗，百般诋毁他。

郭子仪面对诬陷，却是心平气和，没有一点怨愤的样子。他手下的将士认为他懦弱，对他说：“将军手握重兵，功高无比，如果不惩治那些小人，他们会更肆无忌惮了。只要您一声令下，我们就会杀了那些朝中小人，绝不连累将军。”

郭子仪制止了他们，说：“现在国家有难，我又担任军中统帅，责任重大。倘若随便发怒，和奸小相抗，敌人就会有机可乘了。自古就有忠有奸，我不能因为私怨而坏了国家大事啊，请你们明白我的苦心。”

郭子仪高风亮节，鱼朝恩却认为他软弱可欺，他对自己的死党说：“郭子仪不过是个武夫，他只会行军打仗，哪里懂得什么权谋？他现在不敢喊冤叫屈分明是怕了，只要再加把劲他就要完蛋了。”

一次，郭子仪在战场上遭遇失败，鱼朝恩便诬陷他用兵不利，朝廷就

此剥夺了郭子仪的兵权，把他召回朝中，改任闲职。人们为他感到不平，郭子仪反倒安慰众人说："我出征在外多年，回朝正好可以歇息调养，这并不是件坏事，你们应该为我高兴才是啊！"

郭子仪的儿子心中愤怒，他对父亲说："奸人变本加厉，现在父亲的兵权也没有了，难道父亲还要忍吗？父亲如果当初和他们对着干，就不会落到这步田地。"

郭子仪教训儿子说："我身为统帅，皇上总是放心不下的。奸人害我，因为奸人深受皇上的信任，他们这才敢对我下手。我若不加忍耐，事情只会更坏。他们苦苦相逼，就是让我走入他们的圈套啊！"

郭子仪猜想得一点不错，鱼朝恩等人就是想逼迫他抗争，他们好借机把他置于死地。郭子仪没有上当，躲过了大的劫难。

后来，鱼朝恩又派人挖了郭子仪的祖坟，郭子仪还是忍住了。鱼朝恩气急败坏，始终无法除掉他。

积攒名声只能招来小人们更多的忌妒，给他们更多攻击自己的借口；而积攒德行，则在修身的同时，不给小人们任何报复的机会，在无声无息间消灾避祸。郭子仪修身避祸的故事在今天仍可警示世人：在现实生活中，不争名不逐利，洁身自好，修养好自己的品德，这是消灾避祸的良药啊。

3. 智慧的人善于隐藏自己

【原文】

才高非智，智者弗显也。

【译文】

才高八斗不是智慧，有智慧的人并不表露自己。

【解析】

即使自己的才能很高，也要学会低调处事。在低调中修炼自己，无论在官场、商场还是政治军事斗争中都是一种进可攻、退可守，看似平淡，实则高深的处世谋略，低调体现的是一种谦卑，谦卑处世人常在。谦卑是一种智慧，是为人处世的黄金法则，懂得谦卑的人，必将得到人们的尊重，受到世人的敬仰。低调处事是一种大智若愚，韬光养晦之术。这种甘为愚钝、甘当弱者的低调做人术，告诫人们不求争先、不露真相，让自己平平安安过一生。

俗话说，真人不露相，露相不真人，刻意隐藏智慧往往是一位智者的第一选择。这其中自有智者对智慧独特认识的原因，但更多的还是他们对智慧的反作用心存忌惮。在封建专制时代，一个人的智慧越大，如果他不为君主所用，他所面临的危险也就愈大。纵是卖身投靠，他们也常常被君主所猜忌，视为潜在的威胁，这就要求真正的智者以保身避祸为头等大事，而做不到这一点的人，他们的结局大多不妙。

【主题延伸阅读】

不显山不露水，真君子也

真正有智慧的人，从不自我表现。真正的大智有如最大的方形找不到角落。最有价值的器具往往需经过长时间的千锤百炼才能制成。最大的声音是人听不到的声音，最大的影像会大到人无法看到全貌，正所谓“大道无形”。所以一个人处世太张扬，太爱表现自己，绝对不是聪明之举，因为会引起众多人的妒忌，也让别人更关注自己的一举一动，这样反而会给自己日后的工作带来众多的压力和不便。

清朝皇帝雍正也认为：“但不必露出行迹。稍有不密，更不若明而行之。”讲的就是这个道理。

在雍正即位之前，历代都以宰相统辖六部，宰相权力往往很大，导致皇帝的权威受到了一定影响，如果一个君王有手腕驾驭全局，使宰相为我所用倒好，但如果统领军队的宰相超权行事，时间一长，皇帝就很难驾驭朝政了，和大臣们也容易产生隔膜和分歧，给国家添乱子、造麻烦。这样的例子举不胜举。

雍正虽然是国家的最高权力掌握者，但只要是军国大事，只能召集群臣经过集体讨论，最后才由自己宣布执行，不能随心所欲自行其是。这样，他的权力受到了制约，皇位受到了挑战。雍正为了把权力完全集中到自己一个人手中，于是就想出一个办法：开创性地要求设立一个军机处，这样，他就得到掌握最高权力的目的。

军机处充当最高统治者的秘书的角色，类似于现在的情报机关，保密性很强。军机处设立的时间是在雍正七年六月清政府平息准噶尔叛乱时。雍正密授四位大臣统领有关军需事务，严守军报、军饷等军事机密，这样的工作长达二年多都不被外界熟知，从而保证了工作的高效运转和战斗的最终胜利。

军机处在雍正的领导下，管理得特别严密。他对军政大臣的要求也非常严格，雍正要求参与议事的大臣时刻同自己保持联系，并留在自己最近的地方以便随时召入宫中，商讨应付突发事件。军机处也会像移动的指挥部一样随皇帝的行止而不断改变。皇帝在哪里，“军机处”就设在哪里。在当今，雍正的这些创举，在我们的日常工作当中已经有参照运用，并产生了不可低估的社会价值。

印信是机构的符号和象征，是出门办事的护身符和通行证，军队的信印就显得非常重要，所以，雍正对军机处的印信管理得非常严密。军机处的印信由礼部负责铸造，并将其藏于军机处以外的地方，有人专门管理。当需用印信时，首先是报告皇上给予批准，然后才能有大臣凭牌开启印信，在众人的监督下使用。

设立“军机处”的效果是非常明显的，以前每办一件事情，奏折要经过各个部门的周转，最后才能够送达皇上。这样，常常会发生扯皮、推诿、拖沓的现象，官场的这些陋习使办事效率极为低下，保密性也差，皇上的指令无法贯穿始终。而自从设立军机处之后，摆脱了官僚机构的独断专行，使雍正的口谕可以畅通无阻地到达每一个地方，从而把国家大权牢牢地控制在自己手里。

“生杀之权，操之自朕”，军机处将雍正推向了封建专制权力的顶峰。由于在皇上的直接监视下开展工作，所以下面的各个职能部门的官员都处处谨小慎微，自知自律，奉公守法，营造了清廉的官场局面。军机处的设置，保证了清朝中央集权的顺利实施，维持了社会的相对稳定和统一，避免了社会的动乱和民族的分裂，推动了社会的繁荣和发展，具有一定的社会积极意义。

无论在正史还是野史的记载中，雍正帝都是一个喜欢秘密行事的皇帝，其实这也正是他高明智慧的一方面，故而在他死后的乾隆年间，才会出现康乾盛世的局面。无论是做人还是处事，若想取得最大限度的成功，首先不要过分暴露自己的意图和能力。唯有这样，事情办起来才不会出现众多人为的障碍和束缚，从而达到事半功倍的效果；反之，我们将会受到许多意想不到的人为阻挠，事情办起来就会很难成功。

4. 智者不贪权力

【原文】

位尊实危，智者不就也。

【译文】

地位尊崇而实际却充满危险，有智慧的人不贪恋权位。

【解析】

对名位的追逐，向来是许多人的人生目标。斗智斗力，无所不用其极，更是那些“成功者”自诩成功的秘技之一，然而在大智慧者看来，赢取高位固然是一种智慧的体现，而主动放弃高位急流勇退，这才是智慧的最高境界。人们只知高位的好处，却往往看不到高位所带来的危险；只知一味追求，却不能适时放弃，这都是智慧不足的表现。任何时候智慧都是以保身立命为前提的，离开这一宗旨，其智慧就大打折扣了。

权力是一种具有自我膨胀本性的东西。每个人都在不同程度上喜欢地位和名誉，如果这些欲望不能够以适当的方式得到满足，那些缺乏自控力的人就有可能走向极端。权位是一种寄存，无论你怎样叱咤风云，都不能逃出最终的交替。因此，做人做事，关键在于人品，权位实在是不可贪恋的。

【主题延伸阅读】

大权在手要慎用

春风得意久时切莫忘形，一旦忘乎所以，领导的地位就会动摇，最终将影响自己的发展前途。有些人表面上阿谀奉承，甚至扮作知己和倾慕者，私底下却恨你入骨。为了避免遭人放暗箭，请收敛自己的意气风发，谦虚一点。

一般来说，在你春风得意的时候，必然有人会锦上添花地向你说："唔，领导这个位置，非你莫属了！""你的聪明才智，公司里没人可及哩！"这时，你千万不可得意忘形，凡事要采取低姿态，遇上任务成功完成或业绩有成，最好将功劳归于大伙儿，特别是对同级同事和上司，一定要保持谦虚态度，降低人家对你的妒意。

公元前260年，秦赵长平之战，赵军大败，秦将白起坑杀赵兵40万。长平之战后，两国一度讲和。但和约订立后不久，赵国又采取"合纵抗秦"的政策，联合齐、魏、韩、燕等国共同抗秦。原来确定的向秦国纳献的六座城池，也拒不割交，并加强内政，整顿军备，号召人民团结抗敌。

秦国看到这种形势，于公元前259年9月再次发兵攻赵。这时，白起不主张出兵攻赵，他对秦昭王说：赵自长平之战以来，四面交好，结亲燕魏，连好齐楚，积虑并心，备秦为务，其国内实，其外交成。当今之时，赵未可伐。他还认为，秦国在长平之战后，人力物力损失甚大，目前军队虽增长一倍，但赵国守备力量却增长了10倍。秦昭王不同意白起对形势的分析，并说出兵问题已经决定，以五大夫王陵为将率兵再次攻打赵国。秦军由上党向邯郸进发。从当年9月到次年正月，王陵屡遭失败，秦国不断增兵援助，又伤亡四千人。这时，秦昭王要白起为将出征，当时他正在病中，仍认为此时不能进攻邯郸，他说："邯郸实未易攻也，且诸侯救军日至，彼

诸侯恐怨秦之日久矣，今秦虽破长平军，而秦卒死者过半，国内空，远绝河山而争人国都，赵应其内诸侯攻其外，破秦军必矣。”因白起不肯为将，秦王改用王龁替王陵。王龁上任后，兵分三路，从北、西、南进攻邯郸，由于赵军的坚决抵抗，秦军被杀伤者甚多，终难攻下。这时，秦王令范雎去劝说白起为将前往指挥，白起以病重推却。秦王大怒，表示没有白起也能消灭赵国。

秦军屡战不利，白起又说："不听臣计，今果如何？"秦王听到此言，大为震怒，找到白起，强令其带病出征，并说，有功重赏，不去则“寡人恨君”。君臣双方僵持起来。白起在被逼之下，向秦王叩头，并说，臣知行虽无功得免于罪，不行，无罪不免于诛。虽然如此，还是不进兵攻赵为好，惟愿大王览臣愚计，释赵养民，以观诸侯之变。抚其恐惧，伐其骄慢，诛灭无道，以令诸侯，天下可定，何必以赵为先？并坚决表示，宁可抗命被杀，也不肯明知失败而进兵。他又说："臣闻明主爱其国，忠臣爱其名，破国不可复完，死卒不可复生。臣宁伏受重诛而死，不忍为辱军之将，愿大王察之。”

从当时的形势看，白起的话确是对秦王的忠告，但秦王却毫无顾忌地推行侵略赵国的政策，而不听

白起之言，并怒气不息。不久，秦王又命范雎前去劝说，依然无效。于是秦昭王把白起的官职一撤到底，贬为士伍，并命令他由京城咸阳迁到阴密，但白起因病未即成行。白起在咸阳期间，秦军多次受挫，秦昭王不仅不检查自己政策的错误，反而迁怒于白起，急令白起不得继续留在咸阳，白起被逼带病出走，到达咸阳西面十里的杜邮。秦王与范雎等群臣议论说：白起之迁，其意尚怏怏不服。秦王便派人“赐剑”于白起，令其“自裁”，一代名将被迫引剑自杀。

白起死后，邯郸被秦军围困一年，城中乏食，人民炊骨易子而食，形势极其危急。赵国宰相平原君赵胜散尽家财以励士卒，得敢死之士三千人为前导，冲击秦军，赵兵随后，秦兵后退30里。这时，魏军和楚军赶来援赵，与赵军形成对秦军南北夹击之势，秦军大败，秦将王龁引兵退走。秦军后军两万余人被俘，赵国挽回颓势。秦国原来由白起率军夺取的韩、赵、魏的土地，也告丧失。

白起明察时势，知难而退，不以自己的常胜战绩而盲目出兵，确有名将之风。秦昭王不听白起一再忠告，刚愎自用，盲目决策，导致攻赵失败，实是情理中的结果。两军对垒勇者胜，但也须尊重客观条件，切忌冒进。如果不讲客观条件，一味蛮干，必败无疑。

总之，领导不论手握的权力有多么大，都不可得意忘形、刚愎自用，否则很快就会失去手中的权力。

5. 智有穷而道无尽

【原文】

大智知止，小智惟谋，智有穷而道无尽哉。

【译文】

大智慧的人知道适时停止，小聪明的人却不停地谋划，智计有穷尽的时候而天道却没有尽头。

【解析】

欲望的永不满足不停地诱惑着人们追求物欲的最高享受，使人们成为贪婪的奴隶，变得越来越贪婪。人的欲念无止境，当得到的够多时，仍希望得到更多，然而过度地追逐利益往往会使人迷失生活的方向。一个贪求厚利、永不知足的人，等于是在愚弄自己。贪婪是一切罪恶之源，贪婪能令人忘却一切，甚至自己的人格。贪婪还令人丧失理智，做出愚昧不堪的事情。因此，凡事适可而止，才能把握好自己的人生方向。

【主题延伸阅读】

没有贪念，才不会招魔

人生在世，除了生存的欲望以外，还有各种各样的欲望，自我实现就是其中之一。欲望在一定程度上是促进社会发展的动力，可是，欲望是无止境的，欲望太强烈，就会造成痛苦和不幸。要时刻谨记，无论如何也不能贪，要知足，要能忍，但这个无上妙法，人人都把它忽略了。所以不争、不贪就能福寿无边，要是争、贪、搅、扰，就会罪孽不少。对于修行的人来说，贪念会让人不能安心修行，那么，对于俗世中的人来说，贪欲会给我们带来哪些困扰呢？

据说，蜈蚣原先并没有脚，但是它仍可以爬得像蛇一样快。有一天，它看到羚羊、梅花鹿和其他有脚的动物都跑得比自己快，心里很不高兴，便嫉妒地说："哼！脚多，当然跑得快。"于是它向佛祖祷告说："佛祖啊，我希望拥有比其他动物更多的脚。"

佛祖答应了蜈蚣的请求，把好多的脚放在蜈蚣面前，任凭它自由取用。蜈蚣迫不及待地拿起这些脚，一只一只地往身体上粘，从头一直粘到尾，直到再也没有地方可粘了，它才依依不舍地停止。

它心满意足地看着满身是脚的躯体，心中暗暗窃喜："现在我可以像箭一样地飞出去了！"但是等它开始跑时，才发觉自己完全无法控制这些脚。这些脚噼里啪啦地各走各的，它只有全神贯注，才能使一大堆脚顺利地往前走。这样一来反而比以前走得更慢了。

可见，贪心越大，失去的就越多。人生的很多痛苦乃至不幸，就像故事中的蜈蚣，往往都是贪念造成的，所以有人说："患起于多欲，祸生于贪心。"

有一个农夫，每天早出晚归地耕种一小片贫瘠的土地，累死累活，收效甚微。一位天使可怜农夫的境遇，就对农夫说，只要他能不停地跑一圈，他跑过的地方就全部归其所有。于是，农夫兴奋地朝前跑去，跑累了，想停下来休息一会儿，然而一想到家里的妻子、儿女们都需要更多的土地来生活，又拼命地往前跑……有人告诉他，你到了该往回跑的时候了，不然，你就完了。农夫根本听不进去，他只想得到更多的土地，更多的金钱，更多的享受，于是继续拼命地向前跑去。结果因心衰力竭，倒地而亡。

生命没有了，土地没有了，一切都没有了，贪婪使这个农夫不知道全身而退，于是他失去了一切。贪婪是一切祸乱的根源，这就是所谓的“贪念会招魔”。所以，一个人欲望太盛，就要消除欲望，这样，才能将人生转移到合理的轨道上来，否则就会“招魔”，就会出现问题。

在物欲横流的现代社会，如何控制好自己的欲望，不仅关系到人生，更关系到每日的心情。生命属于个人，每个人有权设计自己的生活和人生道路。所有的心愿，只要符合法律和道德的要求，都应该受到尊重。但是我们必须明白：生命的过程中，一切物质及肉体都是不可靠的奴仆，想让自己的人生得以升华，就必须放下这些本性之外的东西，而追求生活本身的淳朴，这样才能活得惬意。古人云：求名之心过盛必作伪，利欲之心过剩则偏执。面对名利之风渐盛的社会和物质压迫精神的现状，要能够做到视名利如粪土，视物质为赘物，在简单、朴素中体验心灵的丰盈、充实，并将自己始终置身于一种平和、自由的境界。

6. 成于智，败于智

【原文】

谋人者成于智，亦丧于智也。

【译文】

谋划别人的人成功在智慧上，也会失败在智慧上。

【解析】

在背后谋划别人的人，也许可以侥幸获得成功，从而得到自己想要的利益，然而这种侥幸存在的概率很低，弄不好，伤害的却是自己。

任何人都对别人的背后算计非常痛恨，算计别人也是职场中最危险的行为之一。这种行为所带来的后果，轻则被同事所唾弃，重则失去饭碗，甚至身败名裂。如果你经常抱着把事业上的竞争对手当成“仇人”“冤家”的想法，并想尽一切办法去搞垮对方，那么你也要为自己的危险处境当心了。

现代社会讲求的是团结合作，只有相互合作才能谋划更大的利益，所以，那些喜欢搬弄是非、使阴招的人只会遭到他人的厌恶。每个人都希望与志趣相投的人共事，那些不懂得与人平等竞争、相互尊重的人就会失去大家的信任。

【主题延伸阅读】

有些“精明”要不得

清代文学家、书画家郑板桥，是一个潇洒落拓之人，在他的书扇上篆有这几个字“难得糊涂”。所谓“难得糊涂”就是看得明白、清楚、透彻，却不把其中的滋味细细咂摸，因为倘若过于认真了，更生烦恼，于是便装起糊涂，或说寻求解脱之术。

现实的世界中，有太多的事情直击我们的人生，有很多不能太在意，太认真。特别涉及人情俗事，在这其中盘根错结，犹如一棵老树之根，密密麻麻，令人望而生畏。太认真，不是扯着头发，就是动了筋脉，真是扯不断，理还乱。顺其自然，且顺其大意，不丧失原则和人格；或为了大家、为了自己的长远，哪怕暂时吃点苦，受点委屈，也值得。“心中有数（树），就不是荒山。”有时候，事情逼到了某个份上，就来一次智慧，表面上给他个“模糊数学”，让他丈二和尚摸不着头脑，也是“难得糊涂”的妙用。

“难得糊涂”是既可避免直接的人情上的“嘘寒问暖”，又能保持人格纯净的妙方。“难得糊涂”并不是真的糊涂，而是将事情看得清清楚楚，明明白白，只是出于某种原因，不便于直截了当说破，这种情况下就要采取一定的糊涂战术。

清朝嘉庆皇帝登位后要处理不少前朝遗留下来的问题，其中就有准备破格提拔几位大臣的问题。这几个大臣曾为父王作过贡献，却被奸臣排挤、打击。但在皇朝之中，这样的事情可不是儿戏，群臣反应不一。嘉庆拿不定主意，便问老臣纪昀。纪昀沉吟良久，说：“陛下，卑职从官数十年，承蒙先帝错爱，一直兢兢业业，从未有人敢以金钱贿赂我；写经著述，也不收厚礼，什么原因呢？这只是因为我不谋私枉法。但是，却不是没有例外，若是亲友有丧，要求老臣为作墓志铭，他们所馈赠的礼金，不论多少厚薄，老臣是从不拒绝的。”

嘉庆听完纪昀的话，先是费解，感觉不着头脑。自己品味，却又点头称许，于是下了决心去提拔这批官员。

这是怎么回事呢？原来纪昀提出自己的观点，建议皇上应该放下包袱，大胆去做。纪昀的话，看起来词不达意，但细究起来里面确是大有文章。既然为官清廉，为什么对亲友之丧事所得概不拒绝呢？这是因为秉承祖宗遗愿，无所顾忌之故也。皇帝您老人家破格提拔这些官员，本就是造福大清江山，维护社稷所需，不也是弘扬先帝的德化，还有什么顾忌的呢？这不正和我纪昀的做人道理一样吗？嘉庆皇帝也不是笨蛋，哪能悟不出纪昀的话中话呢？

纪昀说话为何如此遮遮掩掩？原因是有很多的：虽然自己的主张是建议破格提拔这些官员，但不好明说，新皇帝是个什么态度心里还没底，此意见是否被采纳，名义上都与自己无关，皇帝也好，其他人也好，抓不着把柄；嘉庆皇帝历来聪明，而且有好擅作主张的性格。如果不说，皇帝会不高兴，认为自己不尊重他的问题。倘若说白了，恐有教导皇帝、教唆皇帝的忌讳，反而会起副作用。不如用此模糊之法，让皇帝自己“悟”出道理来，既说出了自己的意见，又迎合了皇帝的秉性。纪昀此举，看似圆滑，其实在钩心斗角的朝廷里面，真是一次一举两得的“糊涂”。

“难得糊涂”是一种境界，其实也是一种无奈的慨叹之词。这个世界，原本就是有不公平的，长大了，知道的多了，难免会发牢骚。世道不公，人事不公，待遇不公，要想铲除种种不公，自己一人之力，可笑可叹。或自己无能，那就只好举起这面“糊涂主义”的旗帜，遮盖心中的不平。假如能像济公那样任人说他疯，笑他癫，乐得逍遥自在，照样酒肉穿肠过，照样嘻哈玩乐，“哪里有不平哪有我”，专捡达官显贵“开涮”，专替穷人、弱者寻公道，我行我素。这种癫狂，半醒半醉，亦醉亦醒，也不失为一种“糊涂”。所以当你直面现实，平和淡然的心态是很重要的，“笑天下可笑之人，容天下难容之事”，便会进入一种超然的境界。

7. 谋身者善舍心机

【原文】

谋身者恃（shì）其智，亦舍其智也。

【译文】

谋划自身的人依靠其智慧，也要懂得不耍小聪明。

【解析】

以自我为中心是人的本能，在做一些事情的时候，往往最先想到的是我能得到什么？我会不会受到损失？其实，为自己考虑本无可厚非，但如果只为自己着想而忽视他人的感受和利益，甚至为了自己的利益不惜去牺牲别人的利益，那就是自私自利了，如果发展到一定程度，还有可能走到犯罪的边缘。

现代社会上的贪官污吏就是自私自利发展到一定程度的后果。他们利用职权之便，贪污公款，行贿受贿，为的是满足自己的物质需求，但他们必将受到法律的惩罚。如果他们不是私心过重，怎么会白白地葬送了自己的大好前程呢？这些人在损公肥私的时候，只是在物质上、权势上满足了自己，暂时得到了一点实惠，但他们付出的却是人格和灵魂的代价。他们失去了纯洁美好的良心，一生都得不到安宁。

【主题延伸阅读】

守拙若愚比聪明更胜一筹

人生是个万花筒，人们在世事变幻之中要用足够的聪明智慧来权衡利弊，以防莫测。但是，人有时候不如以静观动，守拙若愚，这种做人的艺术其实比聪明还要胜出一筹。聪明是天赋的智慧，糊涂是聪明的表现，人贵在能将智与愚集于一身，需聪明时便聪明，该糊涂处且糊涂。

唐人王叔文经常和皇太子下棋。有一次在下棋时谈论宫市的弊病，太子说："寡人正想劝谏皇上废止宫市呢。"在场的人都交口称赞太子，惟有王叔文不说话。众人走后，太子单独留下王叔文，问他不说话的原因。王叔文说道："太子的职责是侍奉皇上的饮食起居，早晚问安，不应议论其他的事情。陛下在位多年，如果怀疑太子劝谏废止宫市是为了收买人心，太子如何自我解释呢？"太子大吃一惊，流着泪说："若不是先生指点，寡人哪能知道这个道理！"于是对王叔文格外宠信。

王叔文教给太子的韬晦之术，并不是简单的免除灾祸，而是为实行其改革朝政的伟大事业所采取的权宜之计。王叔文是后来"二王八司马"革新运动的首领，而这个皇太子即后来的顺宗，是这场革新运动的坚定支持者。他们的韬晦之为，是这整个行动的一个组成部分。

与此相类，更加明显的是颜真卿的例子。

颜真卿在做平原太守时，安禄山反叛的行为已很明显。颜真卿假托为防连绵大雨，重新修城浚壕，暗中征集壮丁，充实仓廪，而在表面上又假命文人才士饮酒作诗。安禄山秘密侦探，见此情景，以为颜真卿等都是书生，不足为虑。不久，安禄山发动暴乱，河朔尽失陷，惟有平原有防备。

五代时，吴王杨行密的故事也令人深思。

安仁义、朱延寿都是吴王杨行密的将领。朱延寿又同杨行密身边的朱夫人的弟弟关系密切，两人十分骄横放肆，并谋划叛乱。杨行密想除掉这两个人。于是，杨行密假装双目失明，当接待朱延寿派来的使者时，他装作什么也看不清。走路时，故意撞在柱子上，昏倒在地。来人扶起他，好久才苏醒过来。醒来后，杨行密哭泣着说："我的大业刚刚完成，眼睛就不行了。真是天道不公啊！这些儿子没有一个能够继承我的事业。唉，要是能够将我的位子传给朱延寿，我就没有什么遗憾的了。”朱夫人一听，心中大喜，立即召来朱延寿。谁知，朱延寿一到，杨行密就在寝房门口，刺死了他，随之赶走了朱夫人，并捉来安仁义，斩首示众。

老子推崇“糊涂”。他自称“俗人昭昭，我独昏昏；俗人察察，我独闷闷”。而作为老子哲学核心范畴的“道”，更是那种“视之不见，听之不闻，搏之不得”的似糊涂又非糊涂、似聪明又非聪明的境界。人依于道而行，将会“大直若屈，大巧若拙，大辩若讷”，即大智若愚。庄子说：“知其愚者非大愚也，知其惑者非大惑也。”人只要知道自己的愚和惑，就不算是真愚真惑。是愚是惑，各人心里明白就行了。

8. 智慧总有缺憾

【原文】

智有所缺，深存其敌，慎之少祸焉。

【译文】

智谋有缺欠的地方，谋略也有它的漏洞，谨慎小心用之才能减少祸患。

【解析】

智慧也有欠缺的地方，如果不理性克制，也会酿成祸患，因此需理性对待。理性的克制对一个追求成功的人来说，不是束缚的锁链，而是强韧的护身甲，虽然披挂上它不免有些累赘，但是它能让你免遭意外的伤害。一个人越想得到尊重，越要注意克制自己的日常言行。

谦虚谨慎是成功人士必备的品格，具有这种品格的人，在待人接物时能温和有礼、平易近人、尊重他人，善于倾听他们的意见和建议，能虚心

求教，取长补短。对待自己有自知之明，在成绩面前不居功自傲；在缺点和错误面前不文过饰非，能主动采取措施进行改正。

同样，不论你从事何种职业，担任什么职务，只有谦虚谨慎，才能保持不断进取的精神，才能增长更多的知识和才干。因为谦虚谨慎的品格能够帮助人看到自己的差距。永不自满，不断前进，可以使人冷静地倾听他人的意见和批评，谨慎从事。否则，骄傲自大，满足现状，停步不前，主观武断，轻者使工作受到损失，重者会使事业半途而废。

【主题延伸阅读】

找到不败的安全点

一个人要善于处世，力图在左左右右的复杂关系中，找到自己的安全点，换言之，即要权衡左右关系，才能找到不败的安全点。

提起刘墉与他的父亲刘统勋，似乎人们脑海里马上闪现出一个嫉恶如仇的清官忠臣形象。其实，这仅仅是从表面上看问题罢了。因为在封建社会皇帝一人独裁的情况下，一个大臣无论多么能干，即使有通天的本事，如果处处与皇帝对着干，老是逆龙鳞，其下场也不会好。

刘墉之所以能够在官场上左右逢源，得心应手，除了从刘统勋身上学到了嫉恶如仇的正直之外，更从刘统勋那里学会了方正圆滑、明哲保身的糊涂为官之道，这才是他受益最大的秘诀。

在乾隆皇帝的眼里，刘统勋是个才品兼优的清官，也是个不辱皇命，与君一体的能臣，也正因为如此，他才能在众多汉官中脱颖而出，官拜东阁大学士，直至出任领班军机大臣。其最主要的原因就是刘统勋精于方正圆滑、明哲保身的糊涂为官之道。

刘统勋的嫉恶如仇、对皇帝忠贞不贰无人可比，否则乾隆皇帝也不可能为他打破汉人不能位居军机大臣首席的惯例，并且在他死后被称为“真宰相”。据《清史稿》记载：“统勋岁出按事”，著名的如广东粮驿道员明福违禁折收钱粮案，云贵总督恒文、巡抚郭一裕借上贡之名勒索属员金钱案，山西将军保德侵吞钱粮案，江苏布政使苏崇阿误论书吏侵蚀库帑案，江西巡抚阿思哈收受贿赠案等。几乎乾隆中期有关地方大吏贪赃枉法的大案，无不由刘统勋负责审理，足以证明乾隆皇帝对刘统勋的信任和寄予的厚望。

当然，刘统勋的嫉恶如仇是与对皇帝忠贞不贰紧密相连的，也就是说他的好恶标准，完全是以皇帝的喜好为转移的。甚至为了不惹怒龙颜，刘统勋不惜牺牲他人的利益，这就是“方正圆滑，明哲保身”糊涂为官之道的精髓。

乾隆二十八年（公元1763年），癸未科新进士褚筠心和董东亭因向刘统勋求情不成，反而受损，就足以说明刘统勋的处世之道。

褚筠心和董东亭本为该科一榜中的巨擘，诗文、书法皆冠于一时。但二人惟恐殿试不得前列，于是，董东亭找到了主考大臣刘纶，褚筠心则找到了同为主考的刘统勋。

刘纶，江苏武进人，乾隆元年（公元1736年）以廪生举博学鸿词科，试第一，登入仕途，而后即以才能和品学官阶累迁，卒至文渊阁大学士。刘纶因与刘统勋同为乾隆帝赏识和选拔的得力大臣，又因与刘统勋同样清廉刚正，所以两人被时人并称为“二刘”。为了加以区分，山东人刘统勋被称为“东刘”，而江南人刘纶则被称为“南刘”。据时人所言，刘纶赋性之洁、为人之正，丝毫不在刘统勋之下。

一次，侍郎王昶充军机章京，因有急奏，具草后，连夜奔赴时任军机大臣的刘纶府第。时值严冬，寒气袭人，刘纶亲自操笔为王昶点定后，即唤家人准备酒菜，然而其厨内却空乏无食，仅有白枣七数枚作为下酒菜。

但作为大臣而言，精通明哲保身之道的刘纶，除了清廉之外，尤以谨慎公正得人心，他不止一次地出任科举考试官，曾言：“衡文始难在取，继难在去。文佳劣相近，一去取间，于我甚易，独不为士子计乎？”所以，凡是由他审衡的士子文章，总是反复比较，衡鉴甚精，以求不失于公正。

现在，褚、董二人为了殿试顺利过关，找到了这两位大臣，实在让他们为难，本来，如果不找的话，两人肯定是位列十名之内，但现在既然找到了，如果再将此二人列为榜首，“二刘”均担心于自己的清誉受损。于是，一向标榜惟才是举的“二刘”，采取了方正圆滑，明哲保身的糊涂之道，即二人均不得入前十名，最后的结果褚卷名列第十一，董卷第十二，褚、董二人不但营求未成，反而因之受累。

时势变迁，事物的发展也随之变化，再有智慧的人也难以应对，何况本身智慧就有不足的人。所以，对策也要随之改变，这方是高手最明智的保身之道。

9. 智慧不够，别谋划大事

【原文】

智不及而谋大者毁，智无歇而谋远者逆。

【译文】

智慧不够却思谋大事的人终究会失败，智谋不知停止却谋求长远的人很难成功。

【解析】

人生最可悲的事情是你白发苍苍时还没有认清自己，还不知道自己真正的作为。做人就要认清自己，并善于通过对照他人来审视自己，以他人为鉴。一个人只有先认清自己，找到目标，才能去选择自己想要的和不想要的。如果不能正确认识自己，也没有目标，只是因为自己觉得目前所有的东西不好，就选择放弃，那是没有主见、见异思迁的表现。结果终会一事无成。

古人云："见贤思齐焉，见不贤而内自省也。"意思是说：看见先进模范人物，就要向他们学习，向他们看齐；看到别人的不足或缺点，就要扪心自问，检查对照自己有没有类似的毛病和不足，避免重蹈覆辙，这样我们才能不断地取人之长，补己之短。只有认清自己，知道自己的长处和短板，别人才会认可你的成绩，自己也可以真正地改进和提高。

【主题延伸阅读】

及早甩掉不合实际的目标

在人生的关键时刻，一定要审慎地运用智慧做最正确的判断，选择正确方向，及时检视选择的角度，适时调整。一个人要想获得事业上的成功，首先要有目标，这是人生的起点。没有目标，就没有动力，但这个目标必须是合理的，即合乎实际情况；如果不是，那么即使你再有本事，付出千百倍努力，也不会获得成功。

诺贝尔奖得主莱纳斯·波林说："一个好的研究者知道应该发挥哪些构想，而哪些构想应该丢弃，否则，会浪费很多时间在差劲的构想上。"有些事情，虽然做出了很大努力，但你迟早会发现自己处于一个进退两难的境地，你所走的研究路线也许只是一条死胡同。这时候，最明智的办法就是学会变通，抽身退出，去研究别的项目，这样成功的机会才更大。

放掉无谓的固执，冷静地用开放的心态做正确抉择。每次正确的抉择将指引你走在通往成功的坦途上。

当你确定了目标以后，下一步便是鉴定自己的目标，或者说鉴定自己所希望达到的领域。如果你决心做一下改变，就必须考虑到改变后是什么样子；如果你决定解决某一个问题，就必须考虑到解决中可能遇到的困难是什么。

当描述了理想的目标以后，你必须研究一下达到该目标所需的时间、财力、人力，你的选择、途径和方法只有经过检验，方能估量出目标的现

实性。你或许会发现自己的目标是可行的，否则，你就要量力而行，修改自己的目标。

成功者的秘诀是随时检视自己的选择是否有偏差，放弃无谓的固执，合理地调整目标。

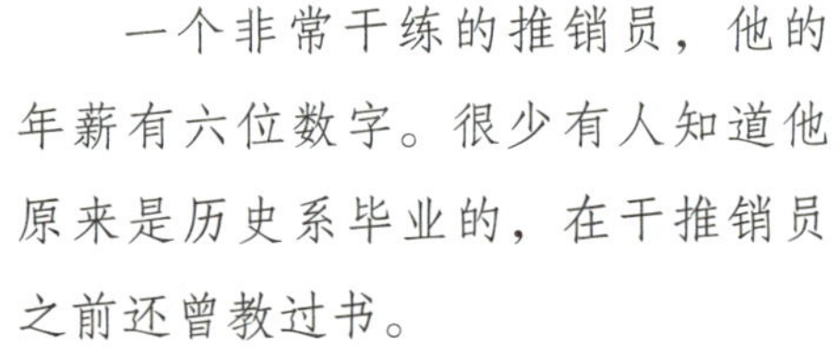

一个非常干练的推销员，他的年薪有六位数字。很少有人知道他原来是历史系毕业的，在干推销员之前还曾教过书。

这位成功的推销员这样回忆他前半生的道路：“事实上我是个很没趣味的老师。由于我的授课方式很呆板，学生个个都坐不住，所以，我讲什么他们都听不进去。我之所以是没趣味的老师，是因为我已厌烦了教书生涯，对此毫无兴趣可言，但这种厌烦感却在不知不觉中也影响到学生的情绪。最后，校方终于解聘了我，理由是我与学生无法沟通。其实，我是被校方免职的。当时，我非常气愤，所以痛下决心，走出校园去闯一番事业。就这样，我才找到推销员这份自己能够胜任并且感觉愉快的工作。”

“真是‘塞翁失马，焉知非福’。如果我不被解聘，也就不会振作起来。基本上，我是很懒散的人，整天都病恹恹的。校方的解聘正好惊醒我的懒散之梦，因此，到现在为止，我还是很庆幸自己当时被人家解雇了。要是没有这番挫折，我也不可能奋发图强，闯出今天这个局面。”

有的人失败，不是没有本事，而是定错了目标。而成功者为避免失败，会时刻检查目标是否合乎实际。有许多满怀雄心壮志的人虽然很有毅力，但是由于不会进行新的尝试，因而无法成功。所以，如果你感到自己确实不能实现既定目标，那么，就请你尝试锁定新的目标吧。

10. 懂得掩智是大智

【原文】

智者言智，愚者言愚，以愚饰智，以智止智，智也。

【译文】

有智慧的人说话智慧，愚蠢的人说话愚蠢，用愚蠢来掩饰智慧，使用智慧知道适可而止，这才是真正的智慧。

【解析】

做人难，人难做，这一切往往离不开“糊涂”与“聪明”两者的关系。人们总是想做聪明一方，而不愿成为糊涂之人，总是刻意表现出自己方方面面的聪明，却不知，很多时候，糊涂也正是聪明的一种表现，是一种大智慧的聪明。所以在现实生活中，我们不要总是过于表现自己的聪明，不妨适当地糊涂些。所谓“愚蠢”其实是放弃心中的欲望、权力以及钩心斗角，认真做事，认真做人，往往这样成功会在不经意间悄然而至。

【主题延伸阅读】

装疯卖傻是处世的策略

“装傻”是一种临危之时，隐其锋芒，韬晦待机的应变战术。运用这种战术的分寸在于“装假”必须“成真”，必须做到天衣无缝，才能真正起到欺瞒对方，保护自己的作用。

战国时期，著名军事家孙膑将困境之中的应变之术运用到登峰造极的地步，在恶势力欲置他于死地的紧急关头，他干脆就装起疯卖起傻来。

孙膑少年时期聪明过人，心智灵犀，后拜名师学习文韬武略，颇受老师的喜爱。他有一名同学名叫庞涓，此人心计诡谲，阴险狡诈。他自知才能不如孙膑，就想法迫害孙膑。

后来，庞涓到魏国被召为驸马，深得魏王的信任。他深知孙膑的存在早晚会对自己构成威胁，就写信邀请孙膑到魏国共事。等到孙膑来了魏国，他就利用手中的权力，在魏王面前诬陷孙膑。魏王信以为真，下令要处斩孙膑。庞涓又在魏王面前替孙膑求情，建议将处斩改为“膑刑”，即砍去双腿的膝盖骨。表面上是救了孙膑，实质上却是“一箭双雕”，既迫害了孙膑，又可把其留在身边，为他所用。他把已成残废的孙膑接到自己府中，假装殷勤照顾，并要孙膑将平生所学写成兵书。

孙膑在惨痛的血的教训面前，终于认清了庞涓的真面目。他深知兵书著成之时，就是自己身首异处之日。孙膑心计周密，知道自己现在掌握在庞涓手中，稍有反抗，就会遭受更深的迫害，他决定深藏仇恨，等待时机，为了不给庞涓著书，他佯装疯癫，整日在街上爬来爬去，夜晚则睡在茅厕、牛栏、猪圈等处。虽然庞涓没有看出孙膑是装疯，但他仍派人暗中监视孙膑，一旦发现破绽，就派人暗杀孙膑。孙膑只得整日整夜露宿街头，忍受种种苦难。

齐国大将田忌出使到魏国，见到孙膑，非常同情他的遭遇，就秘密地带他到齐国做了他的谋士，后来在庞陵之战中打败了魏军，杀死了庞涓，终于报仇雪恨。

在这则故事中，孙膑巧妙地运用了装疯卖傻的策略，既保护了自己，又消灭了仇人，一举两得，不失为恰得分寸的应变招法。

明成祖朱棣也是一位精通此道的智者。

明太祖朱元璋开创大明基业之后，为了加强宗族势力，他把自己的十四个儿子全部加封为王。明太祖驾崩后，因皇太子朱标早死，就由长孙允炆即位，即建文帝。建文帝一登基，即感到了十多位皇叔的威胁。于是他开始了大规模的"削藩运动"，把各位皇叔的羽翼一个个剪除，有的流放，有的借机杀掉。最后只剩下燕王和宁王两个，因他们环境特殊，又因一时尚未找到借口，便暂时存留下来。

燕王朱棣是朱元璋的四子，为人骁勇善战。他也颇感自危，决意伺机行动，只是力量不足，只好暂时忍耐。建文帝也顾虑朱棣拥兵在外，又勇悍多谋，也不敢轻易下手。

朱棣为使皇帝不疑他有变，便装癫扮傻，甚至溜出王府，在街市上奔走呼号，抢夺酒食，说话颠三倒四，有时竟仰卧街头，整日不醒。建文帝派遣谢贵前去探病，当时，正逢盛夏天气，只见朱棣穿起皮袄，围炉而坐，还直喊天气太冷。但葛诚却密报朝廷，说燕王实是诈病，切勿被他瞒过。于是建文帝决定立即采取行动，密令燕京守将张信下手捉拿朱棣。

张信一直是燕王的亲信，接到密令后十分为难。他的母亲知道底细后，则劝他不可忘恩负义。张信就去见朱棣，朱棣仍在装疯。张信说："殿下快不要这样。有什么，便对老臣直说无妨。"朱棣说："我已经病得不行了。"张信便把建文帝的手谕拿出，以实相告。

于是，燕王急召军师道衍入室，共商救急之计。当晚设宴，预作埋伏，

将内奸谢贵及葛诚一并擒住。燕王朱棣忿忿地说："如今在籍的普通百姓，尚且知道兄弟、宗族互相体恤；我身为皇叔，性命却朝不保夕。朝官如此待我，遍天下还有何事干不出来？"他扔掉手中拐杖，长叹一口气说："我哪里有病，都是你们这帮奸臣逼出来的！"于是令人把谢贵等人斩首。朱棣随即起兵，直向南京讨伐建文帝。经过四年征战，终于获胜，登上皇位，定都北平。这就是历史上的明成祖。

对于精明的做人高手而言，他们能以掩饰真相而达到自己的目的。怎样才能给别人制造一番假象呢？那就要看你对自己境况的估算，并采取什么样的方略了。

用势卷第二

本卷主要阐述和权势有关的处世原则。文中子提出了“权为轻、德为重”的观点。有权的人不是就能随心所欲，因为有权的人要承受许多责无旁贷的常人难以想象的巨大的身心压力。另外，一个人不可能永远都拥有最高的权力，它终究会有消逝的那一天，所以，权力在仁德的人手里才会运用得当，因为用权的人懂得小心谨慎，谦恭礼让，这样在任何时候都不会成为众矢之的，从根本上巩固权势。

1. 势无常，少依靠

【原文】

势无常也，仁者勿恃。

【译文】

势力不是永恒不变的，仁德的人不会依靠它。

【解析】

权势是瞬间的，品德才是久远的，权势终究要受品德的审讯。有品德则是光亮的，没有品德的后果就是让自己一无所有的同时，还会蒙上极大的羞耻。品德高尚的人只会依靠自己的实力去取得成功，而不会去攀附势力，这是明智之举。相反，德行败坏的小人就会依靠权势来仗势欺人，殊不知，势力消亡之时，也就是小人灭亡之时。

【主题延伸阅读】

宦海之途当知畏

手里有了权力，绝不能不可一世，飞扬跋扈，要意识到官场上的无奈和凶险，只有小心翼翼用权，才能安安稳稳为官。

官场外面的人只知羡慕当官者前呼后拥，号令一方的荣耀，却看不到一入仕途，人生便失去很多滋味、命无自由的苦恼。尤其是做大官的人，要免于失败，可以说无时不处于高度紧张状态。尤其是进退都不自由的时候，当官的兴致也就减去许多。康熙皇帝说：大臣们头发白了，还不让你们退休回家，我有所不忍啊！可是朕哪有退休的时候？想到这里，你们就该多体谅啊。

曾国藩于同治初年写给他弟弟的信中说：

“诸事棘手，焦灼之际，未尝不想干脆躺在棺材里算了，也许比活在世上更快乐。越这样想，焦虑越多，公事越繁，而长眠快乐之期更是没有音信。”可是恰在这种时候，曾国藩又被提升，责任越重，事务越多，被人指责的机会也就越多了。

当曾国荃打下天京却回家暂时休息时，曾国藩像算卦先生一样，为其卜算是出去做官还是继续在家好。他还说：在家应占六分，出去应占四分。但曾国荃耐不住了，总想早点出去。不久，清廷果真任命曾国荃为山西巡抚，曾国藩立即去信一封，千叮咛万嘱咐，核心是让老九“宦海之途当知畏”。曾国藩说：我的情况如此，沅弟你的处境也不妙。你在山西，虽然清静，但麻烦也不少。山西号称天下富国，然而京城的银饷，大部分来自山西。厘金还没有改动，收入款项与道光年间相差无几，而开支款项则比以前大为增加。山西离京城又近，银钱账目一丝一毫，户部都清清楚楚。沅弟有开销太大的名声，现在既然担任

没有战乱的平静省份的巡抚，那么，政务、杂务的各项款项就不能不谨慎节俭，账目上丝丝入扣。

外界正在拟议让你再出，赴任之处一定是军务棘手的地方。现在，山西虽然还没有贼寇活动，但是，圣上担心捻军进入山西，逼近京城一带。老弟此番上任，似乎应多带得力的将军，勇丁则就近在山西招募。南方人吃不惯面食，山西尤其买不到稻米，不像直隶、山东两省，还可以由海运或河运设法转运。弟弟来京，可以从安庆登陆，到徐州与为兄相会，畅谈一番。听说钦差大臣到达山西，实际上是到陕西查办霞仙一案，真是一波未平，一波又起，宦海真是可恨啊！

曾国藩比曾国荃年长十四岁，当他四十多岁时，曾国荃也才三十岁，当他五十多岁时，曾国荃方逾四十，所以，曾国荃总是比哥哥血气更旺，斗志更强。曾国藩看在眼里急在心上，血气一旺，遇事就欠冷静，就往最高处想，就不计后果，总以为自己是对的，别人是错的。于是麻烦也就接连不断。

当弟弟率兵收复了两个省之后，曾国藩便给弟弟写了一封信警醒他：你收复了两省，功绩绝对不可磨灭，根基也极为深固。你只担心不能飞黄腾达，不担心不能安命立身；只担心日子不稳适，不担心岁月不峥嵘。从此以后，你只从波平浪静处安身，莫从掀天揭地处着想。但这是不是说，曾国藩是一个自甘平庸的人呢？他将心比心地说，我也是一个不甘心于庸庸碌碌，无所作为的人，近来阅世千变万化，所以，我一味在平实处用功夫，不是萎靡不振，而是因为地位太高，名声太重，如果不这样，那么处处是危途。又说：我们兄弟位高，功高，名望也高，朝野上下都将我家视为第一家。楼高易倒，树高易折，我们兄弟时时都处于危险之中。所以，应该专心讲究宽和、谦逊，也许这样才可以处高位而相对少些危险。我准备先行引退。我希望你平平和和干一二年，等我上岸以后，你再去轰轰烈烈地大干一番。

在官场上，有顺境也有逆境，有幸运也有厄运。顺境中往往潜藏着失败的可能，逆境中常常包含着成功的因子。成功不是永远的标签，失败也不是终身的注册，关键在于把握。一个人在比较顺利的时候，要居安思危、头脑清醒，始终保持一种如临深渊、如履薄冰的清醒，这样才能够真正立足官场。

2. 权势暗藏着危险

【原文】

势伏凶也，智者不矜（jīn）。

【译文】

势力隐藏着凶险，有智慧的人不会夸耀它。

【解析】

权力不只是人们想象中的至高无上，能够办成一切想办成的事情。权力的背后拥有一张关系网，就是这张关系网，如果正确利用就会带来无限福利，相反，就隐藏着巨大的凶险。因为它就像一个漩涡，漩涡里面隐藏着金钱、欲望以及权力的无限扩张，这些都是对人们道德底线的极大挑战，因此，当做人的原则在欲望面前丧失之后，你也就慢慢地陷入了漩涡里，无法自拔，直至毁灭。这就是权力隐藏的祸患。

【主题延伸阅读】

学会“远权”避祸

古今以来的为官者，人生中大概都有一个重要的决策：“远权避祸。”这是他们在权力的漩涡中明哲保身的智慧体现。

清代中叶，曾国藩率领湘军攻打太平天国后，收复南京。国家安宁了，可曾国藩感到他与清廷的关系却变得复杂而微妙起来。那时曾国藩集军政大权于一身，在东南的半壁江山中拥有至高无上的权威。三十万湘军总数，仅曾国藩直接指挥的军队就高达十二万之多，这相当于是一支谁也调不动，只听命于曾国藩的私人武装。此时清政府感到手握重兵的曾国藩已对朝廷构成重大威胁，于是故意疏远冷淡他。曾国藩也感到了这种微妙的变化：顾命大臣功高震主，朝廷对自己心存芥蒂。摆在曾国藩面前的只有两条路可走：一是带兵反清，取而代之；二是解散湘军，自解兵权。第一条路，他不愿，也不敢；那就只能走第二条路了。

于是为了远权避祸，曾国藩解散湘军。但为了做得不露痕迹，他找了一个冠冕堂皇的理由："湘军暮气太重，锐气全消，已不可用。"同治三年七月初七，即攻破南京后二十天，曾国藩上《贼酋分别处治粗筹善后事宜折》中提出："臣统军太多，即拟裁撤三四万人。"七月十三日，"遣撤曾国荃部二万五千人"，同日"撤萧庆衍全军九千人"。十月中旬，"奏报裁军二万余人"。到同治五年夏，除"陆军尚留下鲍超、刘松山万余人"，"水师改编为经制兵长江水师"外，其他直属湘军先后撤并完毕。其后，"鲍超部亦解散，仅留刘松山部奉命援陕"。眼见裁军如此干净彻底，清廷对曾国藩的畏忌心理烟消云散。

为了远权避祸，曾国藩还劝曾国荃称病回乡。

曾国荃为人"傲"，嚣张自负。自从带吉字营出征，战绩辉煌。但他与诸将不和，矛盾重重。在与属下彭玉麟、杨载福有事相商时，往往声色俱厉。诸将对他不服，但又碍于曾国藩情面，于是"告去"之人日益增多。郭嵩焘说："侯相兄弟克复金陵，竟犯天下之大忌，群起而力诋之。"这句话中的焦点人物是曾国荃，群言嚣嚣，主要是针对他的。曾国荃再一点就是"贪"。连曾国藩也说他"老饕名遍天下"。 若不解决这个问题，早晚会出大事，于是曾国藩苦心告诫其弟，让曾国荃急流勇退，称病回乡。

曾国荃终于听了兄长的劝告，就以"遍体湿疮、彻夜不眠"为由，在攻占南京两个多月以后，奏请回原籍，带着无数的金银财宝回湘乡享清福去了。

置身官场的人，总希望生前身后留个好名声。岂不知其中却潜伏着危机。掌权者不只对战功卓著的大将们心怀猜忌，对那些政绩突出、德行好的大臣也是心存嫉恨，一旦你的光芒超过了君上，形成了一种功高震主的姿态，灾祸就很快要从天而降了。

因此，古之智者，总注意不使自己的光芒太为耀眼以致使君上的形象显得相形见绌，总能在适当的时候功成身退，化解君上的猜疑，保全自己。所以为官要加强自身修养，保持冷静的心理状态，如此方能真正做到为官不倒的最高境界。因为“远权避祸”，曾国藩才有不败人生。所以，在官场上打拼的人，一定要知道“祸福相依”的道理。即使位高权重，也要懂得审时度势，否则，风头出尽之后，离灾难也就不远了。

3. 不要用势力欺君子

【原文】

势莫加君子。

【译文】

势力莫要施加给君子。

【解析】

“君子谋事不谋人，小人谋人不谋事”，在君子的心目中，工作是第一位的。他把全部的精力都投入到工作中，一心一意想干点正事；很少考虑权力和地位，所以，他们不需要所谓的权势。

【主题延伸阅读】

用友善的态度赢得对方的心

“权力、武力、金钱、关系”，这几样东西发散出来的就是“势”，这种“势”不要强加在有德行的君子身上，对有德行的人应该尊重，重才爱才。对君子施加以势，对其胁迫危害，终归不会起什么作用。

有这样一则关于太阳与风的寓言。

一天，太阳和风在争论谁的力量更强大。风说：“我可以证明我更强大。看到那个穿大衣的老头了吗？我可以跟你打赌，我可以更快地使他脱掉大衣。”

说完，风就开始刮了起来，而且刮得越来越大。可是，风刮得越起劲，那老头越是用力地裹紧自己的大衣。最后，风无奈地放弃了。

太阳开始发挥他的威力。它发射出温暖和煦的阳光。过了一会儿，老人开始擦拭自己前额渗出的汗水。太阳继续散发着自己的热力，又过了一会儿，老人脱下了自己的大衣。

太阳告诉风说：“温柔、友善永远比愤怒、暴力更加有用。”

对人我们也应该如此。如果你想让他人同意你的观点，你就要首先使他相信你是他真正的朋友，这就如同用一滴蜂蜜捕获了此人的心。

为什么我们在和别人讨论的过程中，总是充斥着火药味？为什么别人就是不理解自己的苦衷，不同意自己的观点？如果你懂得了“一滴蜂蜜比一加仑胆汁的作用更强大”这个道理，那么上述的问题自然可以迎刃而解。因为你会自然而然地在日常交际的过程中采用温柔友善的态度。

小约翰·洛克菲勒很好地践行了威尔逊总统的至理名言。他成功地平息了在科罗拉多已经持续两年之久，在美国工业史中流血最多的一次罢工潮。为了平息工人的愤怒，洛克菲勒花了数星期的时间在工人们中间进行沟通，之后，他对工人们发表了一场充满着浓浓情意的演说。这次演说不仅平息了工人们要把洛克菲勒吊死在苹果树上的仇恨，而且还使他赢得了很多赞赏。且让我们看看他这篇演讲的开头部分，它的字里行间都充满着友善的精神。

“今天，是我一生中值得纪念的日子。我第一次如此幸运地会见了这家伟大公司的劳工代表、职员以及监督者们。说句心里话，我很荣幸能够来到这里，我想，我这辈子都不会忘记的。在两星期前，我对大家来说可能还是一个陌生人。但是，就在上个星期，我有机会访问了南矿区所有的住户，除去外出的代表，我差不多和所有的代表都谈了话。在访问中，我见到了你们的家人，看到了你们淳朴可爱的妻子儿女。所以，当我今天站在这里的时候，我们不再形同陌路，我们已经成了朋友。也正是在这种友善的氛围中，我很荣幸有这种机会，同大家一起讨论我们共同关心的话题。”

在短短的一段开头中，我们就可以感觉到洛克菲勒演讲的技巧，他抓住了工人们友善的心，并态度

诚恳地将自己作为工人们的朋友，而不是他们的死对头。在这种散发着友情气息的氛围下，工人们那难以平复的心情也就渐渐得到了缓解。

试想，如果洛克菲勒态度强硬地和工人据理力争，那会是怎样的情形？那只能使罢工的事态更加严重。最后的结果则是两败俱伤。而采用这种温柔的策略，不仅最大限度降低了自己的损失，而且还让自己得到了一个好的名声，何乐而不为呢？事实证明，在日后处理工人罢工的事件中，越来越多的商人开始运用这种对工人友善的策略，因为，他们发现这个策略对他们来说价值是巨大的。在罢工这种对抗强烈的事件中，友善尚且可以促使双方达成一致的态度。那么，在我们日常的生活中呢？所以，当你想要说服别人的时候，最好先用自己友善的态度来赢得对方的心，让对方觉得你是他的一个朋友。

4. 别和小人讲道德

【原文】

德休与小人。

【译文】

仁德不能施予小人。

【解析】

“君子不忍破坏大局，小人不怕破坏一切。”有操守之人往往识大体，顾大局，甚至为了大局甘愿牺牲自身的利益。而小人没有任何道德负担、集体意识，为了个人利益，他们可以不顾大局，不择手段。因此，我们不能用道德来感悟他们，而只能用权力来还击他们的错误。

【主题延伸阅读】

别轻易得罪小人

小人每个地方都有，他们造谣生事，挑拨离间，兴风作浪，令人厌恶，但你也不必抱着仇视的态度。仇视小人固然可以显示出你的正义，但这并不是保身之道。因为仇视小人的结果就是得罪了小人，他们是会对你展开反击的。也许你不怕他们反击，也许他们也奈何不了你，但你要知道，小人之所以为小人，是因为他们始终在暗处，用的始终是卑鄙下流的手段，而且不会轻易罢手。且不要说不怕他们的攻击，看看历史的血的教训，有几个人能避过小人的陷害。所以，要善用计谋对待小人。

唐德宗时，杨炎与卢杞一度同任宰相，卢杞的爷爷是唐玄宗时的宰相卢怀慎，以忠正廉洁而著称，是位颇受时人敬重的贤相。他的父亲卢奕也是一位忠烈之士。卢杞在平日里不注意衣着吃用，穿得很朴素，吃得也不讲究。但没有人知道卢杞是一个善于揣摩上意，很有心计，貌似忠厚，却以厚脸来取得别人的信任的人。卢杞，除了巧言善

辩，别无所长，但嫉贤妒能，脸厚心黑，使坏主意害人却是拿手好戏。但大奸似忠，卢杞靠着左右逢源的伎俩，很快就由一名普通的官员爬上宰相的宝座。

与卢杞同为宰相的杨炎，是中国历史上著名的理财能手，他提出的“两税法”对缓解当时中央政府的财政危机立下了汗马功劳。后来的史学家评论他说：“后来言财利者，皆莫能及之。”可见杨炎确实是个干练之才，受时人的尊重和推崇。此外，杨炎与卢杞在外表上也有很大不同。杨炎是个美髯公，仪表堂堂，卢杞脸上却有大片的蓝色痣斑，相貌奇丑，形象猥琐。

然而博学多闻，精通时政，具有卓越政治才能的杨炎，虽然有宰相之能，却没有宰相在处理问题上的有效技能。尤其是在处理与同僚的关系上，他恃才傲物，目中无人，特别是对卢杞这样的小人，他压根儿就没放在眼里。两人处处一朝，共事一主，但杨炎几乎不与卢杞有丝毫往来，按当时制度，宰相们一同在政事堂办公，一同吃饭，杨炎因为不愿与卢杞同桌而食，便经常找个借口在别处单独吃饭，有人趁机对卢杞挑拨说：“杨大人看不起你，不愿跟你在一起吃饭。”

因相貌丑陋内心自卑的卢杞自然怀恨在心，便先找杨炎手下亲信官员的过错，并上奏皇帝。杨炎因而愤愤不平，专门找卢杞质问道：“我的手下人有什么过错，自有我来处理，如果我不处理，可以一起商量，你为什么瞒着我暗中向皇上打小报告！”弄得卢杞很下不来台。于是两个人的隔阂越来越深，常常是你提出一条什么建议，明明是对的，我也要反对；你推荐那个人，我就推荐另一些人，总是较着劲、对着干。

卢杞与杨炎结怨后，千方百计谋图报复。他深知自己不是进士出身，又面貌奇丑，才干更是无法与杨炎相比，但他，极尽阿谀奉承之能事，并逐渐取得了德宗的信任。

不久，机会终于来了。节度使梁崇义背叛朝廷，发动叛乱，德宗皇帝命淮西节度使李希烈前去讨伐，杨炎不同意重用李希烈，认为此人反复无常，对德宗说：“李希烈这个人，杀害了对他十分信任的养父而夺其职位，为人凶狠无情，他没有功劳都傲视朝廷，不守法度，若是平定梁崇义时立了功，以后就更不可控制了。”

然而，德宗已经下定了决心，对杨炎说："这件事你就不要管了！”谁知，不会察言观色的杨炎并不把德宗的不快放在眼里，还是一再表示反对用李希烈，这使本来就对他有点不满的德宗更加生气。

不巧的是，诏命下达之后，赶上连日阴雨，李希烈进军迟缓，德宗又是个急性子就找卢杞商量，卢杞看到这是扳倒杨炎的绝好时机，便对德宗皇帝说："李希烈之所以拖延徘徊，正是因为听说杨炎反对他的缘故，陛下何必为了保全杨炎的面子而影响平定叛军的大事呢？不如暂时免去杨炎宰相的职位，让李希烈放心。等到叛军平定以后，再重新起用，也没有什么大关系！”

这番话看上去完全是为朝廷考虑，也没有一句伤害杨炎的话，卢杞排挤人的手段就是这么高明。德宗皇帝果然信以为真，就听信了卢杞的话，免去了杨炎的宰相职务。就这样，杨炎因为不愿与小人同桌就餐而莫明其妙地丢掉了相位。

从此卢杞独掌大权，杨炎可就在他的掌握之中了，他自然不会让杨炎东山再起，便寻机整治杨炎。杨炎在长安曲江池边为祖先建了座祠庙，卢杞便诬奏说："那块地方有帝王之气，早在玄宗时代，宰相萧嵩就曾在那里建立过家庙，因为玄宗皇帝曾到此巡游，看到此处王气很盛，就让萧嵩把家庙改建在别处了。如今杨炎又在此处建家庙，必定是怀有篡权夺位的谋反野心！近日长安城内到处传言：‘因为此处有帝王之气，所以杨炎要据为己有，这必定是有当帝王的野心。’”

什么！杨炎有“谋反篡位”之心？岂能容之！于是，在卢杞的鼓动下，勃然大怒的德宗皇帝，便以卢杞这番话为借口，将杨炎贬至崖州（今海南省境内）司马，随即下旨于途中将杨炎缢杀。

杨炎明知道卢杞是个得罪不起的小人，却为了芝麻粒儿大的小事，公开与对方撕破脸面，最后遭到对手的暗算，实在是不明智之举。

对付小人没有什么好的办法，只能以预防为主。不要得罪他们，不要

留下把柄，偶尔吃点小亏就算了，不要和他们有利益瓜葛。和小人保持一定距离为上策，因为你又不能完全“消灭”他们。

5. 君子不依靠权力行事

【原文】

君子势不于力也，力尽而势亡焉。

【译文】

君子的威信不体现在权力上，以权力做依靠的人一旦权力丧失威信也就消亡了。

【解析】

权势的存在最终会彰显出两种人的存在，那就是小人与君子。小人，品德低下、投机取巧，利用权力牟取自己的私利，在权力存在时，就飞扬跋扈，不可一世，而伴随着权力的消失，自己一无所有的同时，必会遭到人们的唾弃；相反，君子依靠自己的德行，谋利于百姓，因此，深得民心，他的德行会永远被人们记在心间，而不会因为权力的消失而削减，这才是权力真正存在的意义。

【主题延伸阅读】

驾驭人要软硬兼施

驾驭人要学会软硬兼施。从理论上讲，软，体现友善、涵养、通情达理；硬，则显示尊严、原则和力量。软与硬，作为管理人的一种策略，这是最有力的领导哲学。

刘铭传生长在民风强悍的淮北平原，自小养成了一种天不怕地不怕的豪霸之气。十八岁时，一个土豪到他家勒索，其父亲与哥哥皆跪地求饶，只有刘铭传愤而寻找土豪报仇。土豪欺他年少，对他进行污辱，不料他大步跨上前去，抢过刀子割下了土豪的首级。之后便聚众为王，拉起了两支队伍，成了乡里有名的流氓头子。

李鸿章奉曾国藩之命回原籍招募淮军时，第一个就看中了他。因此，将他的队伍募入淮勇，名为“铭军”，并花了不少银两，从洋人手中购买了枪支弹药，把铭军装备成为近代武装。这支队伍为李鸿章建立功业出了不少力，但对于刘铭传的倨傲狂妄，李鸿章也着实恼火。因此，当曾国藩借用淮军剿捻时，李鸿章就把“铭军”拨给了老师，希望曾国藩能够熏陶、管教他一下。

果然，在剿捻过程中，刘铭传军与另一悍将陈国瑞军发生了争斗。怎么处理这个事端，可真让曾国藩犯了难。不处理吧，于事不公，双方都不能平心静气，今后还会内讧；处理吧，这是李鸿章的属下，且刘铭传谋勇兼备，又有洋枪洋炮，今后自己还要倚重他。于是，曾

国藩想了个万全之策，就是对刘铭传进行严厉斥责，嘴上说得狠，但对其过失不予追究，使他心生悸畏。这一招果然管用，只过不久，曾国藩就调铭军独自赴皖北去剿捻了。

对于老师的办法，李鸿章心领神会，所以他照方抓药，在剿捻成功后，他向清廷力保刘铭传的功绩，使刘铭传得以委任台湾道员。正是这个桀骜不驯的人，在中法战争中带领台湾军民奋起抵抗法军的进攻，使法军终未能攻下淡水，占领台湾的梦想破灭了。

1885年，清政府将台湾正式撤道改建成省，刘铭传被任命为台湾第一任巡抚。

前面提到的陈国瑞，原是蒙古王爷僧格林沁的手下大将。他从未读过书，更不知道什么德不德，只是开口脏话，只要想干的事，任天塌下来也要办成。

陈国瑞十五岁时，在家乡湖北应城投了太平军，后来又投降清军，几经转辗被收在僧格林沁部下。据说他异常骁勇，打仗时，炮弹击碎了他手中的酒杯，他不但不避，反而抓起椅子端坐在营房外，高叫“向我开炮，向我开炮”，使手下都很敬畏他。

曾国藩接替剿捻事宜，与陈国瑞军打上了交道。当处理陈国瑞与刘铭传所统率的两军械斗事宜时，曾国藩感到只有让他真心地服自己，才有可能在今后真正地使用他。于是，曾国藩拿定主意，先以凛然不可侵犯的正气打击陈国瑞的嚣张气焰，继而历数他的劣迹暴行，使他知道自己的过错和别人的评价，当陈灰心丧气、准备打退堂鼓时，曾国藩话锋一转，又表扬了他的勇敢、不好色、不贪财等优点，告诉他是个大有前途的将才，切不可以莽撞毁前程，使陈国瑞又振奋起来，紧接着，曾国藩坐到他面前谆谆教导他，给他定下了不扰民、不私斗、不梗令三条规矩，一番话说得陈国瑞口服心服，无言可辩，只得唯唯退出。

但是，陈国瑞莽性难改，所以一回营就照样不理睬曾国藩所下的命令。看到软的作用不大，曾国藩马上请到圣旨，撤去陈国瑞和办军务之职，剥去黄马褂，责令戴罪立功，以观后效，并告诉他再不听令就要撤职查办，发往军台效力了。陈国瑞一想到那无酒无肉、无权无势的生活，立即表示听曾大人的话，率领部队开往指定地点。

曾国藩驾驭人，无外用两种手段，或软硬兼施，或外严内宽，这样，就可以人尽其才。用人都想用能人，能人是指有一技之长的人，这类人都有一个共同的特点，即“智者多诈，勇者多怒”，要使人才真正发挥作用，就必须做到既怀之以德，又严之以法，使他们扬长避短，各尽其用。

一个人的气节和正义就像《阳春白雪》这首名曲一样。但人不管如何清高或有学问，如果没有高深的品德来配合，那么这种学问和清高也丧失了意义。

一个有修养的人，应该知道居功之害。因此碰到好事时，要分一些给其他人，绝对不可以自己独享，否则轻的招致他人怨恨，重的甚至惹来杀身之祸，所以与别人共同拥有完美名节，就可以避免意想不到的加害。同样对那些可能玷污行为和名誉的事，不应该全部推诿给别人，而应主动承担一些过错、引咎自责。具备这样涵养德行的人才算是完美而清高的人。

6. 小人不可用

【原文】

小人势不惠人也，趋之必祸焉。

【译文】

小人的势力不会恩惠予人，趋附它一定会招致祸患。

【解析】

小人的势力不可用，体现在两方面，一是小人所获得的势力来路不正，会连累依附他的人；二是小人得势是短暂的，因为他所运用的不是自己的实力，而是玩弄心机，不择手段，他的虚伪终将会暴露于世，因此，贤德的人不要依附小人，与其挖空心思讨好小人，不如凭借实力战胜小人，取得自己想要的成绩。

【主题延伸阅读】

大材大用，小材小用

胡雪岩对自己的用人之道总结说："我的奇计很多，大小由之，大材大用，小材小用，只看对方怎么样。"他把自己的这一用人原则称为"奇计"，其实就是"量才使用"。胡雪岩所谓"大材大用，小材小用"，就是根据人才能力大小和专长，给他们找到合适的位置，以尽可能地发挥他们的作用，同时也不会对经营带来不利影响。

刘庆生本是一个钱庄的小伙计，但人很精明，"外场"能力强，胡雪岩就让他当阜康钱庄的"档手"；古应春懂洋文，了解洋行，善于和洋商打交道，胡雪岩便在与洋人有关的生意中完全倚重他；尤五掌握着漕帮势力，熟悉帮会情况，胡雪岩就让他主持杭州经松江到上海一路的丝、粮水运；"小和尚"陈世龙是一个类似街头小混混的青年，还好赌，但人很机灵，也能自制，胡雪岩就叫他在江湖上奔走往来；杭州城一个姓周的老更夫，在杭州遭受兵火战乱期间仍坚持职守，使杭州城梆声不断，胡雪岩就聘请他来看守自己的仓库……

王余庆刚到胡庆余堂的时候只是个被安排打杂的伙计。他的工作无非就是打扫卫生，为客人端茶倒水什么的。但是这个小伙子的父辈都是郎中，他自己也懂得很多医药知识，并且聪明伶俐，口齿敏捷。尽管没有安排在合适的位子上，他仍旧每天乐呵呵地工作。

一次，王余庆经过前堂的时候被抓药的伙计叫住了，他让王余庆顶替他一会儿，他有急事要出去一趟。王余庆就自然而然地冒充起了抓药的伙计。尽管之前没有干过，但是他似乎非常适合这份工作。他先是将各个药材所在的柜子大致看了几遍，并默默记在心里。

一位顾客进来了，结果顾客并不是来买药的，而是来退药的。顾客说家里的人得了风寒，但是喝了这服药根本就没有效果，反而病情加重了。顾客便认为胡庆余堂卖假药，要找掌柜算账。

这时店铺门口也陆续围了一些人。王余庆并没有慌张，他先请顾客坐下来，给他倒了杯茶，对他说："您先消消气，如果是我们的错误我们肯定承担。"接着，他拿着顾客的药材和药单仔细看了起来，他发现药材配得没有问题。

随后，王余庆便问顾客家人的症状，经过顾客的描述，王余庆便觉得顾客家人所得的病并不是风寒。于是他就对顾客说："您这服药没有问题，但是您家人所患的并不是风寒。我给您免费配一服药，若是明天不见效，您直接过来找我算账！"

于是此事就圆满解决了。胡雪岩刚好路过，也看到了这一幕。之前他在前堂并没有见过这个小伙计，但是对他的处事方式十分满意。

第二天，顾客又来了，但这次并不是来找茬的，而是来感谢王余庆的。但是他在前堂没有看见他，后来，掌柜将正在后房打扫卫生的王余庆叫了出来。

顾客见到他，就大叫他“恩人”。原来那服药刚喝下去，过了一个时辰，病人就有好转了。到了第二天，已经能下床了。所以顾客特地来感谢王余庆。

胡雪岩命掌柜将王余庆升为前堂掌柜助手，这一来，王余庆也有了发挥自己能力的机会。胡雪岩的用人方针就是“大材大用，小材小用”。他尽力让每一个人才都能够待在自己合适的位置上，这样才不至于埋没人才。

胡雪岩在“量才使用”上几乎达到了裁缝量体裁衣般的精细。

比如，他办胡庆余堂药号，重金聘请长期从事药业经营，熟悉药材业务，又懂得经营管理的行家担任经理；聘任熟悉药材产地、生产季节、质量真伪优劣的人当协理，作为经理的副手，负责进货业务；还选用熟悉财务的人担任账房。以上三种人被视为一级职员，称为“先生”，他们能写会算，懂业务、善经营，属于穿长衫的“脑力劳动者”，因而一切待遇从优；先生以下，是二级职员“师傅”，他们略懂药物知识，会切药、熬药、制药，经验丰富，是穿短衣，在工场劳动的“熟练工人”，工资待遇低于先生；师傅以下是最后一级的帮工，他们是临时雇来的，主要从事搓药丸等简单劳动，论件计酬。由于分工明确，职位相称，酬劳合理，胡庆余堂运转灵活，相互协调。

不仅如此，胡雪岩量才用人之恰到好处，有时甚至将小材造就成了大材，在别人眼里难以成器的朽木，到胡雪岩手里却能化腐朽为神奇，让其展现出最为拿手的一面，发挥出巨大的作用。比如，刘不才好赌，连自己祖传的药堂也搭了进去，胡雪岩就专门拿钱把他重新打扮一番，让他每天从早到晚陪达官阔少赌博，单是刘不才和庞二少爷的赌友关系，就为胡雪岩带来了垄断上海市面生丝生意的成功。

大材小用，委屈了人才，大材没有积极性；小材大用，才力不够，成不了大事，还可能使生意遭受损失。人才是重要的，但给人找到一个恰当的位置，才更见生意人的才识和眼光。对此，扬长避短，用其所长就显得十分重要。扬长，即发挥长处；避短，即抑其不足之处。就客观而言，十全十美的人可以说是没有的，为此，在用人的行为中，领导者应尽力发掘被使用者的长处，扬其“长”而抑其“短”，使其充分发挥自己的人才效能，做到以一当十，人尽其才，才尽其用。

7. 众人的事业一人毁

【原文】

众成其势，一人堪毁。

【译文】

众人团结一致才能成就事业，然而如果用人不慎，一个人就可以毁掉它。

【解析】

“众志成城”“众口铄金”，都是说的人多力量大的道理。自古以来，势力的形成都不是一个人就能够办得到的，而是要依靠众多的人参与才能够达到。无数次历史事实就充分证明了这一点。每一个新王朝的建立都是依靠众人的力量建立起来的；每一次重大事件成功的背后也不是一个人的努力完成的。但是，如果用人不慎，敌友不分，一个人的力量就足以将长时间众人的努力成果毁掉。这就提醒我们在团结一切可以团结的力量的同时，还要谨慎用人，防微杜渐。

【主题延伸阅读】

只有双赢才能走得长远

在很多人眼里，总觉得事业能否发展到一个较高的位置，就看是否打败了和自己相当甚至是跑在自己前面的对手。对此，马云有着自己一套独特的看法，他认为，事业的发展就是创造新的价值，而不是打败对手，不是为了更大的名，而是为了社会、客户和明天。

马云曾经说过："中国的很多公司，跑到一半的时候，和左边的人打几下；再跑几步，又跟右边的人打几下，疲于奔命。我说，要把时间花在客户身上，花在服务上，而不要花在竞争对手身上。只要你今天比昨天好，明天比今天好，你就永远冲在最前面。"事业真正的发展一定基于使命感，这样才能持久地发展自己的人生。

1998 年，雅虎想进入中国，杨致远欲邀马云做雅虎中国的掌门，但是当时的马云因为全部心思都在创建阿里巴巴上，因此委婉拒绝了杨致远。也是这一年，雅虎正式进入中国。后来，马云的阿里巴巴初见规模后，马云给杨致远写了一封电子邮件，问他："你觉得阿里巴巴怎么样，也许有一天阿里巴巴和雅虎这两个名字配在一起会很好。"

直到 2005 年 4 月，杨致远才回了这封邮件："阿里巴巴和淘宝做得很好，有机会想跟你谈谈互联网的走势。"马云说："这么多年了，终于有了你的一封信。"

一个月后，马云与杨致远在美国一个高尔夫球场上相遇。球场上，大家打赌，让吴鹰跟马云比赛打，看谁打得远。在场的人中只有杨致远一个人赌马云赢。结果这一杆吴鹰打空，马云真的赢了。打完球，杨致远笑着与马云并肩而行说："我们把交易定了吧。"

达成协议后马云禁不住感叹："我追杨致远追了七年啊。"杨致远则说：

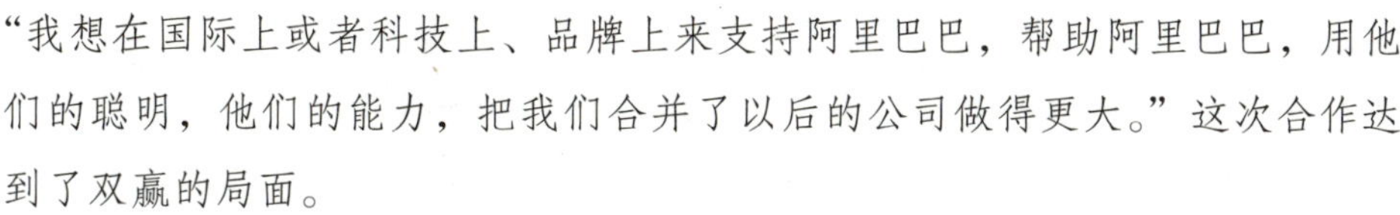

“我想在国际上或者科技上、品牌上来支持阿里巴巴，帮助阿里巴巴，用他们的聪明，他们的能力，把我们合并了以后的公司做得更大。”这次合作达到了双赢的局面。

共赢意识是现代的成功者需要具备的。年轻人只要细心观察就会发现，那些大商巨贾基本上都是通过合作的方式来实现利益的。而对于那些正处在创业初期的人来说，更需要依靠合作的方式，在双赢的基础上实现利润均沾，为自己事业的未来之路开创更广阔的发展空间。

合作永远能为自己带来“众人拾柴火焰高”的局面，尤其是希望在商业竞争中取得更多利润的人，以合作双赢的方式来实现利润均沾的目的，无疑是最佳的选择。就拿雅虎和eBay的合作来说，正是因为看到了未来全球互联网的竞争格局和如何使用户与企业利益最大化的重要性，马云才积极地倡导、参与和推进了这次合作。

马云认为，商场上既没有永远的敌人，也没有永远的朋友。大家都是为了自己的明天不停前进，而谁超过谁并不是最终目的。当全球化的压力越来越大，短兵相接的竞争对手也可以在不损害各自竞争优势的前提下结成战略联盟。

所以，人生的发展不是靠打击对手，而是靠踏踏实实做好自己。当自己心有余而力不足时，可以尝试合作的办法，这样一来，不仅能够缓解自身压力，而且还能让双方达到互利共赢的局面，何乐而不为呢？打败对手是很有成就的事，而通过合作的方式与对手共赢才是更大的成功。年轻人要清楚，无论同你竞争的对手是谁，也无论你们怎样合作，这种建立在资源共享前提下的合作，始终是现代人在竞争中最有发展潜力的机会。

8. 以强欺弱遭人怨

【原文】

强者凌弱，人怨乃弃。

【译文】

势力强大的人欺凌弱小的人，人们怨恨他就会离开他。

【解析】

有权势的人，并不是人人都会得到尊重，原因就是有权势的人往往利用自己高高在上的权势欺压弱小，使人们丧失对他的信任，因此逐渐失去民心，而这样做的结果就是让权势逐渐地消失，以致一无所有。相反有德行的人，就会注重人心的向背，只有尊重自己的属下，自己的臣民，才会得到他们心，他们才会心服口服，这样的权力才会久远。因此，越是有远见的人，越会谨小慎微地对待自己的下属，以求安定发展。

【主题延伸阅读】

争强好胜，伤得最狠

明朝洪应明在《菜根谭》里说："路经窄处，留一步与人行；滋味浓的，减三分让人尝。"这便是做人的忍让哲学。做人没有必要总是争强好胜。凡事争了面子，占尽了风头，最后只会让自己落得个悲惨的下场。凡事不争不抢，懂得忍耐谦让，反而会让生活更有生气。

有一个得道的法师在将要圆寂时，弟子们来到法师床前，求教道："师傅最后还有什么要交代弟子的吗？"

法师点头，然后张开嘴巴让弟子看，随后问："我的舌头还在吗？"

弟子们围过去，看了看师傅的嘴巴回答："舌头还在，好着呢！"

法师又问："我的牙还在吗？"

因为法师已经一百多岁了，牙齿早已经掉光了，弟子们只看到光秃秃的牙床。

"牙齿不在了。"弟子回答。

法师又问："明白我要说的话了吗？"

有几个弟子略有所悟，其中一个回答道："舌头因为柔软，所以存在；牙齿因为刚强，所以全掉光，是这个道理吗？"

法师说："是啊，只要你们记住这个道理，我就能安心地走了。"

"舌头因为柔软，所以存在；牙齿因为刚强，所以全掉光。"这就是不可争强好胜的道理，人生幸福的秘诀也在于此。懂得忍让的人，不仅能避开对自己的无谓伤害，更能避免伤害他人，生活就会有更多的平安和祥和。

有一对年轻人结婚以后，总是争强好胜，哪怕是为一件小事他们都要争个输赢。没几年，他们的婚姻便到

了破裂的边缘。为了重新找到昔日的爱，他们计划进行一次浪漫旅行。他们约定，如果能找回恋爱时的幸福就继续生活，如果不能就分手。

不久，他们去了一个风景优美的山谷，可让他们奇怪的是，山谷南坡长满松、柏，而北坡只有雪松。

天上下起了大雪，于是他们支起帐篷，准备在山谷里宿营。望着纷纷扬扬的大雪，他们突然发现，北坡的雪总比南坡的雪要大得多。不一会儿，北坡的雪松上就积了厚厚的一层雪，不过，当雪积到一定厚度的时候，那富有弹性的雪松枝丫就会向下弯曲，直到让雪从枝上滑下。雪不停地下，雪就这样反复地积，而雪松反复地弯，雪反复地落，这样，雪松因为不会积雪太厚而完好无损。可其他的树因为没有弹性，不会弯曲，树枝全被压断了。南坡雪小，还保留了其他一些树木，所以南坡除了雪松外，还有柏树等其他树木。

发现这一景观，妻子对丈夫说："北坡一定也长过其他树木，只是因为不会弯曲，才让大雪给压毁了。"

丈夫点点头，霎时，两个人像是明白了什么似的，相互拥抱在一起。

丈夫兴奋地说："我们发现了一个秘密——世界万物都不能太好强，树能弯曲一下，这样就不会被压垮；人要是学会忍让，就能避免很多伤害。"

从此以后，两人试着相互忍让，结果，他们不再为小事吵闹，而是幸福地生活在一起了。

大自然中的树如此，生活中的人也如此。生活中，忍就是弯曲的艺术，我们都需要忍，都要学会忍。那么，怎样去忍呢？答案就是学会弯曲的做人艺术。山路十八盘，水路十八弯，人生之路也必定充满了荆棘坎坷，这就决定了我们在人生旅途上不仅要有挑战困难的决心，更应具有宽广的胸怀。

9. 位高者要懂得谦恭进退

【原文】

势极无让者疑，位尊弗恭者忌。

【译文】

势力达到顶峰而不知退让的人让人怀疑，地位尊贵而不知谦恭的人让人嫉恨。

【解析】

权势的斗争是残酷的，也是永远不会停止的，因为人的欲望是没有止境的。权力的存在，有的长久，有的却很短暂，长久的原因是，那些站在权力制高点的领袖们懂得谦卑地对待自己的属下与臣民，这样才会得到大家的拥戴，相反，那些站在人民的肩膀上却蔑视人民的人，最终会被人民推翻。因此，越是有权势之人越要懂得对人的尊重与做人的谦卑。

【主题延伸阅读】

有权更要自我节制

作为一个领导者要求他人容易，节制自己困难。所以判断一个领导的才德，除了观察他的管理能力外，还要观察他对自己的约束能力。

清代中叶，曾国藩有两个兄弟在军中任职，为了以自己的行动影响他人，曾国藩出征作战都督促兄弟们勇往直前，论功行赏却要求兄弟们甘居

其后。看来他是深深懂得自我节制才能成功的道理。领导者地位高于别人，权力重于别人，因而受到赏识和宠遇时，就应更加恭谨。这一点战国著名臣子范蠡就做到了。

范蠡在助越王勾践灭吴之后，“以为大名之下，难以久居，且勾践为人可与同患，难以处安”，就急流勇退，放弃了上将军之大名和“分国而有之”的大利，退隐于齐，改名换姓，耕于海畔，父子共力，后居然“致产十万”，受齐人之尊。范蠡虽居相安荣，但他太懂得物极必反的道理，为了自我节制对权欲的渴望，他自认为“久受尊名，不祥”，乃归相印，尽散其财，“闲行以去，止于陶”，从事耕畜，经营商贾，又致货累矩万，直至老殆于陶。这就是历史上有名的“范蠡三徙”。范蠡之所以辞官退隐，就是考虑到不要让尊名大利给自己带来性命之忧。事实上他的考虑是有道理的。与他共扶勾践的文种就因不听范蠡的规劝接受了越国的尊荣大名，结果死在勾践手下。

曾国藩从范蠡那里懂得了自我节制的重要性，并更加严格地去实施。他一生清淡节俭，常给人一种家世清贫的感觉。他为官所得的一切薪俸，都全数用于公事，不曾建造一栋房屋、添置一块土地。吃的是蔬菜，穿的是薄衣，甘于恬淡寡欲，连每次吃饭都不超过四小碗；而男女婚嫁，花费不超过二百两纹银，而且作为家规家训代代相传。

他平日严于遵循而又持之以恒的，一是“不说假话”，二是“不迟起床”。无论是在军营还是在朝廷做官，他都从早到晚不曾有稍微懈怠，即使是风雨交加的天气、抱病忧怀的时候，也常常是一听到鸡鸣就起床，直到夜半才休息，几十年如一日，他这样的行为是以古代唐太宗自甘节俭的作风为榜样，以激励自己做一个两袖清风的好官。

唐朝时候，太宗患有严重的关节病，一到秋天就发作，于是有臣子上奏请求为太宗建筑高殿，以防止关节病发作影响太宗健康，奏折中说：“自古以来有所谓‘夏之月可以居台谢’，秋季的绵雨又将来临，宫中湿气太重，恐怕对陛下身体不太好。希望陛下马上建筑高殿。”

唐太宗却婉言拒绝说：诚如朕患有神经痛，这种疾痛若长年处于湿气重的地方当然不好。但是造一座宫殿需要一笔数目庞大的费用，从前汉文帝打算营造宫殿时，发现需要的费用相当于百户普通人家的资产，便打消了这个念头。虽然和汉文帝相比，我的德行远远不及，但所需的费用却要多得多，这不正是身为百姓父母的天子失职的地方吗？

曾国藩认为自我节制的形式并不十分重要。重要的是借着坚强的意志力，来贯彻自我节制的内圣决心。这个原则不仅是在公的方面，即使在个人生活中也是不可或缺的。俗话说："世界上最宽阔的是海洋，比海洋更宽阔的是天空，比天空更宽阔的是人的心胸。"只有豁达大度，从谏如流，才能修炼出自己的内圣之法。要学会自我节制，正如话不可说绝，势不可用尽，福不可享尽，便宜不可占尽，聪明不可使尽一样。生活是复杂的，而生活的道理是简单的。

10. 别抱怨才能得到

【原文】

势或失之，名或谤之，少怨者再得也。

【译文】

势力有时会失去，名声有时会遭到诽谤，少说怨言的人能失而复得。

【解析】

任何事物都是发展变化的，没有永恒不变的东西，这是发展的规律。权势的存在也不例外，权势之人面临着职位的升升降降，也会遭到人们这样那样的议论，此时，怎样才是正确的做法呢？有的人，不满自己职位的下降，出言不逊地抱怨他人，这样做的后果就是自己惩罚自己，最终一无所有。相反，聪明智慧的人，在自己低落的时候思考的是自己的不足和缺

失，从而对待意见是满心欢喜的接受，这样才能有利于错误的改进，最终得到大家的认可，权势也会随之上升。这就是不同的思考方式决定了不同的后果，因此，在困难面前要冷静的思考，而不是冲动的解决。

【主题延伸阅读】

惹不起就躲，不要抱怨

俗话说，惹不起躲得起，这是一种保全自身的处世方法。要知道，在大多数情况下，善良感动不了卑鄙，正直消融不了无耻。为了避免自己受到伤害，就必须远离小人，为自己构筑一道防火墙。

大书法家颜真卿是三朝老臣，在安史之乱中表现了崇高的气节，官至太子太师，在社会上名声很大。颜真卿为人忠贞，正直敢言，但不知在什么地方得罪了卢杞，总想把他排挤到外地去，若论书法和气节，颜真卿堪称当世一流，但要对付卢杞这样的奸诈小人也是苦无良策。本来颜卢两家曾是世交，父辈曾携手并肩浴血沙场，为刎颈之交，但即使如此，卢杞也不放过他。

颜真卿是个直性子，他知道卢杞要整治自己，一天他特意赶到中书省对卢杞说："我过去因遭小人憎恨，曾长期被排斥在外地。想当年安史之乱时，我与你父亲血战平原，当你父亲的首级被叛军传到平原时，我用舌头舔干净他脸上的血污，恩深情笃，今天你就那么忍心不念旧谊，真的不能容我吗？"几句话说得卢杞脸色绯红，然而更痛恨他了。不久节度使李希烈发动叛乱，叛军攻陷了汝州，卢杞见机会难得，就向德宗建议派颜真卿前去劝降。他说："如果陛下派一位德高望重的老臣去劝说李希烈，他一定会改过自新，不费一兵一卒就平息叛乱。颜真卿是三朝老臣，名闻海外，如果派他前去，李希烈不久就会归顺朝廷。"这显然是蓄意陷害，但唐德宗对卢杞言听计从，竟信以为真，命令颜真卿去汝州劝降李希烈。诏书下发之日，举朝震惊。结果颜真卿被叛军扣留，终为其所害。卢杞借刀杀人又除掉了一个眼中钉。

颜真卿明知道卢杞是个得罪不起的小人，惹不起偏不躲，喜怒形于色，让对方毫无顾忌地与你相斗，最后遭到对手的暗算，实在是不明智之举。

唐朝李林甫，在玄宗时期位居宰相19年。这个人无德无才，但却惯于玩弄阴谋手段，排斥、打击不附和自己的人。他谄媚皇帝的手下人，逢迎皇上的心意，以加固他受宠的地位，杜绝进谏的路子，遮掩皇上耳目，使他的奸计得逞；杀戮驱逐朝中大臣，用来扩张自己的势力。这使太子以下的人都害怕他。由此埋下天下大乱的隐患。年老昏庸的唐玄宗不但看不破他的诡计，反而认为李林甫是个忠实可靠、办事有力的人，任他为宰相。

李林甫大权在握，更无所顾忌，变本加厉地打击异己，排斥贤才。他拉帮结派，以巩固自己的地位。中书会侍郎严挺之非常鄙视李林甫，更鄙薄他的为人行事，不愿意和他来往交际。李林甫看出了这一点，就在唐玄宗面前加以中伤，一计不成又施一计，终于让皇帝把严

挺之贬斥到洛州、绛州一带去做刺史，心里才觉得解了气。这样一来，不少善于屈附权贵的小人更加奉承他了，他也自以为得计。谁知过了一段时间，唐玄宗忽然觉得很长时间没有见到严挺之了，就问起他来，而且打算重新重用他。这天玄宗对李林甫说："严挺之我听说是个人才，他现在到哪儿去了？"李林甫极擅权变，不动声色，退朝之后回到家中想了想，计上心来。

他把严挺之的弟弟严损之找来，假惺惺地说："皇上对令兄情深厚，今天上朝还对我提起他来，你看你是否让他上书给皇帝，说他患了风湿症，要求回京城来治病？怎么样？"严损之听了，觉得是个好主意，就把这个意思告诉了哥哥，严挺之哪里想得到是李林甫在捣鬼，以为是弟弟损之的想法，就按照这个主意办了。李林甫上朝之后就借此机会对唐玄宗说："万岁，严挺之年老体衰，又得了风湿病，怕担不起重任了。陛下要是想用他，最好给他安排一个闲职，让他养养病就很好了。"唐玄宗不知其中的事情，只好叹口气，打消了重用严挺之的念头。

不仅仅是一个严挺之，左相李适之性情直率，不阿谀奉承，也受到李林甫的猜忌。有一次李林甫故意对李适之说："华山附近听说有金矿，开采出来国家就可以富足了，陛下似乎还不知道此事呢。"李适之信以为真，过了几天他上朝时就把此事告诉了唐玄宗。唐玄宗从来没听过这种事，当即问李林甫："有没有这回事呀？朕怎么不知道？"李林甫马上回答："是有此事，臣也早知道了，但因为华山是陛下的根本，正气所在，不宜开采，所以微臣也就没有提。"这一来就显出了他比李适之高明许多。唐玄宗听了认为李林甫能够处处为皇上着想，心里十分高兴，随后又责备李适之："以后凡有奏事先和李林甫商量一下，不要再这样轻率鲁莽了。"李适之真是哑巴吃黄连，半晌说不出话来。从此更受李林甫的排挤，日益失宠。

口中有蜜，腹中有剑，是李林甫这个弄权小人的丑恶嘴脸，《资治通鉴》中记载："李林甫为相，尤忌文学之士，当面对你很好，说好听的话，

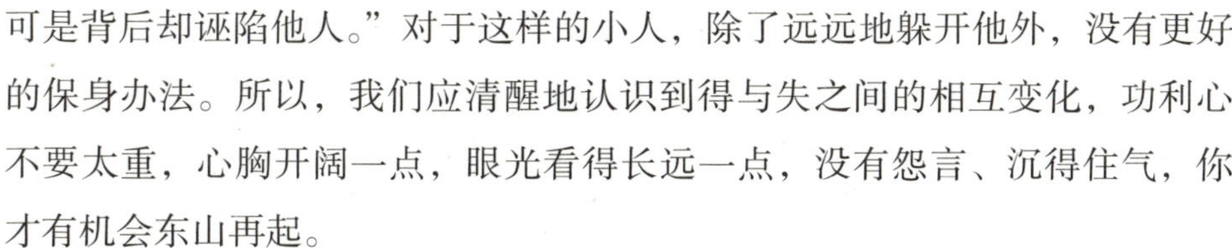

可是背后却诬陷他人。”对于这样的小人，除了远远地躲开他外，没有更好的保身办法。所以，我们应清醒地认识到得与失之间的相互变化，功利心不要太重，心胸开阔一点，眼光看得长远一点，没有怨言、沉得住气，你才有机会东山再起。

11. 不骄纵的人才有福报

【原文】

势固灭之，人固死之，无骄者惠嗣（sì）焉。

【译文】

势力固然会消失，人最终会死亡，不骄纵的人才能惠及子孙。

【解析】

“没有远虑，必有近忧”，这是古人总结出来的至理名言。放在权势之人的角度来看尤为重要。有智慧的人，会恩泽百姓，得到万人的敬仰与赞赏，这样的人眼光长远，在谋划自己发展的同时，为子孙后代也留下了生存的土壤。相反，那些不懂得为后代着想的人，只会为自己的一己之私而活着，牟取百姓的利益，贪污受贿，忘乎所以，最终的结局是害了自己的同时，也连累后世无法光明正大的生活。这就是骄纵之人的祸患。因此，有权势之人更要做品德高尚的人。

【主题延伸阅读】

得势不要太张狂

人常说“树大招风”，便是说人个性或才能鲜明，太过惹眼，不是遭到

别人的嫉妒，就会受到他人的怨恨。如果我们站在人前比较显眼的位置上，就得低调为人，不骄横跋扈，那样才能够赢得好的名声。倘若一再显示自己的了不起，自己的高人一等，最后必定会一败涂地。与人打交道，最忌讳的就是高高在上，不可一世，只有不张狂自傲才能受人尊敬，默默耕耘才能获得相对应的利益。

元载是唐代宗李豫时的宰相，原来是唐肃宗掌管财政的大臣，代宗李豫继位后沿用如故。李豫上台后，平定了安史之乱，此时鱼朝恩掌握着禁军，飞扬跋扈，不可一世。李豫如芒刺在背，深受威胁，唯恐哪天鱼朝恩就将他废掉。而元载为相，主持国政，自然也要受制于这位内相，视其脸色行事，也很担心不知哪天鱼朝恩会借个名目，将其关进北军的地牢里，性命不保。于是君臣合谋，除掉了鱼朝恩。

此后，元载专权不可控制。元载家本贫寒，得势之时，长安城几乎装不下这个无限膨胀的大人物。抄他家时，起赃无数，其中以搜出来的八百石胡椒最为骇人听闻。这种调味品，日常用量极少，一餐饭，数粒即足以吃得口麻舌辣，头汗耳热。他仗着自己除恶的功劳，把谁也不放在眼中。他自夸有文武才略，古今莫及，舞弄权棒，奢侈无度。只要是求官的人，只有贿赂他才能得以如愿。

元载还纵容其家眷卖官鬻爵，聚财敛货，京师行政机构的重要官职和江淮方面的地方要职都安排了他的党羽。满朝文武，慑于他的引用亲信，排斥异己，都降服于他，俯首听命。代宗对于这一前门驱虎后门进狼的局面，十分懊悔，但又害怕，寝食不安，又无计可施，只好任其为非作歹。

于是元载更是嚣张不已。他有一位来自宣州的昔日旧友，跑到长安来向他求官，元载随便写了封信，就打发旧友走了。半路上，这个旧友偷偷打开了那封信，想看看元载到底写了些什么。结果没有一个字，只是一个署名而已。老友失望之至，以为彻底没戏了。这时，已到达幽州，老友本着试试看的态度，向地方政府通报，说他持有一封元相的信。节度使一听部下汇报，连忙派员隆重接待，安排好吃好喝，宴饮数日，临走时，还给了他千匹赠绢。这个旧友只是亮了一下信封，地方官就如接圣旨，产生这么大的震动，由此可知元载的权威，是多么震慑人心。

元载热衷于大兴土木。他的屋宅竟占了长安城里的大宁、安仁两里，规模之大无法想象。他死后，这两座宅舍足够分配给数百户有品级的官员居住使用。另外，他在东都洛阳建造了一座园林式的私宅，没收充公之后，竟能改作成一座皇家花园，不难想象原来是何等的堂皇奢华。

李豫几乎被元载架空，成了一个孤家寡人。幸好左金吾大将军吴凑是他舅舅，否则他连一个可以说话商量的亲信都没有。大历十二年三月，代宗在延英殿命令左金吾大将军吴凑监禁元载、王缙，命令吏部尚书刘晏与御史大夫李涵审问。这次审讯，实际上是这位皇帝在幕后操纵，元载飞扬跋扈近十年，终于到了倒台的一天。

得势之时飞扬跋扈，不可一世，往往是毁灭的前兆。元载正是自恃有功，权倾朝野，他的行为令人发指，但是正是因为树大招风，他的下场便很可悲。我们为人切不可像元载那样骄横无礼，待人接物必要亲和善良、恭谦有礼，才会受人尊重，得人相助，而不是落井下石。

利卷第三

本卷主要阐述利益的攫取和使用。提醒逐利者对生命和利益这二者的关系进行思考和反省。在作者看来，我们要站在生命的高度来看待利益，更理性地去审视人生的价值。人生下来就是趋利的，追求财富和物质上的享受，是每一个正常人都会有的心理指向，但是如果偏离了正常轨道，势必会使自己丧失理智，最终走向沉沦！

1. 利是容易诱人的

【原文】

惑人者无逾利也。

【译文】

没有比利益更诱惑人的东西了。

【解析】

欲望是无止境的，而人们在利益面前也是很难迈开自己的脚步的，毕竟人们是要靠物质来生活的。仅仅因为这个理由，利益就把人迷惑得分不清自我，是保持清廉，还是葬身漩涡，就看自己的心境了。遵循“君子爱财，取之有道”的人，就会安分守己，靠自己的努力去追求想要的东西，反之，那些为了追求利益不择手段的人，就会葬身在自己亲手挖掘的利益坟墓里。

【主题延伸阅读】

克制诱惑，回归本我

佛家认为待人处世，要保持不被外界所牵动的态度，要保持不被贪欲所蛊惑的定心，要保持不被冒犯所激怒的平静，这就叫禅定。禅宗所推崇的这种境界，不是一般人所能做到的，有时候就连自认已经有所入定的人也不免口是心非。冷静下来就是禅定，能理智地对待所有问题并施爱于人便是真慈悲。能保持禅定的人，不会被他人一时的顶撞所击垮；能修行禅定的人，不会被他人一时的冒犯所触怒。

佛教中的禅定，从某个层面上说就是生活中我们常说的克制和忍耐。每个人在走向成功的道路上，都会遇到形形色色的诱惑，而显现出本能的贪欲。如想消除贪欲之心，免去贪欲之害，必须做到克制、忍耐。生活中，只有学会忍耐，以律己之心克制自己，常思贪欲之害，才能抵制欲望的侵扰，心胸坦荡地走好人生之路。

从前，波罗脂国有两个比丘。

一天，他们听说佛陀在舍卫国大开法筵，演说妙法，二人便相约一同前往听佛陀开示法要。

收拾了简单的行囊，二人便向舍卫国出发了。烈日下，二人挥汗如雨地低头疾行，走着走着，觉得口干舌燥，但一路上却没有半点水源，二人只得耐着口渴，继续往前走。

正当二人走得精疲力竭时，突然，眼前一亮，一口井就在前面不远处。二人宛如沙漠逢甘霖般，欣喜地前去汲水。

当他们把水汲出井后，却发现水中有虫。这时其中一位比丘顾不得水中有虫，就迫不及待地一饮而下。

另一位比丘只是默然地站立于井边，喝了水的比丘见状就问："你不也很渴吗？为什么现在却不喝了呢？”

这位比丘答道：“佛陀有戒，水中有虫不得饮用，饮了即犯杀生戒。”喝了水的比丘就相劝说：“您还是喝了吧，不然渴死了，连佛都见不到，更别说听经闻法了！”

不喝水的比丘听完，不为所动地说：“我宁可渴死，也不愿意破戒而苟活！”

这位坚持不喝水的比丘就因此而丧命了。

但由于持戒的功德力，比丘往生后立即生到天道，当天晚上就以神通力抵达佛所，顶礼佛陀，佛为他说法，他得到了法眼净。

而喝了水的比丘独自一人继续赶路，直到隔日才来到佛所，一见佛陀，立刻五体投地的至诚礼拜。

佛陀以神通智能力得知先前发生的事，他询问道：“比丘，你从何处来？有没有同伴随行？”

比丘即一五一十地把路上发生的事禀告佛陀，佛即呵斥说：“你这个愚痴的人，你虽然现在眼睛见到了佛，但是却没有真正地见到佛，那位持戒而死的比丘已先你一步来见我了。”

佛陀更进一步说：“若有比丘放逸懈怠，虽与我同住在一边，也能常常见到我，但我却不曾见这样的比丘；若有比丘离我数千里，能精进用功、不放逸，虽然彼此相隔千里之遥，而这样的比丘却能常常见到佛，而佛也常常得见比丘。”

比丘听完佛的教导，若有所悟，羞愧地顶礼而退。

克制自己，才能完善自己，成就自己。若不克制，放纵自己被激情和欲望的魔力牵制，莫说难以成就事业，甚至会自取灭亡，走向可悲境地。

我们时常听闻有关自由的谈论，大多愚昧者把它视作一种光荣，其实远非如此。自由，从广义上说，它是低等生物的一种属性。认真思考一下，我们就会发觉，对人类来说，高尚的是人的克制而绝非自由。即使在低级

动物中，它们的光荣也依赖克制。蝴蝶远比蜜蜂自由，可我们更尊重蜜蜂，就因为蜜蜂遵从了蜜蜂社会那种整齐而有序的规律。大千世界之中，抽象的自由与克制这两者之间，克制总是更为光荣。所以，唯有克制，才体现了高等动物的特性，才能改善下等动物；上自天使的工作，下至昆虫的劳动——从行星的均衡到一粒尘土在万有引力下的趋向——一切生物、一切事物的力量与光辉，都存在于它们的服从之中，而不在于它们的自由。

只有懂得克制自己的人，才能冷静从容地控制局势，不急躁、有次序地前进，进而取得成功。而一个我行我素的人，是难以突破自我的。会克制自己的人，才会为自己创造发展的机会，进而赢得人生的辉煌。

2. 有付出才有回报

【原文】

利无求弗获，德无施不积。

【译文】

不追求利益就不能得到利益，不施舍仁德就不能积累仁德。

【解析】

何为“舍得”？没有付出就不会拥有回报，利益如此，仁德亦是如此。利益是大家共同追求的，唯有仁德之人方能靠自己的实力以及努力不断地获得。而追寻不劳而获，想象“天上掉馅饼”的人，是不会得到自己想要的东西的，那个“馅饼”终究也不会落入自己的口中。同样，“仁德”也就是感情，也是需要付出才会有回报的，你对他人的关怀与帮助，总会铭记于他人之心，那份回报总是在你需要帮助的时候就会给你送来温暖。学会不断地付出吧，因为那也是对生命的积累。

【主题延伸阅读】

施舍别人就是做自己的功德

有智慧的人就能够舍，能“舍”也就能“得”，能得无限的快乐；不能“舍”就会有“失”，失去了心境的安宁。佛家的智慧有时候就是一种舍己为人的智慧。这种施舍是完全抛开个人的私利和小我。做“佛事”就是用佛法来帮助人，不论有形无形，不论是语言、文字或物质，其目的是提升人的质量、心智、道德和内在的智慧，并且增长福报，使众生离苦得乐、出离烦恼。佛教所指的“道场”很具体，即是寺院和塔庙。和尚随缘度众生，处处度众生，“空花佛事时时做，水月道场处处建”是出家人的本分，目的就是为了利益众生，净化人间。

诚拙禅师在圆觉寺弘法时，法缘非常兴盛，每次讲经的时候，人都挤得水泄不通，于是就有人提议，要建一座更宽敞的讲堂。

有一位信徒用袋子装了五十两黄金，送到寺院给诚拙禅师，说明是要捐助盖讲堂用的。禅师收下后，就忙着做别的事去了，信徒对他的这种态度感到非常不满，五十两黄金不是一笔小数目，可以给平常人过几年生活，而禅师拿到这笔巨款，竟连一个“谢”字也没有。

于是，信徒就紧跟在诚拙禅师的后面提醒道：“师父，我那袋子里装的是五十两黄金。”

诚拙禅师漫不经心地应道：“你已经说过，我知道了。”

信徒看禅师并没有停下脚步，便又大声提醒道：“师父，我今天捐的五十两黄金，可不是小数目呀，难道你连一个‘谢’字都不肯讲吗？”

禅师这时刚好走到大雄宝殿佛像前，听到信徒的话，便停下说：“你捐钱给佛祖，为什么要我谢你呢？你布施是在做你自己的功德，如果你要将功德当成一种买卖，我就代替佛祖向你说声‘谢谢’，你就把‘谢谢’带回

去，从此你与佛祖‘银货两讫’了！”

人生在世，不能只顾自己，更重要的是有我为人人的高尚品质，施舍别人就是做自己的功德。

从前有一个人，在沙漠中迷失了方向，饥渴难忍，濒临死亡。他拖着沉重的脚步，一步一步地向前走，终于找到了一间废弃的小屋。这间屋子已经很久没有人来过，常年的风吹日晒，已经使这间小屋摇摇欲坠。

在小屋的前面，他发现了一个吸水器，于是便用它来抽水，可惜抽了半天也没有抽到一滴水。正当他失望之极的时候，忽然又发现旁边有一个水壶，壶口被木塞塞住，壶上有一个纸条，纸条上面写着：“先把这壶水灌到吸水器中，然后才能打水。但是，在走之前一定要把水壶装满。”

他按着纸条上写的，小心翼翼地打开水壶塞，里面果然有一壶水。然后，他的心里开始矛盾起来，到底要不要继续按纸条上所说的，把这壶水倒进吸水器里？如果倒进去之后，吸水器一旦不出水，岂不白白浪费了这救命之水？相反，要是把这壶水喝下去就会保住自己的生命。就在这时，一种奇妙的力量让他下决心照纸

条上说的做，最后，吸水器中果然涌出了泉水。结果，他痛痛快快地喝了个够。

每个人不论怎样贫穷，哪怕身无分文、无家可归，都能给予别人帮助。一句恭维话，也是在给予别人帮助。每个人都需要不断升华自己，把心理上自私的毛病治好。事实上，可以关心别人是一件很珍贵的事情。如果连个能让自己付出的人都没有，那才叫真正的贫穷。

3. 懂得舍弃才能得到

【原文】

众逐利而富寡，贤让功而名高。

【译文】

众人都追逐利益，但富贵的人却很少，贤明的人虽然让出功劳，但他的名望却会增高。

【解析】

有时候思维是逆向的，付出与收获是不等价的。过分追求利益的人，他们心里所想，行动所为都带有很强的目的性，因此，他们放弃了对情感的需求，放弃了亲情、放弃了友情，甚至也错过了爱情。或许最终他们追求到了所谓的利益，但他们却失去了很多，这是愚蠢之人的做法。贤明的人懂得适可而止，懂得放弃，所以他们才会在自己不断努力的过程中兼顾对他人的关心与帮助，从而在收获成功的同时，也会收获大家的尊重与感情。

【主题延伸阅读】

舍与得互为因果

“舍得”一词，是佛家语，是禅境语。本意是讲万丈红尘扑朔迷离，人生在世总会有获得有舍弃。所以，舍与得互为因果，往与复本来是自如的，如果领略其中深意，自然可以打破分别之心。佛无分别心；无分别心，即无烦恼挂碍，心境圆融通达，万象归于一乘，人生有限之生命就会融入无限的大智慧中。

据说人死后，会离开阳界到阴界接受阎王爷重新发落。如果这个人在世时好事做得多，允许转世仍然为人；好事做得少，只能托生为动物；做过坏事的，不能转世，只能在阴界做鬼；坏事做得太多的，不但不能转世，就是在阴界当鬼都不行，要放在油锅里煎熬，以示惩处。

有两个人离开阳界，来到了阴界，战战兢兢地站在阎王爷前等待发落。阎王爷拿起《功过簿》翻了翻，说：“你们俩在世时没有做过什么坏事，准许转世仍然为人。”这俩人听说转世为人，非常高兴。“不过，”阎王爷又说了，“有两种人间生活，供你俩选择。一种是‘舍’，一种是‘得’。”“‘舍’就是放弃，付出。‘得’就是索取，得到。”其中的一个想，“‘得’好啊！别人都给予我。”手一举说：“阎王爷，我要过‘得’的生活。”阎王爷看一看另一个，说：“你只好过‘舍’的生活了，要放弃，要付出。”另一个说：“只要能转世为人，我愿意。”阎王爷嘿嘿一笑，说：“好了，你俩投胎转世为人去吧！”于是这俩阴界的人又成为阳界的人。一个过上了“舍”的生活，一个过上“得”的生活。 大家想想，这俩人最终成为了什么样的人？先说“得”的生活，是索取、得到，别人都给予他。是什么？对了，是乞丐。 那么，“舍”的生活呢？是放弃、付出，给予别人。是什么？对了，是富人，乐善好施。

成功就是一个“舍得”的过程，舍弃的是时间和有限的资金，得到的是知识和更多的财富。我们舍弃了其他人的生活节奏，得到了心知，得到了从感悟中豁然开朗的愉悦。

生活本来就是舍与得的世界，我们在选择中走向成熟。做学问要有取舍，做生意要有取舍，爱情要有取舍，婚姻也要有取舍，实现人生价值更要有取舍……正如孟子所说：“鱼，我所欲也；熊掌，亦我所欲也。二者不可兼得，舍鱼而取熊掌者也。”人生即是如此，有所舍而有所得，在舍与得之间蕴藏着不同的机会，就看你如何抉择。倘若因一时贪婪而不肯放手，结果只会被迫全部舍去，这无异于作茧自缚，而且错过的将是人生最美好的时光，即使最后能获得什么，那也是一种得不偿失！何苦来哉？

舍与得的问题，多少有点哲学的意味。舍得，舍得，先有舍才有得，不舍不得，小舍小得，大舍大得，舍即是得。舍是得的基础，将欲取之，必先予之，因而人生最大的问题不是获得，而是舍弃，无舍尽得谓之贪。贪者，万恶之首也。领悟了舍得之道，对于做人做事都有莫大的益处。做人，应该抛弃贪婪、虚伪、浮华、自私，力求真诚、善良、平和、大气。做事，应该有所为有所不为。舍与得之间的抉择是一种生活的艺术，亦是一种人生哲学。

4. 逐利要慎重

【原文】

利大伤身，利小惠人，择之宜慎也。

【译文】

利益大就容易伤害自我，而利益小的却能为自己带来实惠，选择时应该慎重。

【解析】

利益是人们生存之本，人人都需要，当利益能满足人们需求的时候，聪明之人就会适可而止，而那些利欲熏心的人就会想获取的更多，由此便产生了不尽相同的后果。知足之人选择了大局，收获利益的同时，还收获了名望，收获了感情；而利欲熏心的人，则不顾一切地追求金钱或地位，最终当他们真正拥有那些虚无的东西时，才发现自己一无所有。

【主题延伸阅读】

嗜好金钱乃万恶之源

有人说，“金钱是万恶之源”。通过这句话，我们十分明显地看到人们在金钱身上打下的道德烙印。但是，通过这句话我们可以发现其中的潜台词，即与其说金钱是万恶之源，毋宁说人自身才是万恶之源。或许，正是看到了人自身的劣根性，基督教才有了“原罪”一说。

毋庸置疑，金钱确是导致人们走向罪恶的诱因之一。但是，我们绝不

能如此武断地就将其判定为“万恶之源”。通过古典社会学家马克思·韦伯的论证，人们之所以对金钱有如此的渴望，是为了证明自己是上帝的宠儿，希望可以通过自己的勤劳努力来洗刷自己一出生便带有的“原罪”，是为了得到上帝的救赎。在《新教伦理与资本主义精神》这部名著中，韦伯充分论证了宗教在人们经济生活中产生的重要影响，以及它是如何促成资本主义精神形成的。对于韦伯来说，真正的资本主义精神是诚实守信、勤奋工作、懂得感恩等优秀品质聚合在一起所铸就的。

由此可见，在韦伯的眼中，金钱不仅不是“万恶之源”，而且还有促使人们培养自己良好品质的重要推动作用。因为在这里，金钱将成为一个人获得救赎的确凿证据。也就是说，一个人的财富越多，越能证明他受到了上帝的宠爱，因为上帝只会让自己宠爱的子民得到幸福的生活。从这个角度来说，金钱无疑成了人们进入天堂的阶梯。

所以，翻开基督教的经典《圣经》，我们找不到“金钱是万恶之源”的论断，我们能够找到的是“嗜好金钱是万恶之源”。是的，正如前文所讲，金钱是中性的，不具备感情色彩，它并不必然导致人性的善或者恶。相反，人性的善或者恶会反作用于金钱之上，使它承载了本不该属于它承载的道德评价。

一个人如果对一件事物的喜爱达到了痴迷的程度，那么他必然会对此事物产生一种强烈的占有欲。而这种占有欲是如此强烈，往往会使一个人失去理性的判断，容易受到感性冲动的控制，从而做出罪恶的行为。在《伊索寓言》中就有一个关于下金蛋的鹅的故事。

很久以前，有一对勤劳的夫妇，他们通过种田来维持自己的生活。一天，农夫用卖豆子的钱买回来一只鹅。妻子十分吃惊，问自己的丈夫为什么抱回来一只鹅。他的丈夫回答道：“这是用卖豆子的钱买来的，虽然有些贵，可是据说这是一只会下金蛋的鹅。”妻子听了半信半疑。

第二天，这只鹅果然下了一颗金蛋。这对夫妇十分高兴，马上把金蛋拿出去卖了，换回了自己需要的物品。

就这样，鹅每天都会按时下一颗金蛋。农夫的日子也因此得到了极大的改善，他们再也不用从事繁重的农业生产了。

渐渐地，这对夫妇开始不满足目前富裕的生活了，他们希望可以一下子达到财富的顶端，可是这只鹅每天只会下一颗金蛋。夫妻俩开始对这只鹅产生了抱怨：为什么每天只下一颗金蛋，为什么不能多下几颗呢？于是，夫妻俩决定剖开这只鹅的肚子，希望从中多发现几颗金蛋。

他们果然残忍地剖开了鹅的肚子，可是里面一颗金蛋都没有。不仅如此，因为残忍地杀害了这只鹅，他们今后也不可能得到金蛋了，所以他们又回到了从前贫穷的日子。

是的，人类在贪欲的控制下，总是能够做出罪恶的事情。为了获得大量的财富，英国资本家实行了“圈地运动”，致使本国大批农民流离失所，成了无产者，最终不得不进入工厂，成为深受资产阶级剥削的“绵羊”。为了获得大量的黄金白银，欧洲国家开始走上殖民的道路，凭借着强大的军事实力，将战火带到所到之处，肆意屠杀异国人民……金钱引发的欲望，一直没有停歇它肆虐的脚步。而人们在欲望的支配下，毫不犹豫地举起了杀戮的屠刀。

人类创造了金钱，然而金钱也塑造了人类。这不是说金钱是一种具有主观意识的道德上的物质，而是说人类在面对金钱时，往往无法克制自己内心的欲望，以至于成为自己创造物的奴隶。因此，从这一点我们可以说，人类是可悲的，总是在欲望的控制下，义无反顾地走向毁灭的深渊。

是的，金钱会诱发我们的欲望。但是，这并不是金钱的错误。我们永远是自己的主人，因此如何对待金钱，完全取决于我们自己。

5. 行动要遵守戒规

【原文】

天贵于时，人贵于明，动之有戒也。

【译文】

天道贵在有其规律，人贵在明智有节，行动要遵守戒规。

【解析】

人们常常说“天力不可违”，可见其力量之大，但天力也有其规律；人是地球上最聪明的生物，是主宰者，但也要注重“明智有节”。从天到人，都在一定的规则下运行和活动。我们做事绝不能肆意妄为，应该在一定的约束规则下进行。之所以这样，是因为肆意妄为的人很容易走极端，他们不能够很好地控制自己的情绪，不假思索地就把自己失控的情绪付诸于行动，其结果往往是伤人害己，令自己后悔不迭。所以我们做事不能率性而为，更不能肆意而为，因为这是最毒害人生的行为方式，而《止学》恰恰是针对这两种行为，提出“动之有戒也”的警戒。有“戒”才能有“止”，有“止”才能无害。

【主题延伸阅读】

关键时候叫停自己

“动之有戒”对人生的成功有多大的意义呢？不难发现，人生的很多灾祸往往是从率性而为开始的。率性而为，做事就会没有规矩，不会顾忌吉

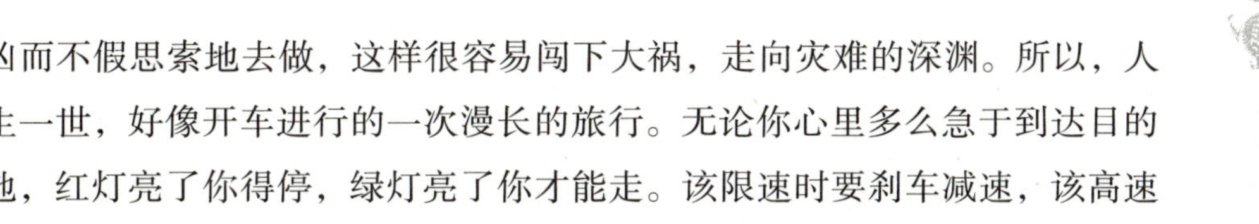

凶而不假思索地去做，这样很容易闯下大祸，走向灾难的深渊。所以，人生一世，好像开车进行的一次漫长的旅行。无论你心里多么急于到达目的地，红灯亮了你得停，绿灯亮了你才能走。该限速时要刹车减速，该高速行驶时必须加大油门。一个人开车时如果无“戒”，全都由着性子胡来，随心所欲而如入无人之境，很容易发生车祸，害人害己。所以，在现实生活中，一定要“动之有戒”。

我们如何能克服率性而为的不良习惯，做到“动之有戒”呢？遇事千万不能由着自己的性子，很多时候更要叫停自己。当自己心里冲动，忍不住想去做某件事时，应及时“叫停”，让自己等一等，冷静思考一下，这样做是否值得。做事不冲动，事前停一停，想一想，这就是《止学》中所说的“动之有戒也”的“戒”的真正意义。

下面的这个寓言故事，告诉我们“动之有戒”是多么重要。

一个男子为了新婚的妻子过得更好，在洞房后的第二天便出门打工了。他在外整整做了20年的长工，中间没有休假。一天，他对雇主说：“我要回家了。”雇主说：“不过我有个建议，要么我给你钱，要么我给你一个幸福的忠告，你好好想想再给我答复。”

这个男子想了两天，然后找到雇主说：“我想要那幸福忠告。”雇主提醒他说：“如果给了你忠告，我就不给你钱了。”可他还是说：“我想要忠告。”于是雇主就给了他幸福的忠告。雇主对他说：“不要让自己生气，要是控制不住，就不要在生气的时候做决定，否则你以后一定会后悔。”雇主最后说：“这里有三个馒头，两个你路上吃，另一个等你回家后和妻子一起吃吧。”

在远离自己深爱的妻子20年后，男人踏上了归家的路。

在一天的黄昏时分，他远远地望见了自己的家，屋子的烟囱正冒着炊烟，还依稀可见妻子的身影，虽然天色昏暗，但他仍然看见在妻子的膝头伏有一个男子，她抚摸着他的脸。看到这一幕，这个男人的内心充满了怒

火，他想跑过去杀了这两个人。这时，他想起了雇主给他的幸福忠告，于是停了下来。天黑后，他已恢复冷静，虽然很悲伤，但已经没有怒火了。他想：“我不能杀死我的妻子，我要离开这个家，在这之前，我想告诉我的妻子，这20年来我没有背叛她。”

他走到家门口敲了敲门，妻子打开门，看到丈夫，一下子扑到他怀里。他推开妻子，眼含泪水对妻子说：“我对你是忠诚的，可你背叛了我……”

妻子吃惊地说：“什么？我也一直忠心于你，我也等了你20年。”

他说：“那今天下午伏在你膝上的男人是谁？”

妻子说：“那是我们的儿子，你走时我就有了他，今年他已经20岁了。”

男子高兴地走进家门，拥抱了自己的儿子。接着，一家人坐下来一起吃最后一个馒头，他把雇主送的那个馒头掰开，发现里面全是金币，是他20年的工钱。

从此，一家三口过着幸福的生活。

就差一点点，故事中的男主角就毁了自己的幸福，多亏雇主的忠告让他冷静了一下，才不至于做出出格的事，保全了自己的幸福人生。假如这个人没有及时“叫停”，一场流血惨剧就发生了，家破人亡后再来痛苦流泪，又有何益？有一句俗话说得好：“看得破，忍不过。”一个人只要知“忍”，把握住“戒”的本源，就会懂得做人，就会懂得做事。知“戒”便能“忍”，胸襟可以包容万象，盖天盖地。因为有此胸襟，智能的领域不可限量。

6. 众见其利而非利

【原文】

众见其利者，非利也。

【译文】

众人都能看得见的利益，就不是利益了。

【解析】

对于利益的见解不同，造成的最终结果也不相同。人们往往容易人云亦云，好的东西都蜂拥而上的去争去抢，不好的东西就被冷落搁置在一边，实际上，盲目追随并不一定是好事，问题的关键是自己到底需不需要这所谓的好东西。东西的价值在于你是否需要它，而不是在于人们是不是都喜欢他。所以，大家看见的利益并非是自己的利益，用心的识别比盲目顺从更加有意义。

【主题延伸阅读】

看淡钱财，就会远离陷阱

有人说，金钱是万能的。这话不对。金钱不是万能的，但没有金钱万万不能。因为金钱的巨大作用，所以很多人会抛弃道义，唯钱财是图。财欲令人颠倒，财、色、名、食、睡，这是地狱五条根，可是我们人人都把这个根扎得深深的。世上的很多骗局或不幸，往往都是因钱财而起。

一天，牛大爷去城里看望儿子儿媳，走在半路上，身旁的一个小伙子捡了一个首饰盒，打开一看，里面竟然有一条金项链，还附着一张发票，上面写着某某饰品店监制，售价2800元。小伙子对牛大爷说："见财有份。给我1000元，项链归你啦。"

牛大爷平时就有个贪小便宜的习惯，看看项链，就更动心了。他心想："我可以把它送给我的儿媳妇，当年她嫁过来的时候，我们手头不宽裕也没怎么给她买过东西。这次去看他们，正好把这个项链送给她，她一定会很高兴的，这也是我这个做公公的一番心意嘛。"

于是，牛大爷拿出1000块钱给了小伙子，拿着那条金项链美滋滋地向儿子家走去。

一到儿子家，他便把路上的事情跟儿子儿媳说了，还拿出那条金光闪闪的项链送给儿媳妇。小夫妻俩一听就不对，原来，那条项链根本就是假的。

牛大爷这才恍然大悟，原来人家设了一个陷阱让他跳。牛大爷非常懊恼，却毫无办法。为此，他还大病了一场，幸好，他记住了这一教训，再也不敢贪财了。

掉进陷阱的人，多数是因为贪恋不该属于自己的那份钱财；被当时不属于自己的东西所诱惑，结果总是得不偿失的。钱财是身外之外，应该看淡一点，看得越重，就会被它害得越深。清朝大奸臣和珅得乾隆宠幸，一生搜刮民脂民膏，敛聚大量财富。即使在晚年时，也不能看清钱财乃身外之物。结果在乾隆驾崩后，终被嘉庆帝处置。

我们究竟该用什么样的态度面对金钱，才能远离由它所带来的陷阱呢？

一次，宣化上人云游，有人赠法币七十余万元，到曲江准备搭火车南下。在火车站遇到一个和尚，这个和尚叫周益，上人记得，他是湖北人。上人问他："你到什么地方去？""我到广州。"上人说："你到广州做什么？""我去见虚老。"大家尊称虚云老和尚为虚老。上人说："你有钱买火车票吗？"周益和尚说："没有！"他以为上人向他化缘买火车票。上人说："你没有钱，你在这儿干什么？你没有，我有！我给你买火车票好不好呀？"周益和尚眼看着上人："真的？"上人说："真的，我给你买火车票！"两张火车票大约用了上人四十万块钱。

周益和尚很喜欢吃东西，在火车上，每过一站都要买东西吃；卖东西的来了，周益和尚没有钱，就向上人拿钱；连吃东西，再买东西，又用了二十万，还有十五万。上人在马坝下火车，那个地方有卖粥的，周益和尚又饿了。说："我想喝粥，你买一碗粥给我吃好不好？"上人说："好，好！"上人把剩下的十五万拿出来全都给他，上人说："你愿意买就买，我就这么多钱了！"周益和尚大约用一两万买了粥，还有钱到南华寺。

就这样，上人到南华寺有半年多时间，连寄一封信的钱也没有。上人没和居士化过缘，没和居士说："我连寄信的钱都没有，你……"

我们不妨学学上人对待金钱的态度：有它不多，无他不少；看淡些，给需要用的人。很多时候，钱财就是一个普度众生的工具。其实，金钱的意义，不是占有，而是用得是否有意义。如果温饱不愁，那钱多钱少只是个数字，并没有很大的实际意义。有的人很看重金钱，为了钱不择手段；

有的人总想积聚钱财，殊不知正应了《红楼梦》里的那句话："终生只恨聚无多，聚到多时眼闭了。"把钱看得比什么都重要，这些人往往成为金钱的奴隶，人生怎么会淡定呢？钱是生不带来死不带去的，应该把它看淡些，才不会被钱财所累。

每个人都应控制自己对金钱的欲望，要时刻提醒自己，金钱只是满足生活的一个工具，除此之外，若有多余的钱，也只是你努力工作的报偿。不要把积聚金钱当作你人生最重要的事，你的健康、家庭和朋友才是快乐生活的保障。

7. 众见其害而非害

【原文】

众见其害者，或利也。

【译文】

众人都认为有害的东西，有的却是有益的。

【解析】

人们的观点和看法也是随着事物利用价值的变化而不断改变。人们都认为有害的东西，其实也并不一定有害。在历史发展的过程中，往往有许多不被人们看好的东西都体现出了自己独特的价值。所以，对待事物的观点，要善于冲破传统的思想，用新颖的观点来促成它的发展，使其产生独特的意义和价值。在利益的选取上，我们也要善于思考和辨别，不要盲目顺从，或许逆境之中蕴藏着的就是无限的生机。

【主题延伸阅读】

别总从坏的一面看问题

很多人总会为遗憾的事感到不快，似乎是遗憾造就了人生的痛苦。其实，人生的很多痛苦不是缺憾造成的，而是一个人心态选择的结果。

一场大水冲垮了一个女人家的泥屋，家具和衣物也都被卷走了。洪水退去后，她坐在一堆木料上哭了起来：为什么她这么不幸？以后该住在哪儿呢？镇里的表姐带了东西来看她，她又忍不住跟表姐哭诉了一番，没想到表姐非但没有安慰她，还斥责起她来："有什么好伤心的？泥房子本来就不结实，你先租个房子住段时间，再盖砖瓦的不就好了！"

故事中的女人就是生活中悲观者的代表，他们遇事总是拼命往坏的一面想，自找烦恼，死钻牛角尖，不问自己得到了什么，只看自己失去了多少，结果情况越来越糟糕，心情越来越低落。其实任何事情都有坏的一面和好的一面，如果能从积极的方面看问题，那么就会有一个截然不同的结果，做起事来也就会更加得心应手。

角度不同，对问题的看法各有所异，有人积极，有人消极。所以，我们要从缺憾的另一面看事物，因为消极思维者只看坏的一面，对事物总能找到消极的解释，最终他们也将得到消极的结果。而积极思维者却更愿意从好的方面考虑问题，并通过自己的努力，得到一个积极的结果。所有这一切正如叔本华所言："事物的本身并不影响人，人们是受到对事物看法的影响！"

佛教讲"无常"，凡事可以变好，凡事也可以变坏。悲观的人永远都是想到自己只剩下百万元而担忧，乐观的人却永远为自己还剩下一万元而庆幸。面对金黄的晚霞映红半边天的情景，有人叹息："夕阳无限好，只是近

黄昏。”而有人想到的却是：“莫道桑榆晚，晚霞尚满天。”面对半杯饮料，有人遗憾地说：“可惜只有半杯了。”有人庆幸地说：“尚好，还有半杯可饮。”不同的人对同一件事有不同的心情，不同的心情必然有不同的结果。

我们每个人都有自己的生活，都有选择精彩人生的机会，关键在于你的态度。态度决定人生，这是唯一真正属于自己的权利，没有人能够控制或夺去的东西就是你的态度。如果能时时注意这件事实，生命中的其他事情都会变得容易许多。

苏东坡在被贬谪到海南岛的时候，岛上的孤寂落寞与当初的宾客如云相比，简直判若两个世界。但苏东坡却认为，宇宙之间，在孤岛上生活的，也不只是他一人；大地也是海洋中的孤岛。就像一盆水中的小蚂蚁，当它爬上一片树叶，这也是它的孤岛。所以，苏东坡觉得，只要能随遇而安，就会快乐。苏东坡在岛上，每吃到当地的海产，他就庆幸自己能到海南岛。他甚至想，如果朝中有大臣早他而来，他怎么能独自享受如此的美食呢？

所以，凡事往好处想，就会觉得人生快乐无比。人生没有绝对的苦乐，只要凡事肯向好处想，自然能够转苦为乐、转难为易、转危为安。海伦·凯勒说：“面对阳光，你就会看不到阴影。”积极的人生观，就是心里的阳光。

消极的人多抱怨，积极的人多希望。消极的人等待着生活的安排，积极的人主动安排、改变生活。而积极的心态是快乐的起点，它能激发人的潜能，愉快地接受意想不到的任务，悦纳意想不到的变化，宽容意想不到的冒犯，做好想做又不敢做的事，获得他人所期望的发展机遇，自然也就会超越他人。而如果让消极的思想压着你，你就会像一个要长途跋涉的人背着沉重而无用的大包袱一样，使你看不到希望，也失掉许多唾手可得的机遇。

8. 君子重义轻利，小人嗜利远信

【原文】

君子重义轻利，小人嗜利远信，利御小人而莫御君子矣。

【译文】

君子注重道义而轻视利益，小人贪慕利益而远离信誉，利益可以驱使小人而不能驱使君子。

【解析】

俗话说：重赏之下必有勇夫，也有说法，香饵之下，必有死鱼。这都说明一个问题，在利益的诱惑下，最终会有人“上钩”的。而对于那些没有贪图之心的人来说，就不会将生命处于危险之中。贪图利益的人往往被利益所驾驭，做出违背良心、违背道德的事情，最终会遭到人们的唾弃，害人害己；而真正的君子则清心寡欲，站在人间的正道上，不会被任何东西所威胁、所驾驭，这样才会活得堂堂正正、坦坦荡荡。

【主题延伸阅读】

不要贪图小便宜

子夏当莒父的邑宰，向孔子请示政事。孔子告诉他：见小利，则不能成就大事。孔子的意思是，不要让小利迷乱了自己，要把眼光放远。

一个人如果仅仅满足于那些小利，甚至在小恩小惠中迷失，一定做不了大事。

刘禅是一位非常无能的君主，诸葛亮在世的时候，呕心沥血地使蜀国维持着与魏、吴鼎立的局面；诸葛亮去世后，由姜维辅佐刘禅，蜀国的国力便迅速走上了下坡路。

一次，魏国大军侵入蜀国，一路势如破竹。姜维抵挡不住，终于失败。刘禅惊慌不已，一点继续战斗的信心和勇气都没有，为了保命，他赤着上身、反绑双臂，叫人捧着玉玺，出宫投降，做了魏国的俘虏。同时跟他一块儿做了俘虏的，还有一大批蜀国的臣子。

投降以后，魏王把刘禅他们接到魏国的京都去居住，还让他和以前一样养尊处优，为了笼络人心，还封他为安乐公。

司马昭虽然知道刘禅无能，但对他还是有点怀疑，怕他表面上装成很顺从，暗地里存着东山再起的野心，有意要试一试他。有一次，他请刘禅来喝酒，席间，叫人为刘禅表演蜀地乐舞。跟随刘禅的蜀国人看了都触景生情，难过得直掉眼泪。司马昭看看刘禅，见他正咧着嘴看得高兴，就故意问他："你想不想故乡呢？"刘禅随口说："这里很快乐，我并不想念蜀国。"

散席后，刘禅的近臣教他说："下次司马昭再这样问，主公应该痛哭流涕地说：'蜀地是我的家乡，我没有一天不想念那里。'这样也许会感动司马昭，让他放我们回去呀！”果然不久，司马昭又问到这个问题，刘禅就装着悲痛的样子，照这话说了一遍，但又挤不出眼泪来，只好闭着眼睛。司马昭忍住笑问他：“这话是人家教你的吧？”刘禅睁开眼睛，吃惊地说：“是呀，正是人家教我的，你是怎么知道的？”

司马昭明白刘禅确实是个胸无大志的人，就不再防备他了。

刘禅身为一国之主，司马昭给予他一点好的生活待遇，他居然乐不思蜀，甚至连装着想念故乡都装不出来，贪图小利竟让一个人的志向沦丧到了这种地步，实在可气可叹。

因此，要谋大局，谋长远。不能贪图小利，因为那样会让自己失去对高远目标的追求。

前段时间，媒体纷纷报道世界最大零售商沃尔玛公司在美国本土市场因贪“小便宜”而惹上的大麻烦。继沃尔玛因少算雇员工作时间而道歉并补发工资后，加利福尼亚州劳工部门仍就此事将沃尔玛告上法庭，要求沃尔玛向员工提供更多赔偿。这“小便宜”从单个员工看的确不多。员工午饭休息时，被要求提前几分钟开始干活；该下班回家了，也会被公司要求再干一会儿。这对每个员工来说，影响并不是特别大。按照沃尔玛的说法，最多也就是平均亏欠员工 20 多美元的事情。但以沃尔玛公司 100 多万员工来计算，累计起来的“小便宜”就绝不是一个小数目。看似得了便宜的沃尔玛，却因此陷入法律和舆论泥潭。在重重压力之下，沃尔玛终于“认输”：不但为少算员工工作时间道歉，也与美国劳工部达成协议，向员工补发总计 3400 万美元工资。但沃尔玛面临的麻烦绝非区区 3400 万美元补发工资就能打发的。加州的劳工部门随后又将沃尔玛告上法庭，以沃尔玛和联邦劳工部达成的协议不能满足加州 5 万员工为由，要求对沃尔玛就业记录做深入调查，为员工提供更多赔偿。算起来，沃尔玛因类似原因被告上法庭的案件已有 50 多起。宾夕法尼亚州一陪审团做出裁决，认定沃尔玛确

实存在“强迫超时劳动”的行为，必须对该州在职和离职的公司员工赔偿7800万美元。加州一法庭也做出类似判决，沃尔玛须为侵占员工休息时间赔偿1.72亿美元。而沃尔玛却表示“委屈”。它曾在宾州法庭上辩称，员工“加班”都是很短时间，而且许多员工是“自愿”的。但法庭却不这么看，如宾州陪审团认为，在员工休息时间要求其工作，不论时间多短，就是强迫。而“忘记”补偿，就是违反了劳工法。对于这两个裁决，沃尔玛提起了上诉。在美国打官司旷日持久，最终的判决未必就一定对沃尔玛不利，但千夫所指的舆论氛围却让沃尔玛吃尽苦头。

古往今来，很多人只瞧见眼前的小利益，看不见身边隐藏的危机，也看不见自己生活的方向。他们陷入对蝇头小利的追逐，好贪小便宜，因此而吃了大亏。我们应该秉承先哲的教诲，时时告诫自己不要贪图小便宜。

9. 利无尽而命有尽

【原文】

利无尽处，命有尽时，不怠可焉。

【译文】

利益没有穷尽的地方，生命却有终结的时候，不懈怠就行了。

【解析】

欲望是无止境的，可是生命却是有限的，拿有限的生命去追求无限的欲望似乎有点得不偿失，所以，还是摆正心态，享受生命，珍惜生命才对。可是有些人往往为了无止境的财富、名望，而永不停歇地去追求，放过了生命中的许多精彩。只要永不懈怠地向着自己的理想去努力，最终在获得成功的同时，利益自然也会得到满足。

【主题延伸阅读】

积聚金钱不是最重要的

生活中的人需要去积聚金钱，但是积聚金钱不是最终的目的，而是在积聚金钱的过程中赚到欢喜、赚到尊重、赚到礼貌、赚到关怀、赚到心安、赚到慈悲。

一位年轻人在岸边看到水中有一块闪闪发亮的金块，他很高兴，赶紧跳进水里捞取，但是任凭他怎么捞都捞不到。精疲力竭、全身既湿又脏的他只好上岸休息，没想到在水波平静之后，金块又出现了。

他想："水中的金块到底在哪里呢？我明明看到了，为什么却捞不到呢？"于是，他又跳下去捞，结果还是没有捞出来，他实在很不甘心。

这时，佛祖出现在他面前，看到他全身湿淋淋又脏兮兮的，问道："发生了什么事？"

年轻人回答："我明明看到水中有金块，但是不管怎么捞都捞不到。"

佛祖看看平静的水面，再抬头望着树，说："你看，金块不是在水中，而是在树上！"

许多人都如同这个年轻人一样，把积聚金钱看成人生最重要的事情去做，结果却劳而无功，不仅没有得到金钱，而且还丢掉了比金钱更宝贵的东西。倘若你为了得到金钱，不惜破坏或舍弃自己的人格，那么你得到了金钱又能如何？

现实生活中，金钱确实非常重要，我们要生活，就必须用钱来购买一切生活用品，但是我们更应该在金钱获取的过程中得到更多有用的人生价值，否则，人就会成为一部积聚金钱的机器。

话说佛祖在云游四方时无意间拣到一块宝石，就顺手扔入背袋中。

有一天，佛祖遇见一个疲惫不堪的人，佛祖就和这人分享他所有的食物。这时，他发现了佛祖袋子中的宝石，非常惊讶。佛祖就毫不犹豫地把宝石给了他，他兴高采烈地走了。

不久，那人又跑了回来，恭恭敬敬地把宝石还给佛祖，说："我不要宝石了，我想要比宝石更珍贵的东西。是什么原因使你愿意把这么贵重的宝石送给我？请告诉我。"

一个愿意以宝石赠人的人具有比宝石更珍贵的心，他已超越了金钱的束缚，成为脱俗之人，因为他已经拥有了一颗宝石般的心。

应时刻保持一份对自己和对金钱的清醒，不要让金钱腐蚀了自己的心灵，尽管无须成为佛家的一分子，成为一个出世之人，但能够保持一种心灵的澄澈终归是好的。

10. 运有兴衰，心存畏警

【原文】

利无独据，运有兴衰，存畏警焉。

【译文】

利益没有独自占据的，运气有好有坏，心存畏惧就能时刻警醒。

【解析】

所谓"运气"也不是一成不变的，运气好的时候似乎什么都不用考虑，可是在运气不好的时候就需要他人的帮助与慰藉，然而，往往在运气好、独自享受利益的时候，忘却了他人，所以在需要帮助的时候，不见得有人会无私的帮助。因此，这就说明"财不能独享"，要学会舍财才能够敛

财，这也是做人的基本道理，没有付出哪会有回报，要时刻都有一颗居安思危的心，这样才会时刻提醒你，只有在利益面前善于割舍，才能做到有备无患。

【主题延伸阅读】

养拙是幸，无妄是福

我们常常会听到这样的话："你看，多傻呀，这么好的晋升机会，不知道去争，白白地让别人抢去啦。""这部分是你该得的钱，为什么不拿？""这样做，就亏大了。"在言语之间，无不透出做人的精明。其实，人们的精明，不外乎就是为了名利，很多精明之举就是体现在对待名利的态度上。很多时候，有精明就会有算计，有算计就会有名利，有名利就会有贪欲。可以说，精明表面上看是吃不得亏，实际上是贪欲心太强的表现。

其实，养拙是遏制贪念的好办法。修行要越笨越好，笨得什么也不知，一点妄想也无；你若不笨，妄想就多；妄想一多，就想考古、证今，或管许多闲事，或想明白很多新闻，这都是修行的障碍。真正的拙、愚痴是什么样子？即是入定。你入定了，东西南北皆不知，与世事无争，自在无碍。

精明是贪欲的源头，一个人要是少了几分精明，也就会少很多算计，少很多妄想，这样，就淡化了贪欲，人也就有福了。所以，不要一天到晚，想神通，想开悟，那是修道的绊脚石。

在一个小镇的老街上有一位卖铁锅、菜刀和剪子的老人。你无论什么时候从这儿经过，都会看到他在竹椅上躺着，手里拿着一个半导体收音机，身旁是一把紫砂壶。他的生意也没有好坏之说。每天的收入正够他喝茶和吃饭。他老了，已不再需要多余的东西，因此他很满足。

一天，一个文物商人从老街上经过，看到老铁匠身旁的那把紫砂壶，发现是清代制壶名家戴振公的作品，想以10万元的价格买下它。因为这把

壶是铁匠爷爷留下的，犹豫片刻后，壶最终没有卖。但商人走后，老铁匠有生以来第一次失眠了，总是想着自己要是有10万块钱该怎么花。

更要命的是，当人们知道他有一把价值连城的茶壶后，几个儿子开始向他借钱，为钱财的分配开始争吵。

于是，老铁匠的生活被彻底打乱了，整天心神不宁。

当那位商人带着20万元现金第二次登门的时候，老铁匠再也坐不住了，他招来儿孙，拿起一把斧头，当众把那把紫砂壶砸了个粉碎。

有人说，老铁匠太傻了，自己葬送了发财的机会。

可是，老人把紫砂壶砸了之后，又过上了悠闲的生活，据说他活了100多岁。

一把壶，为什么让老人心神不宁呢？根本的原因就在于它不仅勾起了老人的妄想心，还引发了其他人的贪念，这就打乱了老人原本恬静的生活。与其说老人太傻，还不如说他是睿智的，及时消除了引起妄想和贪欲的根源——把紫砂壶砸了。当老人消除了自己的妄想心后，一切又恢复了平静。

现代人生活在节奏越来越快的年代，成就感的诱惑始终存在，有太多的诱惑，太多的欲望，也有太多的痛苦，因此我们身心疲惫不堪。人生看不破“贪欲”二字，就会受到终身的羁绊。养拙，无妄。养拙是幸，无妄是福。所以，不妨做个痴人，看淡名利，当一个人有了这样一份淡泊的心境，人生才会多几丝温暖和几分安宁。

辩卷第四

作者在本卷就口才给出一些真知灼见。在作者看来，大智若愚，大言若讷，言辞谨慎，不露锋芒，才是成大事者应有的说话智慧。的确，说话的水平有多高，在一定程度体现出做人做事的水平有多高，从这个意义上说，说话的高手必定也是一个会做人善做事的高手。一个人如果不重视说话的学问，就无法提升做人做事的层次。

1. 凡事低调最好

【原文】

物朴乃存，器工招损。

【译文】

事物朴实无华才能保存完好，器具精巧华美就会招致损伤。

【解析】

事物因为朴实而不惹人注意，这样才会保存自己的完整，过于精致的器物，会招致人们争相观看，甚至抚摸，这样就会使自己的生命处于危险的境地。同样，人的生命亦是如此，太过招摇就会引来不必要的麻烦，生活也会不得安宁，甚至会丢掉生命。

【主题延伸阅读】

锋芒毕露，难以善终

事物因朴实而不惹人注意，俗人眼中的缺点却成了它自存的法宝，而器具过于精致会让人觊觎，在相互争夺中造成对器具本身的伤害，这正是它自身太耀眼造成的结果。

苏秦是战国时期的纵横家，年轻时曾在鬼谷子门下求学，努力勤奋，思维敏捷，博闻强识。自以为学业有成后，前去向老师道别。鬼谷子想考察一下苏秦学到了什么程度，便提问了他几个问题。苏秦口若悬河，侃侃而谈，没想到鬼谷子不但没有为学生出色的口才感到高兴，反而皱起了眉头。

苏秦见到老师的面部表情，很小心地问："先生，是我回答得不好吗？您为什么不高兴呢？"

鬼谷子说："你说得很好，并没有什么过错。"

苏秦听了更加不明白老师为何不高兴了。

鬼谷子解释说："有句话叫'事不可尽，尽则失美。美不可尽，尽则反毁'。你只知道能言善辩能表露自己的才华，唯恐不能发挥到极致，却不知一味玩弄口才容易引起他人嫉妒，从而引来祸患啊。"

苏秦听了老师的批评，很是不以为然，变得闷闷不乐，但也不敢再争辩什么。

苏秦本想凭仗自己出色的口才四处游说，以谋求个一官半职，没想到却碰了一鼻子灰，很失落地回到家里，又遭到家人接二连三的数落。家人都劝他说，立业当以务实为本，只想着要要嘴皮子谋得饭碗，哪有那样的好事？还是死了这条心吧。

苏秦受挫后，开始大门不出二门不迈，勤学苦读。苦修了一年后，苏秦又四处游说，这一次收获颇丰，一人持有六国相印，甚是威风。

有一次，他经由家乡去赵国办事，有大批人马相随左右。人群中苏秦的兄弟和妻嫂看见苏秦威严气

派的样子，吓得连忙跪拜在地，苏秦不解地问："过去你们很是瞧不起我，今天见我为何行此礼？"

嫂子连忙回话说："如今你已经非比寻常，我等不敢再有不尊。"

苏秦笑笑说："口舌之能也是很了不起的一种本事，如果我不勤学苦练此术，很可能会在田间地头辛苦度日了，怎会有今天的荣耀？"

能言善辩的出色口才成就了苏秦的荣耀，同时也遭到了他人的嫉妒，为他最终被害埋下了祸根。

苏秦在齐国担任宰相时，其才能受到其他臣子的妒忌，于是，他们联合起来，向齐王进谗言，诬陷他心怀恶意，图谋不轨。表面上看好像处处在为大王卖力，实际上别有用心，大王如果被他漂亮的言辞所蒙蔽，将会给齐国造成严重的灾难。

苏秦得知群臣在齐王面前进谗言后，先是一惊，因为他对齐王并无二心，后又自信地说：如果论辩词，没有人能比得过我，他们是不能加害于我的。

有一个与苏秦关系很好的朋友，知道实际情况并不像苏秦想象的那么简单，心急如焚地对苏秦劝说道："大人遭到大臣的一致嫉恨，不是一天两天了，他们都是齐王身边的重臣，大人平时在齐王面前能言善辩，而深得齐王宠信，无意中威胁到了他们的利益，他们看在眼里恨在心里，所以今日才一起报复大人，想来齐王也不会无动于衷，大人还是小心为好。"

后来，齐王果然对苏秦产生了戒心，对他由原来的百信不移改为百般怀疑，不管苏秦如何为自己巧言辩解，都不能取信于齐王，于是为了逃避灾难不得不离开了齐国。

最终他还是遭周围群臣的嫉恨，在忍无可忍之下，这些人派人刺杀苏秦，苏秦带伤逃走，因伤势过重而身亡。

古往今来，一些过分张扬、锋芒毕露之人，虽然功劳很大，官位很高，但也因其才能出众，技艺超群，行为脱俗，招来了别人的嫉妒、诬陷，而

不得善终，这是尽人皆知的历史教训。所以为了自身的安全，不要故意显露自己的才华，不要过分引起别人的关注。

2. 言语不要太直接

【原文】

言拙（zhuō）意隐，辞尽锋出。

【译文】

言语拙少才能隐藏真意，话语说尽就锋芒毕露了。

【解析】

俗语说：祸从口出，就是指言辞的不够谨慎而导致的祸患，因此，有智慧的人总是慎言，即使说话也不会显露自己的锋芒。相反，没有底蕴的人，就不会控制自己的情绪，口无遮拦，会招致他人的厌恶，甚至酿成大祸。语言是交际的重要手段，因此，一定要把握好尺度，运用恰当，方能百战百胜。

【主题延伸阅读】

拙于言辞才能隐藏真意

人际交往中，特别是上下级之间，或不太熟悉的朋友之间，言语不可太直，直率的语言犹如一把利剑，在伤害别人的同时，也会给自己带来不利影响，委婉地表达自己的意思，才能收到所期望的效果。

王陵是刘邦手下的一位重要谋士，他为人仗义，性喜直言，争强好胜，早年追随刘邦东征西战，甚是勇敢，战功无数。

他的母亲对王陵身上存在的缺点非常担忧。有一次，她被项羽抓为人质，王陵派手下到楚军营中探望，他的母亲告诉来访者说："请转告我儿，我一切安好，不要为我担心，用心辅佐汉王就是了。我儿哪儿都好，就是有一样，说话毫无遮拦，这是我最担心的，请您转告他让他以后说话慎重些，这是我最后想叮嘱的。"

王陵的母亲说完就刎颈自杀了，以彻底断绝项羽要挟王陵的想法。

王陵的母亲对儿子的脾气很是了解，儿子身上的这一缺陷后来果然为其自身招致了祸患。

雍齿是王陵早年结交的好朋友，但刘邦很是讨厌他，也很反对王陵与他交往。有一次，刘邦把王陵招来，颇有微词地说："雍齿这个人品行有问题，行为多不检点，遭到许多人的诟病，而你却乐意与他来往，这是为何呢？"

王陵直言不讳地说："我觉不出雍齿有什么不好的地方，主公不喜欢是一个人的喜好而已，但也不能干涉别人与其交往，这是我个人的私事。"

刘邦听了心里很不舒服，却也不便说什么，就无奈地挥挥手，让他退下了。

王陵对刘邦的做法颇有怨言，就与朋友周勃唠叨这件事，让他为自己讨个公道。周勃长叹一声说："主公一向憎恶雍齿这个人，你又不是不知道，你不考虑主公的喜好，私下与他交往也就罢了，怎么可以毫无遮拦地把心里的想法完全说出来，冒犯主公呢？主公一定会对此耿耿于怀的。"

王陵还是觉得自己做得对，不服气地说："我对主公忠心耿耿，从来没有什么外心，只不过是说了几句实话，主公怎么会介意呢？大丈夫光明磊落，敢作敢为，这有什么不对的吗？"

周勃无言以对。

等打下江山，论功行赏之时，王陵没有得到厚封，只是谋得个安国侯的职位，许多人也都为王陵感到不公，请求主公能给予厚待。刘邦却说："王陵作战勇敢，确实立下了不小的功绩，但其他方面他的能力就一般般

了，打江山只凭猛劲是远远不够的，他还觉得我亏待了他？”

王陵怎么也想不通自己为主公一心效劳到头来得到的却这么少，于是就想直接找刘邦论个长短，他的家人知道后连忙哭跪着阻止说：“你的毛病全在你这张破嘴上，这样的待遇全是因为你说话不知遮拦造成的，现在还想去找人家理论，难道你还嫌祸端不够多吗？你再不知悔悟，恐怕我们也要跟着你受连累。”

王陵听后才打消了原有的念头。

刘邦死后，政权掌握在了吕后手中，王陵出任右丞相。有一天，吕后将王陵、陈平、周勃等大臣召集起来，对他们说：“大汉江山的建立和稳固与吕家付出的心血有着很大的关系，我想让吕氏子弟称王，不知各位意下如何？”

周勃、陈平二人虽然心里极力反对太后的这一做法，但都面面相觑，没有人敢发表意见，唯有王陵站出来反驳说：“先皇曾宰杀白马，歃血为盟，说‘倘非刘氏而立为王，天下人共击之’。先皇遗训如此，不能改变。吕氏立王，有悖先皇的意愿。”

吕后听后很不高兴，回过头来让周勃、陈平二人发表看法。两人回答说：“形势不同了，其道自然不同了。先皇平定天下，分封刘氏子弟为王，这是人之常情。但现在是太后临朝执政，再说吕氏曾为汉室政权立下了汗马功劳，称王也没有什么不妥当的。”

吕后听了这才满意地笑了笑。

事后王陵谴责周勃、陈平二人趋炎附势、投其所好，弃先皇的遗训于不顾。陈平说：“太后想那样做，我们去阻拦是毫无意义的，要按照先皇的意愿办事是不可取的。在进谏直言方面我们可能比不上你，但在日后稳定刘氏江山方面跟我们相比，你就逊色多了。”

没过多久，吕后找了个理由将王陵的宰相一职罢免了，10年后王陵患病去世，而陈平和周勃等人因表面上拥护吕后，自身力量得以保全，也为日后铲除吕后势力，最终重兴汉室江山积累了力量。

直言直语是一个人致命的弱点，因为喜欢直言直语的人常常只看到现象或表面，也只考虑到自己的“不吐不快”，而没有考虑他人的立场、观念、性格和感受。所以直言直语不论是对人还是对事，都会让人难以接受，造成人际关系危机。唯有巧于变通，隐藏自己真意的人，才能保存自己的实力，曲折地达到最终的目的。

3. 别轻易下定论

【原文】

识不逾（yú）人者，莫言断也。

【译文】

见识不如别人的人，不要说决断的话。

【解析】

过分的自信就是骄傲，骄傲导致的后果是不堪设想的。骄傲的人不善于听取他人的意见，好妄自菲薄，做出的判断总是一面之词，因此，是不明智的。而真正有智慧的人，懂得知识是没有止境的，他们总是谦虚地学习百家理论并取其精华，他们从来不出言决断，总是谨言慎行。只有这样，方能避免许多不必要的损失与祸患。

【主题延伸阅读】

说话要留有回旋余地

对发生的一件事情，如果自己的见识不能超过别人，或者想不出万全之策，最好不要做任何结论性发言，如果不求甚解就下结论的话，很容易

使自己陷入两难境地。

西汉时期，丞相田蚡和大臣窦婴两人曾经因为要不要给灌夫将军定罪一事发生过一场争执，在一般人看来，这本是一件很不起眼的小事，但由于两人的身份地位都不同一般，所以这件小事闹得非同寻常，惊动了整个朝廷，连汉武帝也心绪不宁起来，不得不将朝中的文武大臣召集起来，就这件事在朝堂上公开议处，但是，每个大臣谁都不敢第一个开口评断谁是谁非。因为他们谁都清楚这件事不好做出评断，一边是汉武帝的亲舅舅田蚡，一边是汉武帝的表舅窦婴。两人都是很厉害的角色，都有着很硬的政治后台，偏袒哪一方都可能会得罪另一方，只怕一开口有哪句话说得不对了，便会给自己带来危险乃至杀身之祸。汉武帝见大家都不发表意见，心里很不高兴，先对大家鼓励一番说：“国有国法，大家有什么想法尽管畅所欲言就是了，不要总是顾虑重重，只要提出来的想法符合法规就是合理的，至于语言之间有什么不妥当的地方，朕一律不会怪罪你们的。”

虽然有汉武帝的再三鼓励，但是众大臣还是面面相觑，谁也不敢相信皇上的话会一言九鼎，谁也不敢做第一个吃螃蟹的人，仍然沉默不语，一言不发。

汉武帝一见自己鼓励了一番仍然没有效果，便点名，让专门负责监察、执法职务的御史大夫韩安国首先发表意见，还正颜厉色地对他斥责道：“以法论断是非是你的本职工作，别人不吭声，你应该带个好头，如果这件事今天弄不出个结果，朕要拿你是问！”

韩安国一听吓得慌忙上前叩首谢罪，虽然他心里清楚这件事本来是田蚡的错，是他在挟嫌报复，窦婴并没有什么不对的地方，但是如果据实做出评判，得罪了如日中天的田蚡，对自己是很不利的。但是如果偏袒田蚡，对自己也没有好处。虽然目前窦婴已经没有了太皇太后做靠山，暂时失势免官在家，但谁也说不准窦婴会不会有一天东山再起。应该如何回答才好呢？

韩安国经过一番思索，终于想出了一个谁也不得罪的两全其美的说法。他回答说："灌夫乃是一个武夫，田丞相和窦大人因要不要给灌夫将军定罪一事发生争执，臣以为很不值当。在田丞相看来，灌夫行为不轨，欺压百姓，横行霸道，这是事实；窦大人为灌夫求情，说他为国家为民立下大功，只是酒后乱性，不应判处死刑，说得也有道理。所以，如果非要分清谁是谁非，那么应该说是灌夫一个人的过错。陛下英明睿智，臣相信陛下会做出英明决断的。再说，此事双方又都是陛下的至亲，臣以为此乃陛下的家事，他人不过多参与为好。"

大家都觉得韩安国说得很在理，纷纷以皇上家事为由，请皇上明断。汉武帝想了想，觉得这话说得有道理，也就不非要人们论长短了。

最后，窦婴、灌夫被判处死刑，如日中天的田蚡性命得以保全，但后来田蚡因为冤孽深重，在惊恐中死去。

韩安国知道这件事不好处理，说不出什么高明的见解，就避免对此事做出明确的判断，把烫手的问题留给了皇上自己去处理，从而保住了自己的官位，毫发无损，还为众人解了围，受到大家的好评，并有了日后的升迁和皇上的恩宠。所以，当你不能想出两全其美的方法时，不要恣意断定谁是谁非，巧妙地交给有能力者去做就是了。

4. 势不及人休言讳

【原文】

势不及人者，休言讳（huì）也。

【译文】

势力比别人弱小的人，不要说别人忌讳的话。

【解析】

言语运用不得当，有时候是祸患的开端，因为，说话间不知不觉就会得罪人。因此，要谨言慎行，尤其是在权势面前更要如此，因为他们的忌讳、心机颇多，一不小心就会为自己招惹麻烦，树立强敌。当然，这种谨慎也不是要势力弱小的人唯唯诺诺地生活，在正义面前也要挺直腰板与其抗争。总之，就是要适当的注意说话的方式，言多必有祸患，还是谨慎为妙。

【主题延伸阅读】

势弱不要说忌讳的话

话语权往往与一个人的身份地位成正比，大人物可以“登高一呼”“一言九鼎”，而小人物则是“人微言轻”。当一个人的势力没有达到某种程度，还没有能力为说出的话负责时，口无遮掩，想说就说，百无禁忌，无权决定的大事也随便下达命令，势必会引起上级的不满。

三国时期的将领邓艾年纪很小的时候就失去了父亲，跟随母亲以给人

放牛为生，又因为言语有困难，说起话来结结巴巴，很不连贯，虽然很有才，上知天文下知地理，琴棋书画样样精通，也没能谋得个什么差使。后来终于有机会见到了一位非同寻常的人物，从此命运有了转机，这个人就是曹魏帝国的太傅司马懿。司马懿对邓艾出色的军事才能非常赏识，便委以官职，从此，邓艾跻身于魏国的军界、官场，官职一升再升，成了魏国后期最为出色的将领之一。

公元263年，邓艾奉命率师西征蜀国，蜀道之难难于上青天，而他不畏艰险，只带了2000个骁勇之士潜进人迹罕至的阴平小道，身先士卒，砍刀开路，手下各个轻装便甲，身上缠着绳子，攀悬崖跳峭壁，靠着非凡的勇气，在密林中急行军；在崇山峻岭间迭阁造桥。就这样尽经艰险，走奇道，出奇兵，出其不意地包围了蜀国的都城成都，迫使蜀国的皇帝后主刘禅束手投降，刘备所开创的蜀国至此灭亡。

虽然他不如诸葛亮、刘备、曹操、关羽的名气大，不怎么被后人关注，但就是这样的小人物改造了历史，消灭了蜀国，结束自东汉末年以来的分裂局面，完成了当年曹操他老人家一辈子都没能完成的千秋霸业，对重新实现中国统一起到了重大作用。

由于建立了这样的殊荣，朝廷下诏大大褒奖邓艾，邓艾因此居功自傲，并常常对部下夸耀说："你们要不是因为我邓艾，怎么会有今天！"又对蜀国的降臣说："你们幸亏是遇到我才有今天不被杀害的日子，如果是遇到吴汉之流，早已经身首异处了。"

在他被封为太尉，并增邑二万户之后，他的骄傲情绪进一步膨胀，说话更是无遮无拦，经常用不容置疑的口吻上表，对处理重大国事，提出指令性的意见，包括修造船只，做攻吴的准备；以优厚的待遇对待刘禅，封他为扶风王，其子也封为公侯，诸王为驸马都尉；任命师纂兼领益州刺史，任命陇西太守牵弘等人兼领蜀中各郡郡守；对蜀国其他群臣，则根据其地位高低，或任命他们为朝廷官员，或让他们领受自己属下的职务，又命人将战死的将士和蜀国的阵亡将士一同埋葬，以此表示对投降的蜀人的优宠，

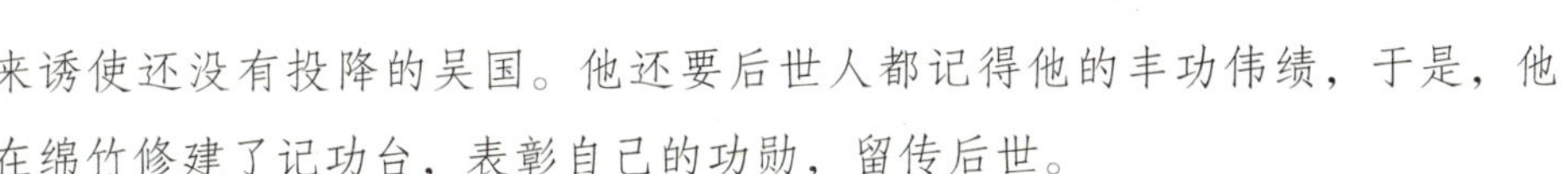

来诱使还没有投降的吴国。他还要后世人都记得他的丰功伟绩，于是，他在绵竹修建了记功台，表彰自己的功勋，留传后世。

这样的重大事情只有朝廷才有权决定，因此，司马昭很不高兴，就派人告诉他：“凡事应当上报朝廷，自己不得做主。”没有想到邓艾摆出一副“将在外，君命有所不受”的态度，并自以为是地说：“蜀国地理形势十分重要，应当及早做出事后安排，如果凡事都等朝廷的决定，路途遥远，恐怕会误了大事。古人说‘将在外，君命有所不受’，我受命出征，已经消灭了蜀国，因此对于稳定新降之国的局势，应该由我灵活来处理。”

邓艾这样说并不是完全没有道理，只是对于一个在外手握重兵的人来说，口出这样的狂言，无疑会让人们产生疑心。这个时候，一直与他有矛盾的对立派就趁机上奏皇上，说他所作所为与谋反无异，司马昭也无法忍受他的自高自大。于是，一道诏书下来，将邓艾父子囚车押送京师，中途被仇家杀掉。

邓艾的能力和才华都是一流的，对国家忠心耿耿，不但仗打得好，政绩也不错。谁知道居然和儿子一起莫名其妙地被砍掉了脑袋。邓艾虽然死得有些冤屈，但也是其性格造成的悲剧，为后人提供了反面教材。

在现实工作中，许多人自恃劳苦功高，觉得自己是上司眼里的红人、功臣，便洋洋得意，忘乎所以，忘记了自己的身份，说话也毫无忌讳，不是自己权力范围内的事也随便做主，惹怒了上级到头来自然会有吃不尽的苦头。

5. 力不胜人勿言强

【原文】

力不胜人者，勿言强也。

【译文】

力量不能胜过别人的人，不要说勉强的话。

【解析】

人们都爱用虚伪来伪装自己，达到让别人羡慕的目的，从而满足自己的虚荣心。但说了自不量力的话，或者做了自不量力的事情，最终坑害的还是自己。人与人之间都是互补的，没有十全十美的人，因此，不要总是用自己的优点去嘲笑别人的缺点，这是不公平的，相反，当别人用强势来抵对你的弱势时，你也将败得很惨。因此，要善于尊重每一个人，包括自己，在力量不如他人的时候不要勉强地说行，那样只会害了自己。

【主题延伸阅读】

知者不言，言者不知

老子认为“知者不言，言者不知”，表面上看，它解释为“知道的人不言说，言说的人不知道”。在古代，“知”和“智”在某些时候可以通用：如唐代陆德明《经典释文》说：“‘知’者，或并云‘智’。”老子分明又在暗指聪明的人绝不会去夸夸其谈，更不会去炫耀自己知识广博。

不管老子指的是“知道”还是“智者”都说明了一个问题——这种谨

慎言谈的人都是有涵养和智慧的人。因此，父母在教育孩子的时候，应该让他们学会哪些话该说，哪些话不该说。

首先，父母要让孩子知道，不该讲话的时候决不能讲。因为在某个特定的形势、场合、背景下，尽管你知道，但是不该说的就不说，说了反而不如不说的好，甚至还会带来祸害。历史与现实生活中很多人就是不能把握这一点，不看对象，不看场合，说话有口无心，给自己带来很多的麻烦，甚至一生的悔恨。

第二次世界大战期间，一个美国水兵在他服役的军舰行将从美洲开往欧洲作战时，借公用茶室的电话通知朋友，将出发的时间、开往地点、航行路线悉数暴露，不想隔墙有耳，当时在场窃听的一个德国间谍立即将这一情报报告了德国情报局，结果，这艘美国军舰很快被德国潜艇打入龙宫！这个多嘴的“舌头”也喂了鱼虾。

当然，父母要告诉孩子，话还是要说的，但要“慎言”才行。正如老子所说的“知者不言，言者不知”一样。那些懂得说话分寸的人从来都不会瞎说、乱说，故而他们能够得到人们最大的信任，说出来的话才有可信度。晏子是古代一位智者，他虽然伶牙俐齿，然而他说的话却是字字珠玑，都能切入要点。为此，他也深受当时人们的敬仰和国王的信赖。

齐景公非常喜欢捕鸟，他常常将捕获的各种各样的鸟养起来赏玩，还专门指派了一个名叫烛雏的人主管捕鸟的事。

有一天，烛雏不小心放飞了齐景公养的鸟。于是齐景公十分生气，他大发雷霆，准备杀掉烛雏并且不允许任何人为烛雏求情，求情者与烛雏同罪论处。

群臣虽然有心救烛雏却无奈齐景公有话在先。晏子知道了这件事后，赶紧跑来见齐景公。他对齐景公说：“烛雏犯了罪，请让我来一一列举他的罪状，然后大王按他的罪过来处死他吧。”齐景公见晏子不是来求情的，便同意了他的请求。

于是晏子派人把烛雏叫来，当着齐景公的面历数烛雏的罪状，说："大王派你专门看管鸟，你却粗心大意让鸟飞掉，这是第一条罪状；你使大王因为鸟飞掉的缘故而杀人，让大王背上杀人的名声，这是第二条罪状；如果让别的诸侯王听到这件事，认为我们的大王把鸟看得比人命还重，从此坏了大王名声，这是第三条罪状。"晏子一口气列举了烛雏三大罪状后，请齐景公处决烛雏。

齐景公在晏子斥责烛雏罪状的时候早已醒悟过来，他摆摆手说："不要杀了，不要杀了，寡人盛怒之下差点做了错事。多亏爱卿指点。"就这样，齐景公不但没有杀烛雏，还向他表示歉意，同时又向晏子表示感谢。

言之正误好坏，关键还在于思想。思想对了，才能谨言慎行，言之成理，言之有理。

父母要让孩子知道这样一个道理：企图用多言的方法来掩饰自己的无知，那样反而会暴露自己更多的缺点，显得自己不但无知而且愚蠢。唯有管住自己的舌头，在多数场合学会做"听众"，细致分析、提炼别人话中的精髓，才能像智者那样一语道破天机，令人折服。

6. 和人争论会损威信

【原文】

王者不辩，辩则少威焉。

【译文】

称王的人不会与人争辩，争辩会有损他的威严。

【解析】

运用话语去攻击别人，只能彰显出自己的无知与霸道，因此，有地位有权势的人从来不轻易和别人斗嘴，这样只会暴露他们心中的计谋，丧失他们的威严。同样，即使不是高高在上的权贵者，也不要轻易地和别人去争辩，因为这除了显示你狭小的气度之外，没有任何意义，因为对和错已经在人们的心中，又何须浪费唇舌去争辩呢？

【主题延伸阅读】

真正的王者不会与人争辩

所谓的王者不会逞口舌之利，非要向众人证明自己的观点是正确的，对方的观点是错误的，以此表明自己的权威性。因为这不仅不会增加一个人的威严，反而会对其自身形象造成负面影响。想一想，即便自己赢了，对方哑口无言了，能如何呢？自己就很光彩了吗？费尽口舌心力不过是让别人暂时噤声，由此增添的心理沟壑却是难以填平的。

米开朗基罗是16世纪伟大的艺术家，1502年的一天，他来到意大利的佛罗伦萨州，见到一块在别人看来毫无用途的被废弃了的石头，便突发奇想，想将这块石头巧妙地雕刻成手持弹弓的年轻大卫。

有一天，米开朗基罗的赞助人索德里尼来到米开朗基罗的工作室对他的工作进行参观。自以为在雕刻艺术领域很懂行的索德里尼对眼前的大卫雕像品头论足了一番，站立在这座大雕像的正下方挑剔道："米开朗基罗，你的这项雕塑品整体看上去不错，但它还没有达到完美无缺的程度，你看看它的鼻子，是不是太大了？"

米开朗基罗不以为然，他知道并非如此，而是因为索德里尼的观察角度有问题，但他并没有与之争辩，非要论述一番谁对谁错。

米开朗基罗知道索德里尼是自己的赞助人，如果用言辞为自己申辩而冒犯了这位赞助人的话，对自己一点好处没有。即便自己说的是真理，非要分出个谁是谁非来，也会让对方感到难堪，这样的做法显然是愚蠢的。但是如果按照索德里尼的建议，改变鼻子的形状，很可能会使自己辛辛苦苦打磨出来的艺术品受到损害。怎样才能纠正对方的错觉呢？他想出来一个两全其美的方法：假装接受索德里尼的建议，装模作样地对雕像进行调整修饰，然后让索德里尼换了一下观

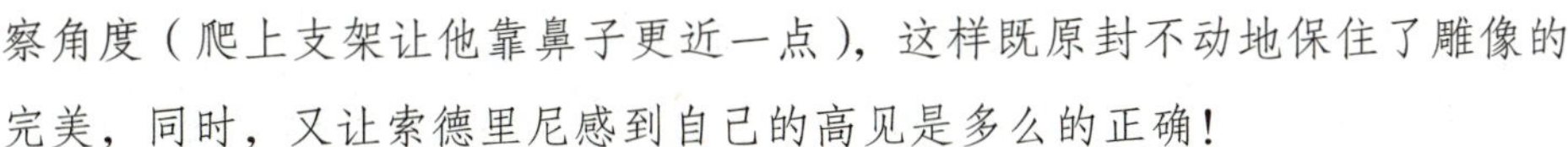

察角度（爬上支架让他靠鼻子更近一点），这样既原封不动地保住了雕像的完美，同时，又让索德里尼感到自己的高见是多么的正确！

这个巧妙的方法使米开朗基罗赢得了胜利的双重力量：既坚持了真理，又没有冒犯他人，保护了对方的颜面。

智者不辩的例子并不鲜见。

1688年，英国著名建筑师雷恩爵士为西敏斯特市设计了一座豪华庄严的市政府办公大楼。建成后市长开始在二楼办公，他总是担心有一天三楼会坍塌下来，砸毁他的办公室。于是，他找到雷恩，要求在二楼大厅里再加两根支柱，以稳固房子的结构。

雷恩知道市长的这种担心完全是多余的，房子稳固得很，所谓坍塌只是心理上的负担而已，但是雷恩并没有与市长争辩，没有向市长证明自己的建筑设计数据是正确的，更没有嘲笑市长的杞人忧天，而是照着市长的要求建造了两根石柱，市长心理上的担忧消除了，对雷恩非常感激。

好多年过去了，有一天有人无意中发现这两根石柱根本没有顶到天花板，并没有起到实际的加固作用，而且这两根柱子也没有对雷恩原有的设计艺术产生破坏，由此人们更加对他肃然起敬了。

雷恩知道争辩一点用处没有，行动和示范是最重要的，于是，就按照市长所要求的去做了，既满足了市长的心愿，消除了市长的顾虑，同时又用行动向后人证明了他原有的设计并不存在问题，加固石柱是没有必要的。

非要与人一争高低，争得面红耳赤，非要分个我对你错，显示自己多么的高明是非常愚蠢的，如果争辩半天证明你是错的，等于给自己找难堪，即便你是对的，你胜利了，你的名声也会受到损害。因为你使对方难堪，事后对方会千方百计地挑你的毛病，与你过不去，甚至将你不愿被人所知的丑闻散布于众。

所以说争辩是一点好处都没有的，它不但不能为你赢得荣耀，反而会给你带来负面影响，真正有修养的人是不会用争辩来证明自己的英明的。

7. 智者讷言惑敌

【原文】

智者讷（nè）言，讷则惑敌焉。

【译文】

有智慧的人言语迟钝，话语迟钝就能迷惑敌人。

【解析】

“智者讷言”中的“讷”字彰显出一种笨拙与蠢笨，而前提又是“智者”，智者的笨拙与蠢笨显然就是一种计谋，在敌人面前装作什么都不知道，目的就是迷惑敌人，在不经意间取得胜利。这就是“愚而不愚”的战术。看似呆呆笨笨的人内心却充满了好学之心，在他坚持不懈的努力下，终究会走向成功；相反，处处彰显聪明才智的人，其实无形之中将自己暴露得一览无余，最终的结果只能让别人吸取自己的精华，然后再慢慢地超越自己。所以，人要适当谦虚，太过张扬只能害了自己。

【主题延伸阅读】

做人贵在隐而不露

先下手为强是寻常道理，不过当面前的敌人过于强大，且不知其深浅的情况下，贸然亮出底牌的一方反而会输得一败涂地！聪明的人善于等待时机，引而不发；时机成熟时再一举拿下。

重庆杨文光在关闭聚兴祥以后，与人合伙集银一万两开办了聚兴仁商号。主要经营棉纱、匹头、土特产品、杂货等。由杨文光掌管经营。

杨文光在经营聚兴祥时，积累了不少经商经验，开办聚兴仁后，便大刀阔斧地扩展业务，开拓利源。例如在商货上他采取了近购远销，长途贩运的方针，同时他还做起票号生意，使商业与银行业结合起来，加速了资本的发展。

隐而不露是杨文光与众不同的经商手段。杨文光在急需用钱调整周转资金时，常常使用不露声色的手段，即便迫在眉睫，也表现出一副不需用款的姿态，让人摸不清底细，静待放款者上钩。

当票号找到他放款时，他故作镇静，推说商号暂时不需要钱，直到放款者托人劝说，他才以“帮忙”的口吻，表示自己十分被迫的勉强接受放款，且告诉对方他这是给人家面子，“帮个忙”，还特别嘱咐对方不要告诉别人，免得给他找麻烦。然后，他迫不及待地用这笔款周转资金，就这样在短短几年间，他扩大了十几个分号，既得了实利，又让外界摸不准他的底牌。

有些人在争取银行贷款时赤膊开练，十八般武艺轮番上阵，用尽各种手段，这反而让人怀疑他的还贷能力。银行也要做生意，钱放在那总要贷出去，杨文光的策略，值得那些不沉稳的生意人多加参考。这也相当于三十六计中的“欲擒故纵”之计。

在竞争双方的“对峙”中引而不发，不露声色，掩饰自己。借机探测对方的动向和实力，或者故意麻痹对方，误导和诱惑对方，在对方放松警觉之时，抓住机遇，战而胜之。

沃伦·巴菲特被喻为“当代最成功的投资者”。在历史上伟大的投资家中，巴菲特以其敏锐的业务评估技术引人注目。在股市上，沃伦·巴菲特

被称为市场先生，股民们认为他是财富的使者，因为凡是买了巴菲特的股票的人，不用多久一定都会发财。在巴菲特看来，选择一个好的股票就是选择了一个好的企业，在此基础上，见机行事，该绷的时候一定要绷，不该绷的时候及时地逃走。如果说巴菲特有什么财富秘诀的话，这就是他全部的财富秘诀。

在巴菲特25岁的时候，就已经有了丰富的投资经验，而且他的个人资产已经有15万美元，他想在30岁之前成为百万富翁。接着，巴菲特成立了自己的投资公司。在不到一年的时间里，他每天在屋子里分析资料，他只是在做一件事：寻找低于其内在价值的廉价股票，将其买进，等待它的价格攀升，在它攀升的过程中，除非他认为已经到达了价格的顶点，不管市场如何凶险，人们如何评论，巴菲特始终坚持，一直等到他心里的顶点价格出现，他才把手中所有的股票一举抛出。

巴菲特总是在股价的最高部分抛出股票，因此，每次他都是以最高的获利取得成功。同时，因为巴菲特专注地分析，他所选择的股票大部分都是毫不起眼的原始股，这既保证了他投资的安全性，也最大限度地降低了他的成本，从而提高了资金的利润率。因此巴菲特手中的资金就像雪球一样越滚越大。1957年，巴菲特掌管的资金达到了30万美元，年底就升至50万美元。1962年，巴菲特公司的资本达到了700万美元。

这时，巴菲特开始关注一家濒临倒闭的纺织品公司——柏克公司，当时这家公司正在艰难运营中，一般投资者不会把资金压在这样的企业上。而巴菲特却看准了这家企业的长期效益及潜力，大胆地购买该企业的股票，并于三年后成功接管了这家企业。他将其作为自己转移剩余资金和未来财富集团的工具。这家企业在巴菲特的手中成了最负盛名的控股公司，在他的手中公司股价不断上涨，但巴菲特从来不认为股价已达到了顶点，因此，他不断地坚持尽量多地持有。结果，股价在30年间奇迹般地上涨了几千倍，到1995年巴菲特就拥有了230亿美元的资金。

金融市场上，形势瞬息万变，必须机动灵活，该绷就绷，该抛就抛，当然所有这些，必须有准确地判断和坚强的信心为基础，离开这个基础，所有的投资都会血本无归。

为了获得最大利益，厚黑经营者会有分寸地绷起来，摆摆架子耍耍威风，让顾客见识他的实力，这是一种成功行销手段。要做到这一点，必须清楚自身的实力，既巧妙地施展绷字诀又让顾客心存感激，以为自己占到了便宜。

在商场上，特别在原则和立场问题上，一定要坚持，不要为了经营一味地让步，或是损失大局利益来促成合作，这都失去了经营的真正意义。经营者一定要明确目标，坚持立场，守住原则，这样才能使经营圆满成功。而且坚守原则未必就会带来负面影响，这也可以成为显示实力与信心的手段。

8. 勇者无语

【原文】

勇者无语，语则怯行焉。

【译文】

勇敢的人话语不多，多言会使行动犹豫。

【解析】

真正勇敢的人，没有过多言语的吹嘘，但他们的内心时刻充满着力量，在敌人出现的时候，他们就会勇敢地站出来，毫不退缩地去战胜敌人，而怯懦的人只会用语言去宣传自己的勇敢，在敌人面前只会不断地退缩。所以，做事情要靠自己的实力，而不是自己的“舌头”，一味地说大话，只会将自己的弱点暴露于世，最终在遭到人们蔑视的同时，还会一无所有。

【主题延伸阅读】

言多祸藏，智者讷言

智者讷言，大智若愚，实乃养晦之术。愚、拙、屈、讷都给人以消极、低下、委屈、无能的感觉，使人放弃戒惧或者与之竞争的心理。但有时候愚、拙、屈、讷却是人为营造的迷惑外界的假象，目的是为了减少外界的压力，或减少对方对自己的注意力，使自己可以在不受干扰、不被戒惧的条件下，暗中积极准备，出奇制胜。许多成大事者，在成就大事之前都有韬晦的经历，最终以弱者的姿态做出强者的举动。

北魏末年，权臣擅权，随意杀戮无辜，只要有哪个大臣不合他的心意，就有可能徒遭脑袋被搬家的危险。在这样的恐怖下，北魏孝文帝的侄子广陵王元恭虽身为常侍，也担心有一天稍有不慎，会引起杀身之祸。经历过宫廷争斗的元恭明白祸从口出的道理，所以，为了避免意外之灾，他决定从现在起装作生病，把自己变成哑巴，不再说一句话。

没多久，广陵王突然患病，病得不能说话的消息惊动了整个朝野。为了避免引起人们的怀疑和关注，元恭以患有喉部疾病为借口，要求到洛阳郊外的龙华寺修心度日，每天除了吃饭睡觉之外，就是静坐诵经，不再与外界往来。

但是，元恭的低调仍然没有躲过朝廷中一些与他有着利益冲突的大臣们的关注。北魏永安元年（公元 528 年），有人向孝庄帝揭露说，广陵王元恭是在装哑，别有用心，不可等闲视之。如果现在不引起重视，很可能会引起一场宫廷政变。不仅如此，民间还有人纷纷议论说，龙华寺的上空有王气，那里隐居着将来的真命天子。

孝庄帝听说这一消息后，大惊失色，开始惶惶不可终日，立即派人到龙华寺缉拿元恭。元恭吓得跑到了上洛山，最后还是被抓住了。在接受审讯的过程中，元恭还是装作哑巴，在回话的时候使用哑语。孝庄帝最终没有从他身上发现任何谋反的迹象，再想到元恭是自己的族叔，就释放了他。元恭回到龙华寺后的半年多时间里，一直小心翼翼，生怕再有什么闪失。

北魏普泰元年（公元 531 年）十月，权臣尔朱荣的侄子尔朱兆发动政变，杀死了孝庄帝，由长广王元晔执掌政权。

当时，炙手可热的尔朱氏原先议立元恭为帝，但又不清楚他是不是真的不能说话，于是尔朱氏就派人经常到龙华寺“考察”元恭，摸摸实际情况。元恭虽然过着与世隔绝的生活，但一直关注着天下大势的发展变化，他知道动乱的局面已经过去，才开始向人们表露他的真实情况。

公元 531 年，广陵王元恭在闭口不言长达八年之后，最终登上了皇帝的宝座，成了北魏王朝的第十个皇帝，史称节闵帝。在登基那天，元恭接受文武百官的跪拜，滔滔不绝发表雄辩的执政演说，根本没有嗓音方面的疾病。

在面临生命威胁的紧要关头，韬晦者无不恬然淡泊，大智若愚。这种低调做人之术在所有做人术中被利用得最为充分。一个“讷”字设计了巨大的假象与骗局，掩饰了真实的野心、权欲、才华、声望和感情，这种甘为愚钝、甘当弱者的低调话术，实际上是精于算计的隐蔽，它鼓励人们不求争先、不露真相，让自己明明白白过一生。

9. 忠臣不表其功

【原文】

忠臣不表其功，窃功者必奸也。

【译文】

忠臣不会自我表述功劳，窃取他人功绩的必是奸臣。

【解析】

真正有实力的人，只会默默无闻地为自己的工作而不断地去努力，即使取得了成绩，也不会在人们面前吹嘘自己的实力。相反，那些“金玉其外，败絮其中”的人，因为自己没有真正的实力，只能去靠窃取别人的成绩来博取名望，从而获得一己之私，并且到处邀功显能，博取他人的尊重，这就是奸臣最大的特征了。

【主题延伸阅读】

忠臣不会夸耀自己的功劳

过去，忠臣，就是忠于皇帝的臣子；奸臣，就是指窃取他人功劳，蒙蔽欺骗皇帝的臣子。皇帝最忌讳的便是臣子主动表功，经常吹嘘自己的功劳或苦劳，好像地球离开他就不转了似的，而真正忠于皇帝的臣子从来不居功自傲。即使劳苦功高，也不会表明自己多么了不起，来赢取更大的功名。

常言说“飞鸟尽，良弓藏；狡兔死，走狗烹”。在古代，当一个新王朝建立后，那些为统治者立下汗马功劳的良将能臣会因失去再利用的价值而难逃被杀的命运。明朝开国皇帝朱元璋也在他登基后大开杀戒：从1380—1390年，受丞相胡惟庸牵连被杀的功臣、官僚共达3万多人；1393年，有赫赫战功的将领蓝玉以及与其有关的人士均被杀，先后牵连被杀的竟有几万人；洪武十五年的空印案，洪武十八年的郭桓案，被杀者更多达8万之众，总共有10多万功臣死在了朱元璋的严刑重刑下。

但是，为明王朝的建立和中国的统一立下不朽功勋的名将、朱元璋身边的谋将帅才徐达，却深得朱元璋的宠爱，不但没有遭到朱元璋的杀戮，还得到朱元璋的万般尊敬，并以礼相待，其原因在于徐达功成名就之后一直保持不居功自傲的低姿态，使朱元璋也就不再将他视为自己政权的威胁。

在其戎马一生中，徐达每年春天挂帅出征，暮冬之际召还京城，回来后立即将帅印交还（“成而还，拜上印绶，待命于家，略无几微矜伐之色”《明太祖实录》），朱元璋见此很高兴，赐他沐浴，设宴欢饮，称他为布衣兄弟，而徐达却更加恭谨。

更难能可贵的是，作为一名杰出将领，他不像别人那样一旦手握兵权，便过上穷奢极欲的生活，而是与所有的士兵同甘共苦，过着极为简朴的生活。

他的一家人居住的房子低湿狭小，朱元璋曾在私下里对他说：“徐达兄建立了盖世奇功，还没有好居处，我就把过去的旧邸宅赐给你，让你好好享几年清福吧！”所谓旧邸宅就是朱元璋称帝前做吴王时所住的豪宅，可徐达坚决辞而不受。

出征的时候，每当看到军粮不足、士兵不饱的境况，徐达常常不饮不食；扎营未定，他不进帐休息；士卒生病负伤，他前去探视慰问，给予医药治疗。他良好的道德品行使得他在众士兵中树立了极高的威望，士兵对他充满了尊敬和感激之情。

有一次，朱元璋请徐达到府邸饮酒，朱元璋为了让他留宿，席间将他强行灌醉，然后给他盖上被子，又亲自把他抬到床上让他睡下。徐达半夜醒来，面对陌生的环境，慌忙问身边的人：“这是什么地方？”侍者告诉他说：“这是旧内。”

徐达听了大吃一惊，吓得脸色都变了，慌忙起身奔到台阶下跪倒在地，连呼：“臣罪该万死！”朱元璋因此而大为快慰，对他就更加放心、信任了，还命令手下在此旧府邸前修建一所宅第，门前立一石碑，并亲书“大功”二字。

虽然徐达对朱元璋忠心耿耿，恭谨有加，但仍然未能免除朱元璋对他的怀疑和猜忌，但由于徐达在政治上忠贞不贰，经济上不贪不占，生活上十分检点，在人品上为人低调，从不招摇，也就没有任何可抓的把柄，况且，他还在和州救过朱元璋的命，从而也就避免了“狡兔死，走狗烹”的厄运。

洪武十八年（公元 1385 年）二月，徐达病逝于南京，享年 54 岁，朱元璋为之辍朝以表哀悼，并亲临灵堂祭奠，伤心欲绝。朱元璋下诏追封徐达为中山王，谥号“武宁”。洪武二年（公元 1369 年）春正月，朱元璋又下诏建立功臣庙，并亲自确定功臣的位次，以徐达为第一，并将其肖像陈列于功臣庙内，称赞其为“开国功臣第一”。

《管子》中有这样一句话：“凡论人有要：矜物之人，无大士焉。彼矜者，满也。满者，虚也。满虚在物，在物为制也。矜者，细之属也。”这句话告诉我们，凡是成就一番伟业的人，没有一个是具有骄矜之气的人。从小与朱元璋在一起的徐达虽然论名望和功劳无人能比，但他从来不自我赞扬，他十分清楚“伴君如伴虎”的道理，他知道与这样的皇帝在一起，只能共苦，不能同甘，不沽名才会其名愈溢，不矜功才能其功愈显，如果自表其功，无异于引火烧身。

10. 谤贤者必小人

【原文】

君子堪隐人恶，谤（bàng）贤者固小人矣。

【译文】

君子可以帮人隐瞒过失，诽谤贤人的必是小人。

【解析】

君子有“成人之美”的心态，小人却恰好相反，他们只能在不断地诽谤他人中，才能获取自己的立足之地。实际上，每个人都会有自己的缺点，也会因为一时的糊涂而犯下错误，但是，人性总是善良的，只要他们能够改过自新，我们又为何不能用宽大的胸怀包容他们呢？这是君子所为；然而小人的做法却是不断地诽谤他人，极力置人于死地，好像这样才能显示出他们所谓的“大公无私”。这就是君子与小人本质的区别。

【主题延伸阅读】

面对诽难，不必急于辩解

在日常生活中，在很多时候，面对别人的诽谤和怨恨，我们应该怎样做？不是要和别人进行争辩，为自己来辩解。其实，这样做的效果并不是很好，俗话说，“越描越黑”，所以，在这种情况下，最好的做法是保持沉默，不去争辩。理是不辩自明的，不要因为受到别人的诽谤而急于辩解。

1936年12月，弘一法师由鼓浪屿日光岩寺移住厦门南普陀寺。有一天，弘一法师看到高胜进在厦门《星光日报》为自己出了特刊，介绍自己的生平事迹。看了以后，弘一法师没有说话。到了晚上，才皱着眉头，对随侍弟子传贯说了一番极发人深省的话。他说：“胜进他们虽然是出于好意，但其实是对我的诽谤。古人说：‘声名是诽谤的媒介。’看来，我以后在闽南恐怕难以容身了。”说到这里，静默了好一会儿，又转了语气说：“若被人诽谤，切切不可分辩。我常见有人被诽谤，就分辩解释，多受了亏。你不分辩，一谤便罢，更无余患。”

接着，弘一法师又回忆了当年在日本，为要公演《黑奴吁天录》，曾读过美国南北战争的历史，那时候领导解放黑奴的林肯，曾说过这样一段话：

倘若我要尽读报纸对我的诽谤，势必没有剩余的时间与精力去办事，这办公室就只好关门了。我尽我所知而认为是最善的，便尽我所能去做。我就这么拿定主意直做到底。倘若结果是错误的，那么称赞我，于我无益；要是结果是对的，那么，即使现在就是有十个天使说我坏话，于我无损。我们为人做事，要有成效，必须宁静以致远。要训练自己任劳任怨，置诽谤于不计。

此后不久，即1937年晚春，弘一法师应邀去青岛湛山寺讲律，头一天开示《律己》时，也讲到了“息谤”。他说，怎样息谤呢？就是“无辩”。人要是受了诽谤，千万不可分辩，因为你越分辩，诽谤反而弄得越深。比如一张白纸，偶然误染了一滴墨水，这时你不要再动它。你不动它，他就不会再向四周洇开。倘若你立时想要它干净，一个劲儿地去揩拭，那么，结果墨水一定会扩大面积，玷污了一大片。

如果一个人没有亲身经历是不可能有这样深的感受的。在平时，我们大多数人喜欢别人对自己的赞扬和褒奖，不喜欢听到别人的诋毁和非议，这是很正常的。真正能够做到毫不在意，左耳朵进右耳朵出，并不是一件很容易的事。当然，时刻想获得进步的人，对自己的要求就不能和常人一样，如果做不到比常人更好，那也不会获得比常人更大的成功。要知道诽谤和误会的产生是有原因的，而且我们不可能把每一件事都做到让所有的人都满意。但是，如果你懂得不辩自明的道理，那些流言蜚语和诽谤自然而然就会停止。

事实胜于雄辩，这句话同样也说明了这个道理。另外，我们还要做到“人之谤我也，与其能辩，不如能容”。受人诽谤尚且不必急于辩解，何况平日无事，更无须与人争辩。但是有的人偏偏好逞口舌，喜欢辩论，只要一开口，就滔滔不绝，只要一讲话，就口沫横飞。但是好言善辩的人，往往令人退避三舍。因为善于狡辩，乍听之下好像有理，但是经常狡辩，常常言过其实，自然别人心里有数，也就对你敬而远之了。所以，如果你想做一个受人欢迎的人，就应该严戒好言善辩。

誉卷第五

誉的意思是多方面的，有名声、称扬和赞美等意思。本卷主要从“求誉”方面进行阐述，做到“求誉”不贪、不强求。的确，对待名誉不知收敛，一味争名逐利，凶险和灾祸就会随之降临，由此导致的身败名裂的事例古往今来举不胜举。知止，就是在对待名利上有一份超然脱俗的心态，知道有所为有所不为，有所得有所舍，知道适可而止，见好就收。

1. 好誉者多辱

【原文】

好誉者多辱也。

【译文】

喜好赞誉的人多会遭受侮辱。

【解析】

对欲望的追求总是要付出代价的，名誉就是欲望中的一种，追逐名誉同样也是要付出艰辛的努力。拥有名誉的人能够得到人们的赞誉，能带来金钱与物质的利益，所以人们才会不断地追名逐利。然而，为了名利，人们不断地钩心斗角、相互陷害，为了名利，人们甚至不惜牺牲自己亲人的利益，直到最后到了所谓功成名就的时候，却发现自己一无所有。所以，不要太在乎外在的虚名，珍惜身边拥有的一切才是最主要的。

【主题延伸阅读】

喜好名誉易遭受侮辱

喜好名誉的人一般都有着很强的虚荣心，而虚荣心强则会通过炫耀、显示、卖弄等方式来表现自己的荣誉与地位，还会追求华而不实的东西，在物质上讲排场、搞攀比；在社交上好出风头；在人格上很自负，自高自大。这样的人容易让人看不起。

有一次，拿破仑为了考察民情，换上没有任何军衔标志的平纹布衣，打扮成平民百姓的样子，骑马来到民间进行微服私访，并在一家乡镇小客栈住了下来。在考察期间，他走到一个三岔路口时迷了路，记不清回客栈的路了。

于是，向一位过路的军人打听："先生，你知道去附近小客栈的路怎么走吗？"

那位军人嘴里叼着一只大烟斗，高傲地将这位穿着平纹布衣的陌生人上下打量了一番，懒洋洋地回答道："走左面那条路。"

"谢谢！"拿破仑礼貌地说，"请问需要走多远的路？"

"一英里。"军人瞥了陌生人一眼，爱答不理地答道。拿破仑对军人表示感谢后，继续向前赶路，刚走出两三米远，又转过身来，微笑着问道："如果你不介意的话，我可以继续问你个问题吗？请问你的军衔是什么？"

军人一听到这个问题得意起来，猛吸了一口烟说："你猜猜看。"

拿破仑饶有兴致地说："中尉？"

军人努了努嘴，暗示他的级别比中尉要高。

"上尉？"

军人很神气地说："低了。"

"莫非你是少校？"

军人的虚荣心得到很大满足，面带微笑地点了点头。

拿破仑得知后，很尊敬地向军人敬了个礼。

少校身份的军人摆出一副很了不起的神气劲儿，傲慢地说："你有什么军衔吗？"

拿破仑一边笑着，一边模仿军人的口气回答说："你猜猜看。"

"中尉？"

拿破仑摇了摇头。

"上尉？"

拿破仑还是摇了摇头。

军人的神气劲儿降了半截，缓慢地问道：“莫非……你也是少校？”

拿破仑很平和地说：“还要猜！”

军人见此才察觉到眼前这位陌生人是非同小可的大人物，起初那种神气劲儿一下子消失得无影无踪，而是改用十分尊敬的语气，低声地问道：“那您是部长？还是将军？”

拿破仑说：“也不是，还差点。”

“您……您是大元帅？”军人的声音开始发颤了。

拿破仑说：“您再猜最后一次就猜对了。”

“皇帝陛下！”军人吓得手微微一颤，烟斗掉到了地上，连忙跪在地上叩首道：“陛下请饶恕！陛下请饶恕！”

拿破仑不但没有生气，反而很和蔼地笑着说：“你又没犯什么错误，还告诉我路该怎么走，我应感谢你才对，为什么让我饶恕你呢？”

少校觉得自己是个了不起的大官，便趾高气扬、神气十足起来，没想到自己眼前这位相貌平平之士竟然是最高统治者拿破仑皇上，真是自讨没趣，很丢面子。幸好拿破仑以宽容大度、平易近人的王者风范给了他一个台阶下，挽回了他的面子，否则这位军人说不准会受到什么惩罚。

2. 名高众之所忌

【原文】

誉满主惊，名高众之所忌焉。

【译文】

赞誉过多君主就会惊恐，名声过高就会遭到人们的嫉恨。

【解析】

俗话说：树大招风，同样人活得太过招摇就会招致祸患的产生。智慧的人不期望人们给予太多的赞誉，也不期望拥有太多名誉与金钱，因为他们懂得，在拥有这一切的同时，祸患也就悄然而至。因为不知道有多少眼睛在嫉妒着你的名誉与地位，在他们失去理智的时候，就会伤害到自己，甚至自己周围的人，结果是得不偿失的。所以，任何东西都要适可而止，名誉也是一样，过分地追求只会让你在享受光环的同时，也面临祸患的包围。

【主题延伸阅读】

上位者不忌惮愚者，却忌惮誉满者

在古代，统治者需要有人来帮助他攻城略地创建新的王朝，或者分官设职管理国家。统治者在实现目标之后，又感受到部属的无形威胁，害怕有一天大权旁落。这种未来潜在利益的威胁，会使得统治者想要先下手为强，免得噩梦成真。有鉴于此，大智慧的人不会贪恋官衔和名誉，懂得辞让和自贬。

范雎是秦国智谋深远、继往开来的一代名相，也是我国古代在政治、外交等方面颇有建树的著名政治家、军事谋略家。他因向秦昭王献出远交近攻的策略，深得昭王赏识，而升为宰相。后因他所推荐的郑安平在与赵国的作战中失利，变得意志消沉。按秦国法律，只要被推荐的人出现纰漏，推荐者也要受连坐处分，但昭王没问罪范雎，这反而使范雎心情更为沉重。

秦昭王为刺激范雎振作起来，为国效力，便忧虑地对他说：“现在内无良将，外无勇将，秦国的前途实在令人焦虑呀！”

范雎心中一震，他才知道自己误会了秦王的意思，感到非常恐惧。

恰好辩士蔡泽来拜访他，对他说道：“四季的变化是周而复始的。春天

完成了滋生万物的任务后就让位给夏；夏天结束养育万物的责任后就让位于秋；秋天完成成熟的任务后就让位于冬；冬把万物收藏起来又让位于春天……这便是四季的循环法则。如今你的地位，在一人之下，万人之上，日子已久，恐有不测，而应让位于他人，才是明哲保身之道。”

一席话启发了范雎，范雎便立刻隐退，并举荐蔡泽继任宰相。蔡泽就职后，为秦国的强大做出了重要贡献，但当蔡泽听到有人责难他后，也明智地舍弃了宰相宝座，做了范雎第二，保全了自己的晚节。

这是一种智慧，更是一种风度，有时候哪怕你内心有一万个不愿意，但隐身而退，却是一种最明智的选择。

与范雎形成鲜明反照的是另一历史人物文种。

文种是越王勾践的重臣，为打败吴国立下了汗马功劳。他功成名就后，仍然继续跟随越王左右。其间范蠡曾写给他一封信说："飞鸟尽，良弓藏，狡兔死，走狗烹。越王的长相，颈项细长如鹤，嘴唇尖突似鸦，这种人只可与他共患难，却不能同享乐，你现在不离去，更待何时？”后来文种称病返乡，但做得不彻底，仍留在越国，其名仍威慑朝野，于是有佞臣陷害于他，诬称文种欲起兵作乱。越王也有“走狗烹”之意，故而以谋反罪，将文种处死。

“人无千日好，花无百日红。”人生当中最风光、最美妙的时间往往是最短暂的。做

人应当知时、知难、知命、知退、知足，不论是同性知己，还是君臣关系，都要有适可而止的心境。尤其是在中国古代的政治生涯中，如果不懂得适可而止，见好就收，无异于临渊纵马，自寻绝路。

3. 谄者以誉欺人

【原文】

誉存其伪，谄者以誉欺人。

【译文】

名誉是存在假象的，谄媚的人用名誉来欺骗他人。

【解析】

名誉是最虚荣的东西，很多人在面对它的诱惑时，都无法控制自己的脚步，因为它带来的副作用太大了，拥有名誉就好像拥有了一切，金钱和物质随之而来，实际上，这些就像皇帝的新装一样，是虚假的。因为当人们在无条件的攀附你的时候，是因为你有利所图，当光环散去之后，你就一无是处，什么都没有了。不怀好意的人常常拿“名誉”做诱饵来欺骗他人，所以，我们要时刻保持着清醒，在虚荣面前及时地停住自己的脚步，这样才能远离“荣誉”埋下的陷阱。

【主题延伸阅读】

名气大不一定好办事

一般来说，名气大，名声在外会便于办事，但这也不是惯例。不要名声，不成为众人关注的焦点，有时候可能更方便办事。不争名声，糊涂一

些，宽容别人，才能得人心。即使没有那个名，实权仍在自己手里。但若贪图一时虚名，到时候连手中的权力也丢了，岂不后悔莫及？名气只是浮云，空虚无拘，不必为了一个空泛的头衔而毁了真正的实际利益，千万不要“捡了芝麻丢了西瓜”。

曹操放着皇帝不做，自然有他的考虑和苦衷。他毕竟是靠所谓“兴义兵，诛暴乱，朝天子，佐王室”起家，一路讨董卓、伐袁术、杀吕布、降张绣、征袁绍、平乌桓、灭刘表、驱孙权、定关中、击刘备，一直用的都是尊汉的名义，打的是讨逆的旗号。迁献帝于许都后，更是“奉天子以令不臣”。这些是曹操的政治资本，也是政治负担。他必须把这个包袱背上。因为他在扔掉包袱的同时，也就丢掉了旗帜。没有了这面旗帜，曹操靠什么号召天下、收服人心？

是曹操不想当皇帝吗？否。谁不知道当皇帝好。谁又不想当皇帝？那时候，诚如王粲对刘琮所言，“家家欲为帝王，人人欲为公侯”。是曹操没条件吗？不是。中国北方基本统一，汉天子早已架空，朝廷内外，上上下下，都是曹操的人、曹操的兵，只等曹操一声令下。曹操曾一而再，再而三地向天下表白：我曹某绝无篡汉之心！曹操自己心里也明白，别人睁大了眼睛，警惕地注视着他的一举一动，一言一行。倘有不轨，立刻就会群起而攻之。

曹操实在是太清楚这一利害关系了，他采取你们不说，我也不说；你们能装，我也能装的策略，到时候，看谁憋不住，等不及！政治斗争是一种艺术，讲究瓜熟蒂落，水到渠成，不到火候不揭锅。过早地轻举妄动是一种盲动，引而不发才是高手，曹操就是高手，他沉得住气。

刘备、孙权，还有朝野一些人全都没安好心。他们有的想当皇帝，有的想当元勋，有的想趁火打劫，有的想浑水摸鱼，只是大家都不说出来，也说不出口，都沉住了气，看曹操如何动作，当然，真心实意维护汉室的正人君子也有。曹操知道一旦自己后院失火，刘备、孙权等就会幸灾乐祸，

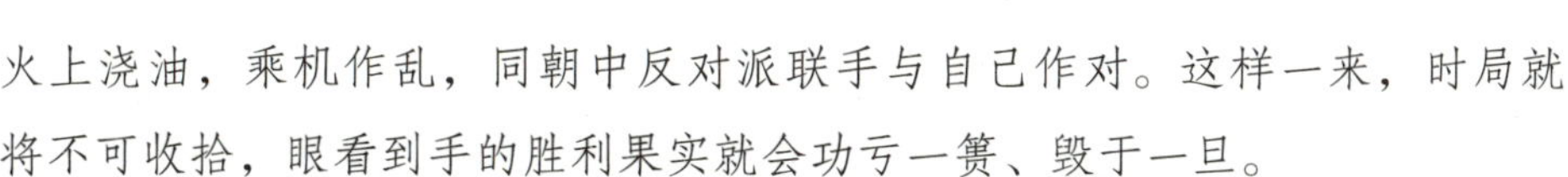

火上浇油，乘机作乱，同朝中反对派联手与自己作对。这样一来，时局就将不可收拾，眼看到手的胜利果实就会功亏一篑、毁于一旦。

曹操是一个务实的人。他有一句名言："不得慕虚名而处实祸。"只要自己实际上拥有了天子的一切，那个惹是生非的虚名，要它作什么！

因此，当孙权上表称臣，老谋深算的曹操只说了意味深长的一句话：孔子说过，只要能对政治产生影响，就是参政，何必一定要当什么呢？如果天命真的在我身上，我就当个周文王好了！

这话说得非常策略，非常有弹性，也非常有余地。它既表示曹操本人无意帝位，也不排除子孙改朝换代的可能。至于曹丕他们会不会这么干，那就要看天命，也要看他们的能耐了。干成了，我是太祖；干不成，我是忠臣，曹操的算盘打得很精很响。

曹操不为天子，也握着天子的实权，享着天子的福气，又正因为没有称帝，才没有惹来无谓的麻烦，天下人也没有借口群起而攻之，这正是曹操的精明之处。不要虚名，也办得实事，不强出头，在自己的位置上做自己的事情，才是正确的为人方式。假如锋芒毕露，自视甚高，咄咄逼人，就容易惹来猜疑和排挤，这不仅阻碍了个人才能的发挥，还会功亏一篑，走向失败。不显眼，不惹是非，可以节省下那些用来应付不必要的应酬和麻烦的时间，专心去做有利的事情，最终才会获得更大的成功。所谓虚名，不要也罢！

4. 明者言不自赞

【原文】

名不由己，明者言不自赞。

【译文】

名誉不是由自己控制的，智慧的人不会自我夸赞。

【解析】

聪明的人从来不对自己拥有的名声妄自菲薄，因为他懂得这都是依靠自己的奋斗得来的，需倍加珍惜，如果自己骄傲自大，名誉就会消失得无影无踪，所以，聪明的人会坦然地面对身边的一切，拥有时珍惜，失去时也不会过分的不择手段地去追求。因为他懂得：这一切都不是他能够控制的。

【主题延伸阅读】

不图美名，方成大业

在现实生活中，有很多人追求荣华富贵、功名利禄，评了一个先进，官职提拔了半级，或是荣登富豪榜，都会沾沾自喜，自以为成就非凡，到处炫耀。这一类人留滞于功名利禄，滋生出急功近利的浮躁心态，生命往往易被爵禄所左右。而明智的人从来不会在众人面前过于显露自己。

20世纪末期，任正非带领的华为集团发展势头突飞猛进，年营业额高

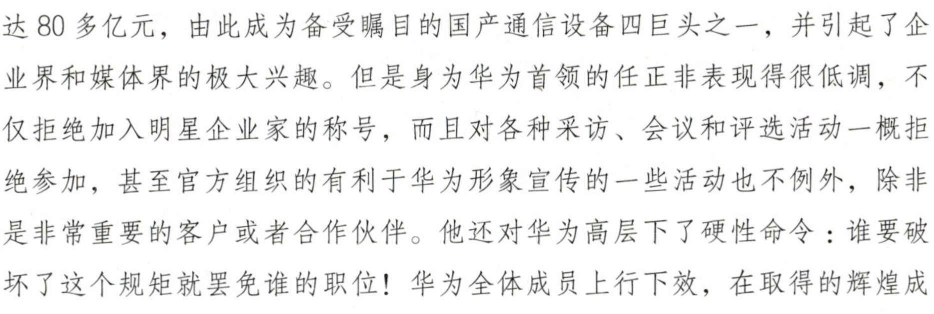

达 80 多亿元，由此成为备受瞩目的国产通信设备四巨头之一，并引起了企业界和媒体界的极大兴趣。但是身为华为首领的任正非表现得很低调，不仅拒绝加入明星企业家的称号，而且对各种采访、会议和评选活动一概拒绝参加，甚至官方组织的有利于华为形象宣传的一些活动也不例外，除非是非常重要的客户或者合作伙伴。他还对华为高层下了硬性命令：谁要破坏了这个规矩就罢免谁的职位！华为全体成员上行下效，在取得的辉煌成绩面前对外保持了一致的低姿态。

2002 年的北京国际电信展上，身为总裁的任正非正在公司展台前接待客户。有一位上了年纪的男子来到展台前，向正在此接待客户的任正非询问道："你们总裁任正非在没在？"

任正非问："请问您找他有什么事吗？"

"哦，也没什么事。"这位男子回答说，"就是想见识一下这位带领华为取得如此骄人成绩的传奇人物究竟长什么模样。"

任正非说："实在不凑巧，他现在不在，不过我会向他转达您的意思的。"

这仅仅是任正非在成绩面前"用晦而明、聪明不露，才华不逞"的其中一个小事例。关于任正非神秘出没的故事还有很多。还有一次，有位客户到华为洽谈业务，和与会人员例行公事般地换了一圈名片，等他坐定后才发现手里有一张名片居然是总裁任正非的，等他回过神来，巡视左右时，却早已不见了人影。

类似这样的例子不胜枚举，因为这些都是出于任正非多年来形成的为人处世习惯，并非一时故意为之。还有人在去国外出差的途中遇到过任正非，与这位平易近人的老者天南地北地聊了一路，事后才得知这位老者竟然是任正非，才后悔自己当时全然不知。

工作生活中的这些小故事说明听说过任正非大名、想认识这位传奇人物的人很多很多，而真正认识任正非的人却寥寥无几，即便是那些曾经与之有过一面之缘的人也未能抓住深入了解的机会。

近几年来，随着国内外业务拓展的需要，华为与媒体绝缘的关系开始有所松动，与国内外媒体的接触不再像以前那样唯恐避之不及，在策略上也灵活了许多，华为的一些高层也开始谨慎露面，唯有任正非本人认真地保持着华为原有的处世态度。

任正非这种在荣誉和成绩面前不张扬的低调态度与他在“文革”期间的一段特殊人生经历有着密不可分的关系。他在《我的父亲母亲》这篇文章中曾经这样总结说：“由于家庭方面的原因，在‘文革’期间，不管我怎样的努力付出，做出了多大的成绩，一切立功、受奖的机会都与我无缘。在我领导的集体中，战士们立三等功、二等功、集体二等功，是再寻常不过的事了，只有我这个当领导的从未受过嘉奖。由此，我习惯了我不应得奖的淡泊名利的人生，同时也培养了我如今在荣誉面前与世无争的心理素质。”

使自己的企业成为“出头鸟”是许多企业家的梦想，但企业家切不可太过招摇与张狂，“枪打出头鸟”，名声太大并不一定完全是好事。当华为还比较弱小的时候，任正非出头露面，既不扎眼，又可为企业带来商业利益，随着华为日益成为众人瞩目的焦点，在公众场合抛头露面炫耀一番就不会带来什么好处了。正是由于任正非的低调为人，不图美名，才使得他有更多的时间和精力打理公司，每年有大量的时间游历全球，在各个发达市场与发展中市场上寻觅机会，在通信设备国际列强间合纵连横，寻觅可利用的力量与资源，带领着华为再创辉煌。

名誉的有无有时并非是一个人自身所能左右的，所以在对待名誉上保持一颗平常心是非常重要的，像任正非一样低调处世，不在荣誉面前沾沾自喜，也不在外人面前自我吹嘘，才能更好地保全自己的名誉。

5. 贪巧天不佑

【原文】

贪巧之功，天不佑也。

【译文】

贪婪和巧取所得来的功名，上天是不会庇佑的。

【解析】

依靠自己的努力而得来的东西，人们会心安理得地享受，有了努力自然就会有收获。相反，拥有贪婪的心而又不懂得勤奋努力地去创造幸福生活的人，自然一事无成，也自然得不到“上天”的庇佑。

【主题延伸阅读】

务实保长远，贪巧易溃失

贪求功名是一种顽疾，贪多贪大往往令人丧失理智，让人跌入危机四伏的境地而不可自拔，终将导致身败名裂的悲惨下场。因此，我们真正应当采取的态度是：远离贪婪，适可而止，不求虚名，谋求长远。

“没有最好，只有更好。”这是在很多企业领导层广泛流传的一句口头禅，它一方面反映了创业者的创业激情和敢于突破创新的勇气，但另一方面似乎也在某种意义上反映了这些创业者在前进的道路上盲目于把企业做大做强、贪求速度和规模的错误心理。

“世界潮流，浩浩荡荡，顺之者昌，逆之者亡。”虽然计划经济到市场经济的转型为民营企业的发展开辟了新的发展空间，引发了中国私营企业百舸争流的局面，然而，私营企业的成长并不是一帆风顺的。在激烈而残酷的竞争中，那些规模不断扩大的私营企业在经历鼎盛的辉煌期后接连陷入了垂死挣扎的危险境地。这些企业为什么会遭受如此之命运呢？这也许可以从古人的智慧中寻找到答案。古书上说“持而盈之不如其已；揣而锐之不可长保”“物极必反”“盛极而衰”，这揭示了一个事物经历了鼎盛之后必然会走向其反面。

这就像人们的生理现象一样，饿了就想吃东西，饿得难受了，想吃的东西也就越多，馒头可以止饿，但是吃多了也会撑坏肚皮，同样让人难受。同样，一个企业如果贪求规模、贪求虚名也会招致“大企业病”，这种病症可以要了企业的“命”。正如清华紫光老总李志强指出的企业之“怪现象”，那就是“撑死的企业，远比饿死的企业多”。

他说，做企业如同做人，如果把企业的规模比做一个人的个儿，把企业的利润比做一个人的劲儿，那么健康的人应该是高大而有力的。

但在成长过程中，有许多贪求规模的企业只知道疯狂长个，却忘记了积攒力量，结果导致体态臃肿，盛极而衰。

曾经在我国保健品行业创下奇迹的三株公司在短短几年的时间里由辉煌到沉寂的发展历程，从反面说明了一个企业不能一味地比拼规模，在规模面前不知“止”，企业领导就会因指挥不灵、力不从心而感到头疼。

1994年8月，随着三株口服液的研制成功，三株公司正式成立，当年销售额就达到了1.25亿元。

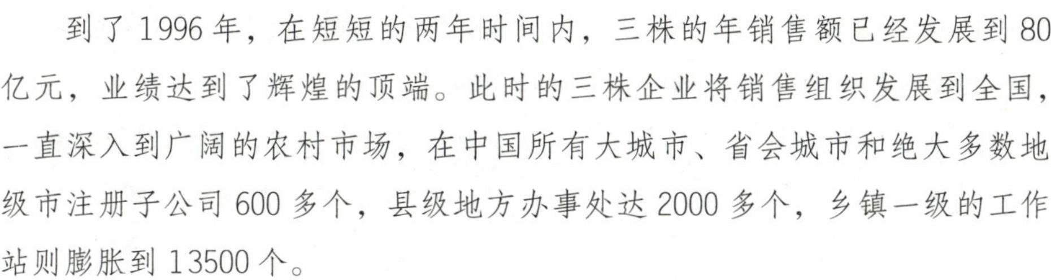

到了1996年，在短短的两年时间内，三株的年销售额已经发展到80亿元，业绩达到了辉煌的顶端。此时的三株企业将销售组织发展到全国，一直深入到广阔的农村市场，在中国所有大城市、省会城市和绝大多数地级市注册子公司600多个，县级地方办事处达2000多个，乡镇一级的工作站则膨胀到13500个。

为了追求高速度，三株广招人马，直接吸纳的就业人员为15万人以上。从此一个高密度覆盖全国各级城市和乡村的销售网络完全建立起来，其规模之大仅次于中国邮政网络。

就当时的经济状况而言，三株足够大了，水几乎已经满了。但是这时，它的管理层开始失去理智，头脑中完全没有“止”的观念，错误地认为只有更大的规模才会有更大的利润，只有不断地做大才能保持自己独有的强势地位和来之不易的名声。所以，从1997年开始，三株开始向医疗、精细化工、生物工程、材料工程、物理电子和化妆品等行业扩展，一口气吞并了20多家制药厂，投资达5亿多元。

然而三株企业的四处扩张并没有为其自身创造出实实在在的利益，反倒是随着三株企业组织规模的不断发展壮大，重重危机已经逐渐凸显，公司管理上的紊乱已经到了失控的边缘：销售部门浪费现象严重；销售人员腐败事件频繁发生；大量货款滞留在渠道里没有及时返回总部，造成资金大量流失；种种夸大功效、诋毁对手的事件频频发生。公司的营销能力没有随着公司规模的扩大而增强，反而急剧下降，使得三株销量出现大幅度滑坡，仅1997年就比上年锐减10个亿。

吴炳新在年终大会上痛陈“十五大失误”，其中包括大企业的“恐龙病”严重以及财务管理出现严重失控等。到1998年，一个年销售额达80亿元的保健品帝国轰然倒塌！

三株企业迅速灭亡的经历与凶猛强悍的恐龙物种灭绝的原因如出一辙。由于恐龙神经系统非常简陋，大脑发出一个行走的指令，需要两分半钟才能传达到它的足部，而足部的一个感觉反射到大脑，也需要同样的时间，这样的反应速度自然难以适应外界环境的变化。

这让我们想起了《红楼梦》里的一句经典格言，叫“大有大的难处”。这话本来是说贾府家业大，人口众多，管理难度大。用在企业管理上，这话同样成立。企业发展超过了一定的规模之后，很容易罹患“大企业病”。

所谓大企业病，是指企业发展到一定规模之后，在企业管理机制和管理职能等诸方面，不知不觉地滋生出阻滞企业继续发展的种种危机，使企业逐步走向倒退甚至衰败的一种慢性综合病症。

美国通用电气公司前CEO杰克·韦尔奇曾对企业的这种病症有过生动的描述：染上“大企业病”的企业，就像一个穿上了很多层毛衣的人，不但体态臃肿，行为愚钝，而且感受不到市场的温度变化。可是，即便这样，许多大企业还是试图套上更多层的毛衣，为使自己显得更大。

这些企业的领导层为什么会产生这样几乎丧失理性的行为呢？因为他们在功利心的驱使下只知道“进”，只想着把企业的名声搞得更大，赚取更多的利润。企业在获得迅猛发展之后，领导层往往会居功自傲，认为自己掌握了经营企业的成功宝典，只要依照原来的模式复制下去就可以不断做大做强。结果，没有一个企业能靠着单纯的超大规模健康地存活下去。三株公司将保健品行业的运营模式复制到“人才、技术、资金密集”的行业，只知道“进”，不知道“止”，结果根本无法在这些领域取得竞争优势，自然难逃一劫。

在国外，一味贪大，追求虚名死于大企业“恐龙病”的案例也并非鲜见。最近，成立于1908年享誉全球的通用汽车公司申请破产，这在全球引起了巨大震动。这个曾经作为美国梦象征的百年企业，曾经创下无数奇迹，它一夜之间从神坛跌落到了凡间，宣告这家美国制造业巨擘的霸主时代终结。

“冰冻三尺，非一日之寒。”通用的破产并非偶然，金融危机只是起到了助燃剂的作用，其真正原因在于通用过度追求贪巧之功引发的“大企业病”造成的种种弊端。

中外这些大企业由盛而衰的经历，从反面告诉我们，当企业四处扩张、膨胀起来之后，知道适可而止对企业的健康发展就显得尤为重要了。对于一个企业是这样，对于一个人来说，也是同样的道理，一味追求虚名，不做些扎扎实实的工作，也难以成大气候。

6. 别轻易称赞人

【原文】

赏誉勿轻，轻者誉贱，贱则无功也。

【译文】

对他人的赞誉不要太随便，太随便了名誉就不珍贵了，不贵重就没有了功效。

【解析】

轻易得来的东西，就不知道珍惜。这是大家都懂得的道理，因此，要适当地把握“给予”的程度，这样才会让人们懂得什么叫来之不易。就拿“赞誉”来说，轻易地赞赏，只会让付出者沾沾自喜，从而放松了前进的脚步，而相反，在不断给予压力的状态下，适当一次赞誉，却能够激发出更多的奋斗力量。这就是领导者对待员工的赞誉尺度。

【主题延伸阅读】

赏给他人名誉不要太随便

赏给部下名誉是为了激励其再接再厉，创造更大的成绩，但如果奖赏不当，过于随便，时不时地给部下一些小恩小惠，反而不能达到应有的目的。因为荣誉得到得太容易，功臣就不懂得珍惜了，也就易于懈怠了，而且还容易因赏赐不公引起内讧，因此，明智的上司不会随便赏赐部下。

司马伦，字子彝，为晋宣帝司马懿第九子，西晋八王之乱中其中一王。魏嘉平间封安乐亭侯，后改封东安子，拜谏议大夫。

晋武帝司马炎死后，其子司马衷继位，司马衷对朝政一窍不通，大权旁落到贾后手里，贾后生性凶狠狡诈，赵王司马伦以此为借口带兵冲入宫中，杀死了贾后，自封为相国。司马伦为了笼络朝臣，扩大自己的势力范围，开始大封文武百官。

不久，司马伦又从晋惠帝司马衷手中篡得皇位，改元建始，司马衷被尊为太上皇，迁入金墉城居住。虽名为太上皇，实为囚徒一般。

司马伦在囚禁晋惠帝之后就开始大肆封赏，马上把对其篡位有功的亲信们提到重要权位上来：立世子荂为皇太子，封子馥为京兆王，虔为广平王，诩为霸城王，皆侍中将兵。以梁王肜为宰衡，何劭为太宰，孙秀为侍中、中书监、骠骑将军、仪同三司，义阳王成为中书令，张林为卫将军。

古人云："一人飞升，仙及鸡犬。"一人飞黄腾达了，提拔一下几个亲信也是可以理解的，可是司马伦在这方面做得实在太突出了，居然宣布：只要是他的亲信，都可以提拔，而且全部破格，即使是给自己当过奴仆、赶过大车的也一律加官晋爵。有史书记载："贤良方正、直言、秀才、孝廉、良将皆不试；计吏及四方使命之在京邑者，太学生年十六以上及在学二十年，皆署吏；郡县二千石令长赦日在职者，皆封侯；郡纲纪并为孝廉，县纲纪为廉吏。""其余党羽，皆为卿、将，超阶超次，不可胜记。下至奴卒，亦加爵位。"弄得每一次朝会，都"貂蝉盈坐"。

"貂蝉"跟三国时的那个美女貂蝉无关，而是等于一张入宫的通行证。当时有个制度规定，有资格入宫去跟皇帝面对面的王侯大臣都戴用绣有蝉形图案的帽子，然后还要在帽子上悬挂一条貂尾，表明你是个有特权的人士。具体做法是：侍中的貂尾在左侧，而散骑常侍的在右侧。本来，以前侍中和散骑常侍人数并不多，可现在司马伦为了表示自己亲信数目多、规模大，居然让这个数目达到 97 人之多。

由于加封的官太多太滥，以至于搞得当时都没有貂尾巴插在官员的帽子上了，只好用一些狗的尾巴进行凑数。民间编出歌谣讽刺说："貂不足，狗尾续。"讥笑赵王所封的官员，不论身份地位，不管能力如何，一律赐官封爵，简直就是把珍贵的貂皮续上狗尾充数，这就是"狗尾续貂"这个成语的来源。滥的赏赐与猛烈的杀伐互相促进，一直延续到西晋统治的消亡。

各地诸侯听说连司马伦这样不学无术的人都敢篡位称帝，均感愤愤不平，争先恐后地前来抢夺皇位，遂引起一场长达 16 年的内乱。

其中，齐王司马冏积极参与了赵王司马伦废黜贾皇后的行动，但没有得到满意的职位。当他看到司马伦篡位后人心浮动，开始积极策划起兵。成都王司马颖、长沙王司马乂等亦起兵呼应。四月，广陵公司马漼自南掖门入宫，攻杀孙秀、许超等于中书省。司马伦兵败，被赐死于金墉城，妻子党羽亦皆被处死。

在现代任才、留才、养才的过程中，权力的分配有着重要作用，但权力分配过之与不及都会造成负面效果：权力低了，手下会认为自己没有得到应有的待遇，给某人的权力高了，别人会认为分配不均，相互产生怨恨。所以，赏给部下权力不要太随便了，要三思而后行，恰到好处才能达到目的。

7. 在荣誉面前懂得辞让

【原文】

受誉知辞，辞则德显，显则释疑也。

【译文】

得到荣誉要懂得辞让，辞让就能显示美德，显示美德就可以解除猜疑了。

【解析】

每个人所得到的荣誉都不是只属于自己的，因为它是大家共同努力的结果，所以，在你享受荣誉光环的时候，也不要忘记默默无闻为你付出的人。在荣誉面前懂得谦让，就不会让帮助和关心你的人失望。懂得谦让是一种美德，尤其是在荣誉面前的谦让，更加显示出你的胸怀，这样才会让所有的人为你所折服，此时此刻你就不会遭到他人的嫉妒与猜疑，而得到的是大家共同的支持与赞誉。这就是心怀谦让的结果。

【主题延伸阅读】

受誉知辞让，能解除别人的疑心

在谋取权力和荣誉的过程中，有的人会对本应得到的权力和荣誉装作不闻不问，或任其自然，或辞而不受，这不仅可以显现一个人的谦逊美德，而且还可以掩盖其功利之心，避免引起上猜下疑。

汉献帝初平四年（公元 183 年），曹操派遣泰山太守应劭前往琅琊迎其父曹嵩及家人百余口到兖州。途经徐州时，徐州牧陶谦为交好曹操，特派都尉张护送曹嵩一行。不料都尉张杀死曹嵩及其家人，席卷财物逃跑了。于是曹操便把账记在陶谦身上，以为父报仇为名，发兵攻打徐州。

陶谦面对兵临徐州城下的曹操大军，自知难以抵敌，便采纳别驾从事糜竺的建议，请北海相孔融、青州刺史田楷前来相救。孔融请刘备同去救陶谦。刘备遂欣然带领关羽、张飞、赵云和数千人马奔赴徐州。

来到徐州城下，刘备率军与曹军于禁所部小试锋芒，初战告捷，使久被曹军围困的徐州暂时缓解了危机。于是陶谦急令将刘备迎入城内，盛宴款待。

席间，陶谦主动提出将徐州让给刘备，并对刘备恳切地说："当今天下大乱，国将不国；公乃汉室宗亲，正当为国出力。老夫年迈无能，情愿将徐州相让，公勿推辞。我当自写表文，申奏朝廷。"

刘备闻言愕然，急忙推辞说："我虽是汉室皇裔，但功德不足称道，任平原相犹恐不称职。我本是为了义气前来相助，您这样说，莫非怀疑我有吞并之心？"

陶谦表白说："这是老夫推心置腹之言，绝非虚情假意。"

但刘备只是推辞，终不肯接受。糜竺见二人再三辞让，便说："现在兵临城下，且当商议退敌之策。待事平之后，再议相让不迟。"于是刘备写信

给曹操，希望曹操以国家大义为重，撤走围困徐州之兵。恰好这时吕布攻破兖州，进占濮阳，威胁曹操后方，因而曹操便顺水推舟，卖个人情，接受刘备建议，退兵而去。

陶谦见曹军撤走，徐州转危为安，便差人请刘备、孔融、田楷等入城聚会，庆祝解围。饮宴既毕，陶谦再向刘备提出让徐州。刘备说："我应孔融之约救援徐州，是为义而来。现在若无端据有徐州，天下将以为我是不义之人。"糜竺、孔融及关羽、张飞等皆纷纷劝刘备接替陶谦治理徐州。刘备苦苦推辞说："诸位欲陷我于不义吗？"陶谦推让再三，见刘备终不肯受，便说："如您必不肯受，那就请暂驻军近邑小沛，以保徐州，如何？"众人也都劝刘备留驻小沛，刘备方始同意。

不久，陶谦染病，日渐严重，便派人以商议军务为名，把刘备从小沛请来徐州。陶谦躺在病榻上对刘备说："今番请您前来，不为别事，只因老夫病已垂危，朝夕难保；万望您以汉家城池为重，接受徐州牌印，老夫死亦瞑目！"刘备说："可让您的二位公子接班。"陶谦说："其才皆不能胜任。老夫死后，还望您多加教诲，千万不能让他们掌握州中大权。"刘备还是辞让，陶谦便以手指心而死。陶谦死后，徐州军民极力表示拥戴刘备执掌州权，关羽、张飞也再三相劝。至此，刘备才同意接受徐州大权，担任徐州牧。

刘备之所以三辞徐州，是出于对当时情势的清醒认识。当时的徐州正处于战乱之地，野心勃勃的曹操正虎视眈眈。一旦接管，兵锋相向自不待言。此外，邻近的军阀如袁术、吕布、袁绍之辈都在觊觎着具有重要战略意义的徐州，怀有兼并野心，这些都是潜在的危险。由此可见，当时的徐州并不是一颗好吃的果子，弄不好就会有惹火烧身的危险。即使徐州牧陶谦真心相让，其部下能否心悦诚服，都是很现实、很严重、很迫切的问题，不容刘备不顾虑！

当然，具有重要战略地位的徐州对于刘备来说毕竟具有巨大的诱惑力。

因而陶谦一死，在外有北海相孔融的支持、内有麋竺及徐州军民广泛拥戴的情况下，刘备便不失时机地同意接替陶谦任徐州牧，将徐州据为己有。这样不但博取了仁义忠厚之名，而且还赢取了民心。

8. 不争能保住名誉

【原文】

上下无争，誉之不废焉。

【译文】

上级和下级没有争斗，他们的名誉就不会受到损害。

【解析】

名誉联系着很多的利益，所以利益面前人们总是争得头破血流。在利益面前，没有了长幼之分，更没有了领导与下属的分别，似乎一切都陷入了混乱，然而，这样得来的荣誉，是没有价值的。因为，你为了争夺荣誉而失去了做人的基本道德，失去了工作中应当对上级尊重的基本准则，那么，你即使得到了荣誉也不会受到人们的赞誉。所以，这是不值得的。

【主题延伸阅读】

上下无争，名誉就不会被废弃了

名誉、身份、地位永远都是上面主动授予的，而不是自己强硬索要来的，如果下属不考虑自己的身份，觉得自己应该得到什么样的名誉或权位，没有得到就备感不公，或者对上级施加压力，不但不会得到想要的名利和权位，反而会受到种种排挤。

提起清朝的湘军，人们自然会想起它的创建者曾国藩。曾国藩是在他的母亲病逝，在家守丧期间响应咸丰帝的号召，组建起湘军的。不能为母亲守三年之丧，这在儒家看来是不孝的，但由于时势紧迫，他听从了好友郭嵩焘的劝说，“移孝作忠”，出山为清王朝效力。

可是，他的锋芒太露，好胜心强因此处处遭人嫉妒，受人暗算，连咸丰皇帝也不信任他。1857 年 2 月，他的父亲曾麟书病逝，清朝给了他三个月的假，令他假满后回江西带兵作战。当时曾国藩伸手要权被拒绝，随即上疏试探咸丰帝，说自己回到家乡后日夜惶恐不安，“自问本非有为之才，所处又非得为之地。欲守制，则无以报九重之鸿恩；欲夺情，则无以谢万节之清议”。咸丰皇帝十分明了曾国藩的意图，他见江西军务已有好转，曾国藩此时只是一只乞狗，效命可以，授予实权万万不可。于是，咸丰皇帝朱批道：“江西军务渐有起色，即楚南亦就肃清，汝可暂受礼庐，仍应候旨。”假戏真做，曾国藩真是哭笑不得。同时，曾国藩又要承受来自各方面的舆论压力。此次曾国藩离军奔丧，已属不忠，此后又以复出作为要求实权的砝码，这与他平日所标榜的理学家面孔大相径庭。因此，招来了种种指责与非议，再次成为舆论的中心。友人的规劝、指责，曾国藩还可以接受，如吴敏树致书曾国藩，谈到“曾公本以母丧在籍，被朝命与办湖南防堵，遂与募勇起事。曾公之事，暴于天下，人皆知其有为而为，非从其利者。今贼未平，军不少息，而迭遭家故，犹望终制，盖其心诚有不能安者。曾公诚不可无是心，其有是心而非讹言之者，人又知之。奏折中常以不填官衔致被旨责，其心事明白，实非寻常所见”。吴敏树把一层窗纸戳破，说曾国藩本应在家守孝，却出山，是“有为而为”。上给朝廷的奏折有时不写自己的官衔，这是存心要权。在内外交困的情况下，曾国藩忧心忡忡，遂导致失眠。朋友欧阳兆熊深知其病根所在，一方面为他举荐医生诊治失眠，另一方面为他开了一个治心病的药方：“歧黄可医身病，黄老可医心病。”欧阳兆熊借用黄、老来奉劝曾国藩，暗喻他过去所采取的铁血政策，未免有失偏颇。朋友的规劝，不能不使其陷入深深的反思。

自率湘军东征以来，曾国藩有胜有败，四处碰壁。究其原因，固然是由于向上索取权力，却没有得到清政府的充分信任，未被授予地方实权所致。同时，曾国藩也感到自己在修养方面有很多弱点，在为人处世方面固执己见，自命不凡，一味蛮干，为此所到之处，常与人发生矛盾，从而受到排挤，经常成为舆论讽喻的中心。经过官场多年的实践，曾国藩深深意识到，仅凭他一人的力量，是无法扭转官场这种状况的，如若继续为官，那么唯一的途径就是，为人低调，与上无争。这一改变，说明曾国藩在宦海沉浮中，日趋成熟与世故了。

曾国藩官场生涯的成功启示我们，要视名利为烟云，当名利场中的过客，万不能因名利而高人一等。这主要包括三个方面：首先，对于不属于自己应得的名和利，绝不可要，否则，在日常生活中，做一个沽名钓誉者，即便能暂时获得某些大红大紫的得意和快意，日后真相大白时，也必有无穷无尽的烦恼接踵而来；其次，对于那些勉强可以得到的名和利，要有一种谦让的精神，将其推让给他人，这既会增进同事间的友好关系，又是有自知之

明的一种表现；再次，即使是自己应得的名和利，也要善于将其化为前进的动力，绝不能使其成为人生的负累、前进的阻力。

9. 来路不正的荣耀大凶

【原文】

人无誉堪存，誉非正当灭。

【译文】

人没有名誉也可存活，但不是正道得来的名誉却能让人灭亡。

【解析】

人可以平凡地活着，即使没有光环照耀，也可以有幸福的生活，但是，通过不正当手段得来的荣誉却能够让人们从此毁灭。平凡的人之所以幸福是因为他们与世无争，快乐地享受着生命赋予的一切，而沽名钓誉的人却削尖了脑袋拼命地去争取，在争取的过程中他们似乎忘记了许多的道德，而已经丧失了道德的人，又怎会拥有荣誉。

【主题延伸阅读】

破坏原则是大忌

我们经常说“国有国法，家有家规”“没有规矩不成方圆”，所谓知止，在对待荣誉上的表现就是不要迷恋不正当的显贵之位，去做有损原则和以权压法的事情。历史上一些非常著名的人物，他们的英明伟大之处就在于能在关键时刻身体力行各项典章制度，并以身作则维护国家制度和法律的权威，不会置原则于不顾纠缠某些荣誉和身份，该放手时则放手。

美国第一任总统乔治·华盛顿就是政客中最懂得知止、懂得遵守原则的杰出政治领袖。

在美国历史上，乔治·华盛顿作为美国的开国元勋，他领导美国彻底摆脱了英国殖民者的统治，由此走上了独立自主的道路。

独立战争的胜利为华盛顿赢得了巨大的荣誉和威望，当时许多军官都希望由他来做国王，华盛顿对此却给予了深有讽刺意味的回复，他说：再也没有什么建议比让我成为国王更令我觉得受到冒犯和谴责的了……于是他谢绝了所有邀请，返回弗农山庄像从前一样过着农场生活。这是华盛顿第一次在权位和荣耀面前说“不”，并由此赢得了人们的尊敬和爱戴。

1789年，华盛顿当选为制宪会议主席，随即被选为美国第一任总统；1792年连任；1796年任期届满之后，美国朝野绝大多数人士要求华盛顿再次竞选连任总统，但华盛顿坚决拒绝了公众的这一请求，并在1796年9月发表了著名的《告别词》，说服国会，让他卸任回家养老。

这是华盛顿第二次在权位和荣耀面前说“不”。他的这一决定创立了美国总统最长可连任两届的传统，并对美国以后的总统任期制产生了深远的历史影响。此后，除了富兰克林·罗斯福在当时特殊情况下连任三任总统之外，以后任何总统的任期都没有打破过这一传统。

其实，从当时的形势来分析，华盛顿连任第三任总统是很轻松就能成功的事情，再加上其本人灵活务实的领导能力和克己奉公的道德修养可以为他的连任起到如虎添翼的作用，但是，他在众人期待面前坚持了自己的立场，坚决拒绝连任。

尽管对于华盛顿做出这一出人意料决定的具体原因，许多历史学家还没有形成一致认识，但是这跟华盛顿对自己认真的剖析不无关系。

虽然华盛顿在任职期间，以兢兢业业的责任心赢得了人民的拥戴，看上去干得得心应手，事实上，华盛顿常常是以如履薄冰的心态来领导这个国家的，正如他本人在就职演说中所讲到的：总统一职使我焦虑不安……斗转星移，我越来越感到隐退的必要和亲切，因为岁月催人渐老，身体常

感不适。另一方面，国家召唤我担负的责任如此重大和艰巨，而我天资愚钝，又无民政管理的实践，应该倍觉自己能力之不足，因此必然感到难以担此重任。正是基于这样的自我剖析，才使他做出了在常人看来不可思议的决定。也正是在当时人们看来不可思议的这一决定，才成就了华盛顿在美国甚至在世界人民心目中的光辉形象。

假设一下，如果华盛顿不是一个理性主义者，而是一个个人英雄主义者，将自己的行为凌驾于理性原则之上，做出有损理性原则的事情，认为自己劳苦功高就应该在总统位子上长久待下去，应终生享受殊荣，那么华盛顿就不会成就今天的美名，美国或许也会是另外一个样子。

与华盛顿等具有较高修养的政治风云人物相比，那些在人类历史上以杀戮、屠城为代价而权倾四海的“英雄豪杰”，那些大大小小争权夺利、不惜弑父杀子的一代“枭雄”，那些装神弄鬼、沐猴而冠，一朝手握权柄就胡作非为者，显得无比卑微渺小。

还有现今那些在任职期间本来做得很不错，政绩得到了公众的肯定和好评的人物，任期期满，到了该退出政治舞台时候，却还在位子上死死抓住权力之柄不肯放手，被荣誉的耀眼光环冲昏了头脑，结果遭到人们的非议，为自己的政治生涯添上了非常不光彩的一笔。这就是不识时务，贪恋名誉和权位的错误行为。

10. 求誉不得或许是福

【原文】

求誉不得，或为福也。

【译文】

追求名誉却得不到，或许这就是福气。

【解析】

俗语说：塞翁失马，焉知非福。其实在荣誉的得到与否之间，也是这个道理。得不到的东西总认为是好的，这是人们的普遍心理，然而，得到荣誉的过程中我们有可能失去更多的东西，因为名誉你失去了陪伴亲人的机会，为了荣誉牺牲了朋友之间的友谊。所以，得不到名誉，也未必不是一件好事，远离那遥不可及的光环，珍惜身边拥有的一切，平凡地享受生活，才是正理。

【主题延伸阅读】

摆脱虚浮之事，人生方显厚重

庸俗浅薄之人认为，人生在世，名利、地位等能够体现生命的价值，是生命的意义之所在，从而陷入名利的深潭中。其实，人生之真实，人生之厚重恰恰在于摆脱这些虚浮之事的困扰。

东汉名士姜岐就是一个能够摆脱虚浮之事的人，因此，他的人生比别人更有意义。

姜岐，字子平，东汉时期汉阳郡上邦县人。他出生在一个富贵家庭，家里良田千顷，牛马成群。但是在他很小的时候，父亲就因病去世了，与哥哥姜岑生活在一起，共同侍奉寡母。姜岐不但聪慧有悟性，而且性情恬静，恪守礼教，对寡母尤其孝敬，在汉阳郡内享有很高名望。

在姜岐七八岁的时候，他就表现得非常懂事明理，孝敬母亲。母亲身体虚弱多病，有时病得厉害，一两天不能进食，姜岐总是坐在母亲床前背诵诗文给母亲听，以宽慰母亲；有时还为母亲捶背，解除母亲的忧闷情绪，常常逗得母亲开怀大笑；有时母亲不想吃饭，他也不吃；母亲因心疼他，只好装作没病的样子有意嚼着饭，姜岐此时才高兴地吃起来。

延熹年间，沛国人桥玄任汉阳郡太守。桥玄初到任时，想找一位有影响的人帮助他治理汉阳郡。经人推荐，得知姜岐是有名的贤士，学问渊博，便派人请姜岐任功曹之职。姜岐则以有病为由，不肯应聘。桥玄很不高兴。他认为姜岐借口有病不愿应聘，实际是不愿与自己共事，于是就命督邮尹益亲自去姜岐住处，逼其赴任。

尹益是汉阳郡人，以前认识姜岐，但没有深交。他久闻姜岐是位孝子，便劝谏桥玄："以小人之见，姜岐从小就以孝顺闻名，家乡人都很敬仰他，他的崇高品德，不仅在汉阳郡内，就是在全荆州也很有名。倒不如让他在家隐居，教化弟子，通过他的影响，使郡县的民风为之一新。这不是比担任功曹更好吗？望大人权衡轻重，三思而行！"尹益的一番话，说得太守眉开眼笑，他挥了挥手说道："你的话不无道理，那就照你的话去办吧！"

自此，桥玄、尹益同姜岐结成了好朋友，他们时常在一起谈古论今，吟诗作赋。

后来，姜岐的寡母去世了，办理完丧事之后，他主动将田产家资全部给了哥哥，自己则同家人到深山里过起了隐居的生活。

山区林木繁茂，鸟语花香。姜岐面对美丽的山色，好像明白了什么似的，说："我为何不在这里喂养蜜蜂呢？"

这里从来没有人养过蜜蜂，姜岐自养蜜蜂之后，采集了大量的蜂蜜，他将蜂蜜分送给左邻右舍。人们没有见过蜂蜜，不知它为何物。但尝过之后，都觉甜美异常。渐渐地，在姜岐的带领下，这一带山民都跟着他学养蜜蜂。人们吃不了，就将蜂蜜运往外地去销售。

由于大量养蜂，山民们都富了。许多外地人都把家搬到这里定居下来。时间长了，人们都知道姜岐很有学问，纷纷将自己的儿女带到他家，拜他为师。不久这个山区竟有了近千户的养蜂人家，姜岐的学馆也有了几百个弟子。山区变得越来越热闹了。人们在这里开荒种地，砍柴打猎，纺线织布，养蜂酿蜜，教养孩子。这里居然成了世外桃源。

姜岐隐居山林的消息，终于传到了荆州刺史那里，刺史便聘请姜岐任荆州从事，可他却不肯赴任。刺史又推举他担任汉代选拔官吏必考科目的主考官，然而姜岐仍不愿离开他那世外桃源。后来，朝廷又任命他为蒲沂县令，他依然没有赴任，直到年迈无疾而终。

在很多人挤破了脑袋都要谋个一官半职的社会背景下，姜岐却能真正

做到视名利富贵如浮云，隐居山林，为山民谋福利，他这种淡泊名利的精神确实值得我们敬仰。

真实厚重的人生是什么？是追求名誉、地位等这些在别人眼里的虚浮的东西吗？显然不是。那么，什么样的人生才是有意义的人生呢？唯有舍弃名誉、地位、财富等虚而不实东西的束缚，才会拥有一个属于自己的真实、厚重的人生。

本卷主要写情感方面，对爱情、亲情、友情等都有积极的现实意义。作者的主要观点是，对情要有合理的期待和认知。像世界再高的山都有顶，再深的海都有底一样，再好的情也会有疏离的那一天，聪明的人不会用情过度。如果任凭感情泛滥而不加以节制，就会失去分寸，失去规矩，也就失去情给予人该有的幸福感。

1. 欲多失矩

【原文】

情滥无行，欲多失矩。

【译文】

情感泛滥就会没有德行，欲望太多就会失去规矩。

【解析】

任何事情都要有节制，情感也是同样，过分泛滥的感情，最终只能一无所得，伤害了自己也伤害了他人。同样，欲望太多，追求欲望的心就无暇顾及身边的幸福与快乐，最终失去身边重要的人和重要的事，甚至会迷失自己。所以，处在充满诱惑的现实社会中，要坚持自己的原则，面对欲望不能够任性妄为，否则就会深陷其中，无法自拔。

放纵情感，迁就欲望，在很大程度上是自制力不强的直接表现，这方面不加自律，其后患是非常严重的，在社会环境当中，各个方面都对人有各种各样的约束；在处事规范中，并不会因个别人的要求而改变，这就决定了一个成熟的人，要想在社会立足发展，就必须克制自己的情

感和欲望，而不能任性行事，否则就与社会大环境相悖，与社会整体相冲突，其个人理想也就无法实现了。

【主题延伸阅读】

爱恨皆源于情

没有无缘无故的爱，也没有无缘无故的恨。因为佛说："这个世间的一切众生，都被情感这种力量所牵引，也用情感的方法处理这个世间的各种问题。所以世间一切众生，都因为在情感之河中随波逐流，而成为不能解脱的人。"很显然，一切爱恨都是由情而起。因为有情，才会有爱、有恨、有相思。要是没有情，一切都不会有。

人生有两种特质，一是善（善心所）；一是恶（烦恼心所），在善、恶的特质中，各有很多的成分（心所），而这些成分彼此错综复杂地交合，就形成了种种不同形态的感情表象。所以，感情问题，如果我们只是从感情的表象去了解，就会受困于感情的多样化而掌握不到问题的核心。只有当我们理解到人与人之间感情的最后关键点是人性深处的综合表现，是人性的本质，我们才能对感情问题作一个最忠实的评鉴。

我们应该看到，世间关系的建立大都有两种，一种源于"信"，如君臣关系、领导和下属的关系、父子关系等，这是种自然存在的关系，不建立在情感之上；另一种就是源自于"情"了，是在日常交往中而产生的关系，在很大程度上靠感情来维系，如朋友关系、情人关系就是最普通的"情"的关系了。了解了信和情的关系后，我们再来看看情所处于不同层次的关系。

第一层次是色，是对对方的某些外在特征感兴趣，如有些老年人会对银发有偏好，而有的会对另外一些老年特征感兴趣。这是情的第一表现层次，是感官方面的认同关系；第二层次是情，此情非上面的"情"，范围上要比上面的"情"狭窄很多，这一层次有了一定的情感交流和沟通，更多

了一点理性上的认知，如双方的性格、兴趣爱好等；第三层次就是爱了，到了这一层次更多的是一种付出，这是超越了理性的一种关系，这是无条件的，不图回报的；第四种是淫欲，本来想将其放在第一层次，但想想这是回归到了人类最本质的东西，所以放在了第四类，其是人心理上本能的一种生理反应。

一生一死，乃知交情，一贫一富，乃知交能，一贵一贱，交情乃见。看惯了吵吵闹闹、分分合合，很多看似都很简单的道理，当事人就不一定能领悟得出来。有几个人能真正从情感的漩涡中解脱得出来，又有几个人能做到明心见性呢。让我们认清现在所处的位置，认知自己的这份情感，这可能对我们怎样去培养和维护感情有所帮助。

爱恨皆源于情，情没了，爱恨也就散了。如果你有爱有恨有相思，那么说明你还是有情人，不妨抛开所有情感羁绊，只去爱一个人，这样，你就会享受到世间最美的情感。

2. 表面上保持淡定

【原文】

其色如一，神鬼莫测。

【译文】

神色保持不变，就没有人能猜测出你的心思。

【解析】

在任何事情面前都要保持着淡定的神态，这样人们就无法猜透你的心思，即使想利用你的喜好来诱惑你，也无从下手，这是智者的做法。大千世界，无非就是喜怒哀乐四种情感，只要我们平淡地用心享受着每一天，就无所谓“喜怒哀乐”的大起大落。控制情感是理智的表现，也是保护自己的好方法。

【主题延伸阅读】

藏好自己的底牌

过早将自己的底牌亮出去，往往会在以后的交战中败北。羽翼未丰满时，更不可四处张扬。《易经》乾卦中的“潜龙在渊”，就是指君子待时而动，要善于保存自己，不可轻举妄动。

五代时，冯道奉命出使契丹，意外受到礼遇，契丹王还有意留用他。冯道内心不愿留在契丹，但又不敢拒绝。于是，他一面上奏契丹王，说：“辽与后晋有父子关系，事子若事父，这样看来，我现在实际上等于出仕两朝。”这话意在博得契丹王的好感；另一方面，冯道命令部下购置薪炭，以备寒冬之用，表示他不敢逆旨而就此回国，使契丹王觉得他是难得的“忠义”之士，且有隐衷难言，因而心生怜悯，便允许冯道回国复命。

这时，冯道却故作姿态，滞留不走，经契丹王多次催促，才慢慢地收拾行李。出发后，他沿路停留，以示依依之情，一行人费时一个多月才越过国界。对此，随行人员都迷惑不解地问他：“我们归心似箭，都恨不得插翅飞回，为什么你却老是盘桓不走呢？”他说：“这是我的以退为进之计。我何尝不希望早点回国呢？可是不论我们如何赶路，契丹人只要快马加鞭，一日之内就可追上我们。因此，我佯装对辽地有不舍之情，避免对方猜透我的心。”回国后，他又以不念异国之封而毅然归来的行动得到后晋皇帝的赏识和信任。冯道处在政权更迭的五代时期，他的八面玲珑，不露本色，很好地保护了自己。

一定要善于控制自己，明白什么是应该说的，什么是不可以说的。不应说的话，无论在什么情况下，无论对什么人都不能泄露，一定要做到守

口如瓶，这样便于自己的成功。

3. 有度量方可成就大事

【原文】

上无度失威，下无忍莫立。

【译文】

上级没有度量就会失去威信，下属不能忍受屈辱就不会成就大事。

【解析】

善于包容别人，这是成就大事的基本条件。作为领导，必须要有威信才能让自己的下属心甘情愿地接受自己的命令，然而，当一个领导气量狭小，整日因为琐事而与自己的属下喋喋不休，滥施职权的时候，这就注定了他失败的结局。作为下属，之所以没有坐上领导的职位，就说明自己的能力还有可以提升的空间，面对领导的训斥或者教育就要谦虚的聆听，这样才有助于自己能力的提升，否则，小不忍则乱大谋，最终失去的就不仅仅是自己的岗位了。

【主题延伸阅读】

没有度量就会失去威信

智者千虑，必有一失。人没有十全十美的，贤能有短也属于常理。“重大节，宽小过”，以轻罚或赦免不罚来唤起有过者的良知，上司的威信才能得以维持。

宋代韩琦任定武帅，夜里写信时，让一名士兵在一旁端着蜡烛。士兵因为有点疲惫，不小心烧了韩琦的胡子，韩琦用袖子擦了擦，然后像没事一样继续写信。不一会儿看见另一个面孔，已经换了人。韩琦担心长官会鞭打那名士兵，急忙叫道："不要换人！我让他掌灯，所以才烧了胡子。幸好没有烧着，有什么过错？"

韩琦有一次花一百两银子买了一只玉杯，很是珍爱。手下一名官员不小心把它掉在地上打碎了，在座的客人都惊呆了。那名官员趴在地上等着挨罚，韩琦笑着说："东西命中注定是要碎的，你不是故意的，有什么罪过？"

胡子已经烧了，杯子已经碎了，发脾气又有什么用？但这是最使人发怒的事情，韩琦度量过人，把事情看开了，所以遇事胸怀坦荡。假如韩琦度量狭小，换掉士兵，惩罚不小心打碎杯子的官员，恐怕是很正常的事情。我们不具备韩琦的度量，但可以向韩琦学习，学习"遇事退一步想想"的观念，这样，或许能使自己逐渐变得大度起来。

古代宽容大度的人很多，流传不衰。

宋代富弼小的时候有人骂他。一个人告诉他说："他骂你呢！"富弼说："恐怕是在骂别人吧！"那人又对他说："他指名道姓地骂你，怎么是骂别人呢！"

富弼说："恐怕是同名同姓吧！"骂他的人很是惭愧。

宋代还有一个叫娄东顾的人，与富弼有同样的度量，在处理同一件事时，用的是同样的态度和方法。

娄东顾勤奋好学，品行端正，在邻里间有很高的威望，待人接物，和蔼平易，从不恶声恶气，给人脸色看。有一次，邻居夜里喝醉了酒，到他家门前骂街。仆人告诉娄东顾，娄东顾说："他骂他的，与我有什么相干？"醉人又指名道姓地骂他，仆人又告诉了娄东顾。娄东顾说："同名同姓的人多了，怎么知道他骂的一定是我？"丝毫也不在意。邻居酒醒之后，非常惭愧，登门道歉。娄东顾好心宽慰他，对他很有礼貌，当时人们被他的美德所感动，并互相劝诫，一心向善。

韩琦、富弼、娄东顾等人可谓大度之至，大度给他们赢得了好名声，更重要的是感化了一批人。可以说，他们也是遇事退一步想想的人，如果能用这种态度对待下属，没有不好的。

4. 保持距离以求自安

【原文】

上下知离，其位自安。

【译文】

上级和下属要保持一定的距离，这样才会保全各自的地位。

【解析】

在人与人的交往当中，适当的距离反而能够增进彼此的感情，尤其是领导和下属之间更要如此。有些人为了自己职位的不断提升而故意去增进与老板之间的感情，实际上这样反而会适得其反，因为老板判断人才的标准是根据个人的能力，而不是感情的远近。相反，由于过分的亲密，反而会暴露出各自的缺点和错误，这种属于个人的“秘密”只会危及彼此的地位，因此，要想做一名优秀的员工，还是靠自己的能力说话，这样才会受到他人的尊重，而不是靠拉近彼此距离这种危险的做法，否则一不小心就会让自己出丑。

【主题延伸阅读】

距离效应：距离维持你的威信

领导艺术中有人强调与下属保持距离，这样可以树立权威形象。上司不可与下属太过亲近，要保持相应的距离，这样才会给下属留下一个庄严的印象，使下属对其产生敬畏感、服从感。

因此，就有人提出了这样一个“相对真理”：距离产生魅力，距离维持魅力。要想做好一个上司也应遵循这样的真理，在与下属相处时，与下属保持一定的距离就特别重要。但这之间的距离并不是说对下属不好，这就要看上司如何把握这个度了，那就是：要对下属好，但也要与下属保持一定的距离，切不可称兄道弟。上司必须要有威信，否则无法做好管理。而威信的建立，首先是距离。

刘军本是高校的一名老师，后来因为不喜欢自己的工作，就辞职了。凭借着深厚的设计功底，刘军担任了一家广告公司的创意总监，这份工作的待遇和福利等都十分不错。唯一让刘军感到为难的地方是职场人际关系相对比较复杂，经常要面对形形色色的人，他感到有些不适应。

为了树立自己的威严，镇住那些傲气十足的设计师，刘军采用了严厉的管理方式，在办公室不苟言笑，对待下属也十分严厉。因为他认为只有这样才能与下属保持距离感，维护上司的威严。

平时，部门里的职员犯了小错误，刘军一定会严厉地批评，即使是女孩子，他也丝毫不留情面。时间一长，整个设计部怨声载道，大家不但没有像刘军所希望的那样服他，还表现出抗拒心理，在这样的状态下，工作完成的效果和效率自然大打折扣。部门处于这样的状态中，让刘军心里很苦闷，于是他私底下找老同学诉苦。老同学给他支招，对待下属要有亲和力，了解下属心里是怎么想的，并以理服人、以情感人。

刘军得到老同学的建议后，如获至宝，来不及细问便与老同学告别，回家思考新的管理方案。

第二天上班，刘军像变了一个人似的，一改往日板着脸孔的样子，笑眯眯地走进办公室，还跟每一位下属打招呼，搞得大家都莫名其妙。一整天，刘军努力克制自己的情绪，连在下属的设计图上找出错误他也没有对当事人发火，而是和颜悦色地给他指正。下班后，刘军又邀请部下职员吃饭、唱歌。在饭桌上，刘军不再把自己摆在上司的位置，而是与下属称兄道弟，拉近跟下属之间的距离。这一招果然有效，通过这样的方式，不久之后，刘军与下属之间的相处融洽多了，但他也渐渐发现，自己在下属面前连基本的威严也没有了。他分配工作的时候，有人开始推三阻四，可是刘军也没法板起脸孔硬性下达任务了。无奈之下，他只能自己将活揽下，加班加点地完成工作。

时间一长，刘军吃不消了，于是他又找老同学诉苦，抱怨他给自己出了个“馊主意”。老同学听他讲完事情的经过，无辜地说：“我让你对待下属有亲和力，可没叫你跟他们称兄道弟啊！上司跟下属的距离既不要太远，也不能太近。像两只刺猬一样，只有保持安全距离，才能既可以相互取暖又不被对方刺伤。”刘军听后，若有所思地点了点头。

我们一起来看看刘军的管理经历吧。他先是对下属采取严厉的管理措施，极力维护自己所谓的上司“威严”，成天板着脸孔，动不动就大声训斥有小过错的职员。然而，过严的管理方式并没有取得预期的效果，下属不但觉得他高高在上，无法沟通，还起了逆反心理，对他的工作安排能推就推，推不掉就敷衍了事，导致整个部门工作能力的下降。后来，得到老同学的指点，刘军又调整了管理方式，然而这次的调整又失败了。因为他与下属走得太近，完全没有了应有的威严，最后还是无法管理好下属。在遭遇两次失败后，刘军终于明白了：作为一名管理者，与下属的距离既不要太远，也不能太近，而应该保持一个适当的安全距离，才能有效地管理下属。

对于上司来说，和下属之间适当的距离，应该是这样一种境界：下级既敬重你，又有点怕你；敢对你说出他的工作想法，但又不敢不听你的命令。尤其是新上任的管理者，对部门各方面的情况不是很熟悉，如果贸然地采取“新官上任三把火”的方法，认为给下属一个“下马威”就能成功树立威信，势必会引起下属的抗拒心理。这时候，正确的做法是既要与下属“打成一片”，获取自己想要的信息，又要注意在下属对自己产生一个非常清楚的认识之前，适当收敛你的“随意”，该坚持的原则绝不妥协，该惩罚的错误绝不手软。

5. 君臣殊密会有横祸

【原文】

君臣殊密，其臣反殃。

【译文】

君主和臣子过于亲密，做臣子的反而会招致祸殃。

【解析】

君臣过于亲密，就会深入了解对方，因此难免会暴露出人性的缺点和错误，这样，君主在臣子眼中也会遭到厌恶，而臣子同样也会遭到君主的

反感，在这种情况之下，高高在上的君主往往为保全自己的威严，快刀斩乱麻的杀掉臣子，来维护自己的利益。这就是与君主过分亲密的下场。所谓的“伴君如伴虎”的道理亦是如此。因此，适当的与君主保持距离，尽心的辅佐他治理国家就可以了，只有这样才能保全君主的利益，而不威胁自己的地位。其实在现实的职场中，道理亦是如此。

【主题延伸阅读】

君臣关系不宜过于亲密

君臣关系是不平等的，皇帝高兴时，臣为君之心腹；皇帝不高兴时，臣为君之土芥，因此，臣子与君主之间关系不宜过于亲密，哪怕是皇上的心腹爱将，不二忠臣，如果臣子定位不准，尺度把握不当，也可能成为皇上不满的牺牲品。

魏徵是唐太宗时期著名的谏臣，也是《止学》作者文中子的及门弟子，他与房玄龄、杜如晦、李靖等文中子的其他几位弟子协助唐太宗一起缔造了“贞观之治”，开创了初唐盛世的局面，其间文中子思想所起到的作用是功不可没的。

魏徵以敢于在皇上面前直言而出名，曾有几次惹得太宗皇帝动过杀心，他是否真的在最高统治者面前不知进退，不知为止，一意直谏呢？显然不是的。

唐太宗身边的文臣武将不胜枚举，而魏徵起初只是太子身边的一个幕僚，并没有什么显赫的政治背景。魏徵清楚自己并没有立过什么大功，只是善于辩说和进谏而已，还因此得罪了不少权势贵族，唐太宗在登基后那几年虽然在表面上愿意接受他的诤言，但只是为了治国的需要，实际上在私人情感上是极为排斥他的。尤其到了贞观后期，唐太宗通过任人唯贤、知人善用、开言路、虚心纳谏等一系列措施，实现了经济发展，社会安定，政治清明，人民富裕安康，空前繁荣的盛世局面，他的功业和仁德得到李唐官员百姓和周边民族的认可之后，骄傲情绪日益滋生，已经不像以前那样积极纳谏了，对臣下的进谏已经越来越没有了耐心。

有一次，唐太宗在一片歌功颂德声中想去泰山封禅，没想到却遭到了魏徵的反对。李世民极为恼火，使用了一连串的反问句加以反驳：“朕欲卿极言之。功岂不高耶？德岂不厚耶？诸夏未治安耶？远夷不慕义也？嘉瑞不至耶？年谷不登耶？何为而不可？”说话的语气有如排山倒海之势。在唐太宗看来，一个皇上达到了像他这样的政绩，风风光光去泰山封禅是理所当然的事，没有什么不合适的。魏徵却不以为然，他反对说，现在的国家还像一个久病初愈的病人，表面上看起来虽然没有什么问题，但若让他干重活、走远路肯定不能承受，而且封禅还会惊扰当地的百姓，周边的异族还会借此窥探国力的虚实，对于国家是极为不利的。像魏徵这样喜欢跟皇帝“过不去”的大臣如果遇到的是商纣、夏桀一样的暴君恐怕很难得以善终，还好，他遇到的是较为开明的皇帝李世民。但皇上也是凡人，现在政绩越来越好了，没有那么强的危机感了，哪个领导还爱听数落呢？对于这样的变化，魏徵是深有体会的，他说：“贞观之初，恐人不言，导之使谏。三年后，见人谏，悦而从之。一二年来，不悦人谏，虽勉强听受，而意终不平，谅有难色。”在察觉到这一变化后，魏徵知道自己作为臣子如果再像以前那样与皇上保持亲密无间的关系，有什么说什么就比较危险了，于是就向太宗上交了请辞奏章：“方今天下无事英彦如林，无容痼疾之人。久在枢近非但不可更加二品，仍乞解侍中之职，授臣一二品散官不离左右，足申愚见、拾遗补阙、非敢虚饰，此实臣志愿。”本文表明了魏徵要退下来的原因和心愿，由于年老、多病力不胜任因而“乞解侍中之职”，由于“英彦如林、无容痼疾之人”，所以甘退让贤身居二线，当名散官拾遗补阙，却未得太宗准许。但是后来发生的一些事，让他在进谏上收敛了许多，而且更坚定了他辞职的信念。

贞观十年二月，为相多年、一向忠心耿耿的贤臣房玄龄“以谴归第”，也就是被免职回家，至于被免职的原因史料典籍上并没有记载，也找不到魏徵对此事在太宗面前谏阻的痕迹，至少可以说明魏徵进谏不像以前那样激烈了。他知道房玄龄德高望重、谦恭谨慎、兢兢业业也会遭到冷遇，考虑到这样下去自己也不会好到哪里去，于是，屡次上奏坚持离职。

在辞职报告无效的情况下，魏徵索性当面向李世民请辞。李世民被缠得没办法，只得批准魏徵辞去宰相之职，改任特进，待遇从优。

后来魏徵病终，李世民亲自到魏徵家哀悼，亲手为魏徵撰写碑文，对其功劳给予了高度评价：夫以铜为鉴，可以正衣冠；以史为鉴，可以知兴替；以人为鉴，可以明得失。今魏徵殁，朕失一鉴矣！魏徵也因此被后人称为“千秋金鉴”。

提起魏徵，人们的印象是，为了大唐江山社稷不惜粉身碎骨的诤臣、直臣。实际上，魏徵很善于自保，他“谋国”一定以“谋身”为前提，他在《谏太宗十思疏》说道：“诚能见可欲，则思知止以安人。”身居高位懂得在无尽贪欲中克制自己的行为，知止方能安人，也可自安。因此，玄武门事变之后虽然以他耿直的性格本来会骂李世民为乱臣贼子，但他没有那么做。还有在对待原则性的问题上，例如唐太宗篡改历史等事上，他还拍马屁，为唐太宗说话。后来的坚决辞职、退居二线更是他审时度势、见好就收、明哲保身做出的明智之举。知“止”而后有“定”，诚如斯言！

6. 别和小人攀交情

【原文】

小人之荣，情不可攀也。

【译文】

小人获得了荣达，不可以和他们攀附交情。

【解析】

所谓小人，一切的感情对于他们来说都是虚假的，所以，不要受到小人的诱惑，相信他们的甜言蜜语，妄想和他们一起分享最终的成就。等到他们露出真面目的时候，最终受到伤害的还是我们自己，因为在小人眼中，一切的诺言都是谎言，他的眼中只有属于他自己的财富与利益，因此，要善于鉴别小人，拒绝与小人交朋友，只有这样才能真正地保护自己。

【主题延伸阅读】

小人之荣，情不可攀

小人总是善于掩饰自己的感情和真实用心，小人也很注意设计自己的言行，塑造忠臣与君子的形象。小人普遍是阴阳脸，脸色变化极快，阴和阳因对象不同可随时转换。他们还会为了在与他人的争斗中获得优势，伪装和气，麻痹对方，甚至不惜出卖对方。所以，为了避免祸端，千万不要与小人结交，特别不要与那些有权有势的小人攀附交情。

为大唐中兴立下赫赫战功的唐朝名将郭子仪，在做人处世中就是一个特别善于对付小人的高手。郭子仪与小人打交道的秘诀，就是“宁得罪君子，也不得罪小人”。

“安史之乱”平定后，立下大功并且身居高位的郭子仪并不居功自傲，为防小人嫉妒，他反而比原来更加小心。一次，郭子仪生病，有个叫卢杞的官员前来拜访。此人乃是中国历史上声名狼藉的奸诈小人，相貌奇丑，生就一副铁青脸，脸型宽短，鼻子扁平，两个鼻孔朝天，眼睛小得出奇，世人都把他看成是活鬼。正因为此，一般妇女看到他这副“尊容”都不免掩口失笑。

郭子仪听到门人报告，马上下令左右姬妾都退到后堂去，不要露面。

卢杞走后，姬妾们回到病榻表示不解，因为其他官员前来，主公从未让她们回避过。郭子仪微笑着说：“你们有所不知，这个人相貌极为丑陋，而内心又十分阴险，你们看到他万一忍不住失声发笑，那么他一定会嫉恨在心，如果此人将来掌权，我们的家族就要遭殃了。”果然不出所料，后来卢杞当了宰相，极尽报复之能事，把所有得罪过他的人统统进行陷害，唯独对郭子仪比较尊重，没有动他一根毫毛。这件事充分反映了郭子仪对待小人的办法既周密又老练。

我们再来看一个例子。

李林甫是常伴唐玄宗身边的一个奸臣，心胸极端狭窄，容不得别人。唐玄宗比较喜欢外表漂亮、一表人才、气宇轩昂的武将，有一天，唐玄宗在李林甫的陪同下在花园散步，远远看见一个相貌堂堂、身材魁梧的武将走过去，便感叹道：“这位将军真漂亮！”并随口问身边的李林甫那位将军是谁，李林甫支吾着说不知道。此时他心里很慌张，生怕唐玄宗喜欢上那位将军。事后，李林甫暗地里指使人把那位受到唐玄宗赞扬的将军调到了偏远之处，使他再也没有机会接触唐玄宗，当然也就永远丧失了升迁的机会。由此可见，小人的行为真是让人莫名其妙，其心眼极小，会为一点小荣辱不惜一切，干出损人利己的事情来。

小人是社会上的一股污浊之气，驱之不去，阴魂不散，千百年来一直腐蚀着社会。和小人交往，你的一句不经意的话，一件小小不然的事情都完全有可能被小人信手拈来，大做文章，从而使你受到伤害。因此，尽量离小人远点，最好不要出现在小人的视线里，才不会给小人留下陷害自己的机会。

7. 正确对待感情的亲疏

【原文】

情存疏也，近不过己，智者无痴焉。

【译文】

情感也有疏远的时候，最亲近的人莫过于自己，有智慧的人不会痴迷。

【解析】

世界上最亲密的人莫过于自己，但有时候自己都会背叛自己，因此，过分依赖他人的情感就是极其愚蠢的做法了。不排除人与人之间感情的重要性，因为没有了人与人之间的感情，世界就会变得孤独和寂寞，但是，不要过分地依赖和痴迷对他人的感情，那样就会不断地迷失自己，当感情变淡，或者被依赖的人离你而去的时候，你将会陷入痛苦而无法自拔。在受到伤害之前及时的清醒吧，理智对待身边的每一份感情，学会把持自己，因为路终究是要自己去走。

【主题延伸阅读】

爱情，平平淡淡才是真

有一种爱情像烈火般的燃烧，刹那间放射出的绚丽光芒，能将两颗心迅速融化；也有一种爱情像春天的小雨，悄无声息地滋润着对方的心灵。前者激烈却短暂，后者平淡却长久。其实，生活的常态是平淡中透着幸福，爱情归于平淡后的生活虽然朴实但很温馨。平淡的不是心中的情感，而是对这份情感的态度。爱得越深，表现得越淡，把爱珍藏起来，看似平淡，其实包含着爱的厚重。

爱不在于瞬间的悸动，而在于共同的感动与守候。仓央嘉措道出了爱情中的平淡之美。的确，唯有平淡，爱才会长久；唯有平淡，才会透露出诱人的芳香。我们常常会看到类似这样的故事：

有一对中年夫妇，是朝九晚五的上班一族。每天早上，先生都扛着自行车下楼，妻子拿着包，一手拿一个男式公文包，一手挎个女式包。走出楼梯口以后，先生放定了自行车，接过妻子手中的两个包，把它们放在车筐里，然后再仔细地调试一下车铃、刹车；再回头让妻子在车后座坐稳了，最后才跨上车用力一蹬，车子载着他们平稳地向前驶去。

先生从来都不会忘记回过头关照一下他的妻子，只见她如小公主一般幸福地坐在车后座上，双手优雅地搂着丈夫的腰，脸上洋溢着满足。先生举手投足间则透着对妻子的关爱，而妻子满脸的幸福也是对丈夫最好的报答。

几十年来，无数个朝朝暮暮，他们都是这么平静地生活着。岁月在他们脸上毫不留情地留下了皱纹，然而他们的心却依然年轻，仿佛还是热恋中的少男少女。骑着自行车的男人对妻子的爱虽然谈不上奢侈，但却是最朴实、最真切、最贴心的，它细微而持久，有如三月春雨轻洒在妻子的心田。

这就是地老天荒的爱情，不必刻意追求什么轰轰烈烈的感觉。生活的点滴之中，就有一种“执子之手，与子偕老”的默契。细水长流的爱情，像春风拂过，轻轻柔柔，一派和煦，让人沉醉入迷。爱情不是传说，是生活的现实，需要两个人用心去体验、去感觉，才能酿造出幸福的果实。

有一对小夫妻原本感情很好，但妻子生完孩子之后，他们便开始了分床而居的生活。白天工作已经很辛苦了，晚上还要应付小孩子，渐渐地他们两个人之间的话越来越少。“我有个郑重的要求。”妻子首先意识到了他们之间潜伏着的危机，一天，她突然对丈夫说。“你有什么要求？这么郑重其事的样子。”丈夫漫不经心地问。“每天抱我 1 分钟，好吗？”丈夫看了妻子一眼，笑着说：“都老夫老妻的了，有这个必要吗？”“我提出了这个要求，就说明十分有必要。你发出了这样的疑问，就证明更有必要。”妻子坚持着说。

“情在心里，何必表达。”丈夫回答道。“当初你要是不表达，我们就不可能结婚。”妻子有点不满地说道。“当初是当初，现在不是更深沉了吗？”丈夫解释说。“不表达未必就是深沉，表达了未必就是矫饰。”妻子仍然坚持。两

人终于你一句我一句地吵了起来，最后，为了能早点平息这场战争，上床安息，丈夫妥协了。

他走到床边，抱了妻子1分钟，笑道："你这个虚荣的家伙！""每个女人都会对爱情虚荣。"她说。此后每一天，他都会抽个时间抱她一会儿，有时是1分钟，有时是10分钟，有时甚至更长。渐渐地，两人的关系充满了一种新的和谐。在每天拥抱的时候，虽然两人常常什么话也不说，但是这种沉默与以前未拥抱时的沉默在情感上却有着天壤之别。终于有一天，妻子要去外地长期进修。临上火车前，她对丈夫说："你现在终于暂时获得解放了。""我会想着抱你的。"丈夫笑道。果然，她到学院的第二天就接到了丈夫的电话，异常温柔地说："我想念那1分钟的拥抱了。"顿时，她的眼睛里渗出了幸福的泪水。

对于相爱的男女来说，在激情飞越的碰撞之后，婚姻就会质朴得如同一位村姑。人们常常以"平平淡淡才是真"为借口，逃避对长久拥有的那份感情的麻木和粗糙，却不明白，如果我们用心去经营、用心去表达，那在我们掌心和胸口的爱情怎么会变得越来越冷呢？

其实，很多时候爱情一直存在于我们的身边，只是生活的平淡让我们渐渐遗忘了它的存在。爱得久了，疲劳了，倦怠了，以为生活中只有单调和无味。

耀眼的烟花很美，可那瞬间的绽放之后，就不再留存任何开放的痕迹。平淡之中的滋味才值得细细体味，因为那才是生活真实的滋味。无需羡慕别人爱的持久，如果你能安于平淡，在点滴中品尝生活的真味，你也可以爱得持久。

8. 理智对待情感

【原文】

情难追也，逝者不返，明者无悔焉。

【译文】

情感难以追寻，过去的一去不回，明智的人不会懊悔不已。

【解析】

人与人之间的感情不是一成不变的，全心全意的付出就可以了，不必为失去而痛苦懊悔，这是明智之人的做法。试图追回已经失去的东西，这是不可能的，因为即使挽回，感情也已经不在了，没有感情，即使人在一起又有什么用呢？除了徒增伤悲，别无他用。所以，还是理智地对待身边的每一份感情，哪怕失去了也要告诉自己“我无怨无悔”。学会爱护自己，这才是最重要的。

【主题延伸阅读】

不懂得割舍情感，就会为情所绊

爱情是不可以强求的，分离的爱人就很难再相聚，离开人世的爱人更是不会再回来，懂得这个道理的人是不会不断后悔难以自拔的。

传说古代印度有一个国王，他的国家非常强盛，他的王妃美如天仙，性情温柔，还擅长诗琴书画，国王对她宠爱有加，整天醉心于爱情的世界

里无力自拔。不论中外，红颜自古多薄命，国王的这位宠妃不久得了急病，全国最好的医生也没能挽留住国王枕边水样的温柔。王妃之死让国王悲痛欲绝，竟然一夜白头。为了表达对爱妃的思念之情，悲痛的国王决定为爱妃举行盛大葬礼，并把她的尸体装入水晶制的大棺材，停放在距王宫不远的大殿里，同时，下令宫廷为爱妃致哀两年，禁止一切娱乐活动。

国王痴痴地凝望着水晶棺中爱妃的绝色容貌，不知怎么表达他对爱妃的思念之情。后来，他又觉得停放灵柩的环境不是很好，就在灵柩周围用大理石建了精美的花园，墙上用翡翠、水晶、玛瑙、红绿宝石镶嵌着色彩艳丽的藤蔓花朵，光线所至，光华夺目，璀璨有如天上的星辉，真是三千宠爱在一身。

后来国王又觉得这样还不能表达自己的爱意，为喻美人如水，就又建立了一个美轮美奂的人工湖，让香魂泛舟碧波。湖建好后，国王又觉得缺少点缀，于是又叫人各处建亭台楼阁。后来又请世界上最好的建筑师来建造绝世的雕塑安放各处，把世上最美好的诗篇铭刻在石头上。虽然耗费了惊人的人力、物力、财力，但是国王总是不满意这个绝世园林，想进一步完善它。就这样一直不断地扩充和完善，使之成为集天下大成的无与伦比的园林。一直扩建完善了40年，国王老了，他还在苦苦思索，以求园林更完美。最后他把目光停放在爱妃的棺材上，注视良久，挥了挥手说："还是把

它搬出这个园林吧。”好多年过去了，国王停止不下对爱妃的思念，痴情的国王本想在园林附近也为自己建造一个用大理石砌成的陵墓，将来能陪伴在爱妃身边，可惜没等陵墓建成，他便在对爱妃的日日思恋中死去了，也许只有死才能让国王更快的回到王妃身边，抛开琐碎的烦恼跟她在一起共度欢乐时光。

爱情虽然甜蜜、幸福，但是爱的航程并非永远风平浪静，有时会遭遇暴风、漩涡、暗礁，使爱着的人突然陷入深深痛苦之中，心灰意冷，意志消沉，对生活失去信心，它有时甚至让人怨天尤人，痛不欲生，于郁郁寡欢中含恨告别人生。这种痛苦当然可以理解，可是，痛苦、悔恨、轻生等都无法改变现实，与其长期沉浸在悲伤的漩涡中，不如理性地正视现实，在对待感情上拿得起，放得下，当爱不在时，学会抚慰自己那颗惨痛的心，让身心得到解脱。

9. 多情者多艰

【原文】

多情者多艰，寡情者少艰。

【译文】

注重情感的人艰辛多，缺乏情义的人磨难少。

【解析】

历来我们都鄙视薄情寡义之人，而喜欢重情重义之人。然而在现实社会中，人性的扭曲，让人与人之间缺少了“情谊”。注重感情的人，因为对事事的热情关心，而遭到他人的厌恶，从而在自己奋斗的路途中受到磨难，甚至因为会得罪自己的领导，从而影响自己的前途。相反，那些顺从领导

的人、缺少情感的人只会做领导喜欢的事情，从而得到自己想要的一切。实际上，这并不是对薄情的赞赏，只是对社会不合理现状的悲哀，所以，我们需要的仍然是人与人之间的真情，人与人之间的相互帮助，只有这样社会才能够继续发展。

【主题延伸阅读】

烦恼都是自找的

每个人都会有烦恼，可是，烦恼来源在哪呢？很多人都没有想过这个问题。圣严法师说："人类最大的弱点在于没有用智慧面对现实，因此追求外在的假象，举凡虚名、虚利、虚荣、虚位……统统追求。只要有利可图、有名可沾、有势可仗、有权可争、有位可占，他们一定不遗余力去争取。当他们实力不够、德望不足，用正常手法得不到时，就会不择手段，烦恼就此出现了。"

看看，在大师的眼里，一个人的烦恼并不是外界给他带来的，而是自己让自己烦恼。换句话说，人生的一切烦恼都是自找的。

有一次，白云禅师和师傅方会禅师对坐。方会问："听说你从前的师傅灵喻和尚大悟时说了一首诗，你还记得吗？"

白云答道："当然记得。那首诗是：我有明珠一颗，久被法牢关锁，一朝法尽光生，照破山河星朵。"白云的语气中含有几分得意。

方会听完大笑数声，一言不发地走了。

白云感到很奇怪，不知道师傅为什么笑。他心里感到很烦闷，整天都在想方会师傅的笑，却怎么也想不明白他大笑的原因。有一天晚上，他辗转反侧，难以入眠。

第二天，白云实在忍不住了，一大早就赶去问师傅，那天为什么大笑而去。方会禅师笑得更开心，对着因为失眠而眼眶发黑的弟子说："你会背那首诗有什么用呀，最后还是逃不脱‘法牢关锁’而自寻烦恼。”白云听了，豁然开朗。

方会禅师一言不发地走了，其实并没有什么，白云禅师反而心生疑虑，烦恼了很久。很多时候，别人的语气、眼神、手势，都可能搅扰我们的心，甚至使我们整天沉迷在愁烦中不得解脱。就像古人讲的那样：天下本无事，庸人自扰之。往往一句无意之中说出来的话，自找烦恼的人听了就对号入座，以为是在讽刺挖苦他，自己跟自己过不去，烦恼起来了。

圣严法师在《叮咛》一文中谈道：“凡夫每个人都有烦恼，有烦恼就会折磨自己、折磨对方和家人。他们并没有想到要折磨人，只是因为自己心理上有矛盾，或身体上有困扰，遇到适应上的问题，就会对身边的人发泄，或有意无意地伤害他们。一句话，人生的烦恼来源于自身。”在现实中，有些人常常会这样去自寻烦恼：

一是把别人的问题揽到自己身上，而自怨自艾，甚至把某些人不喜欢自己的状况也统统归因于自己，不久，就会因烦恼成疾。

二是做不可能实现的梦。对现实抱有不切实际的幻想，把自己的目标制定得高不可攀，这些人因为“得不到”而滋生烦恼。

三是盯着消极面。牢牢记住自己有多少次受到不公正的待遇，或者记住有多少次别人对自己说话的态度不友善。他们总会把注意力集中在那些不好的、吃亏的事情上，不断地用这些消极的思想来给自己制造烦恼。

四是制造隔阂。有些人绝不去赞扬别人，不使用任何鼓励之词；相反，他们会喋喋不休地批评、挑刺、埋怨、小题大作。

五是滚雪球式地扩大事态。有些人在问题第一次出现时就不懂得正视问题，相反，会让问题像滚雪球一样不断地扩大下去，最后滚雪球的人总是遵照一条简单的规则行事：“如果错过了解决问题的时机，索性再往后拖拖。”这样，让问题变得更糟，从而导致这些人的忿怒和苦恼埋在心底几个月甚至几年。

我们不妨检查一下自己，看看自己的烦恼是不是大概来源于这五种情形。其实，烦恼往往都是自己造成的，或者说是自我折磨。既然烦恼的根源就在于自身，那么，只要改变自己内心，人生不就多些快乐了吗?

面对人生的烦恼，在圣严法师眼里该如何去消化呢?大师这样说："时时提醒自己'内方外圆'的原则，也是化除我执的方法之一。更进一步说，如果我们能够放下我执，不以自我为中心，任何事情都能看得开、看得淡、放得下，而且能够包容所有的人、所有的事，自然而然就不会有偏见，当然就没有烦恼了。"

10. 收敛自己的情感

【原文】

情之不敛（liǎn），运无幸耳。

【译文】

情感不加收敛，命运就不会好了。

【解析】

人的感情如同生命一样都是丰富多彩的，如果不加以控制，最终的结果就会充满磨难与坎坷。但是人们总喜欢在高兴或者不高兴的时候无限制的放纵自己的感情，来表达心里的真实感受，而放纵过后留下的总是后悔，有的甚至为此断送了自己的生命或者前途。所以，人还是要理智一些，要用自己内心的道德底线来压制自己的疯狂，这样才会避免灾祸的产生，避免冲动给我们带来的伤害。

【主题延伸阅读】

放纵情感，如纵祸患

有时候懂得收敛自己的感情是很重要的，不知收敛棱角，感情太过泛滥，太过锐利，太具伤害性，或者毁灭性，伤害的不仅仅是别人，还有自己。

申屠嘉是汉文帝时的丞相，性格直爽，为官廉正，很少掩饰自己，指责别人的过错常常不假辞色。虽然他一生没有成就什么大的事业，然而，其言语中无不透露着正义和气魄，因为过于耿直，用情不知收敛，最后竟被活活气死。

有人曾对他建议说："大人身为丞相，一人之下万人之上，为众人所瞩目，什么事情都要区别对待，不应事事严厉。如果是普通小官嫉恶如仇还能说得过去，而作为丞相就要注意收敛了，丞相选贤择能，讲究含而不露，不应太放纵自己的感情。"

申屠嘉不愿听取他人建议，对于看不惯的朝廷中事依然无所顾忌地加以批评。

当时太中大夫邓通受到汉文帝宠信，汉文帝不但经常赏赐他财物，而且经常到邓通家吃饭，在王朝时代，这可是了不得的荣耀。皇帝的恩宠让邓通胆子大到了无以复加的地步，在朝会时邓通常常做出一些怠慢的举动，申屠嘉对此颇为憎恶，常在人前说邓通的无理。人们都苦口相劝说："邓通是皇上的宠信，即使他有什么不对的地方，你也不该表现得如此愤怒，否则皇上知道了，肯定会不高兴，还会激化你和邓通之间的仇恨，那时你就麻烦了。"

但申屠嘉在情感表露上仍然不注意收敛。有一次，丞相上朝，邓通竟坐在了皇帝身边，罢朝后，申屠嘉向汉文帝奏明说："陛下宠爱某个大臣，

给他物质上的满足就可以了，但君臣之间的礼节是不可随便破坏的。”

汉文帝见此很不耐烦地说：“这是朕的私事，爱卿不必多言。”申屠嘉拿皇上没有办法，一肚子火没处撒，只好拿邓通开刀。于是，申屠嘉回到相府，召来邓通，大骂道：“朝廷是皇帝的朝廷，你邓通身为内臣，竟敢在大殿之上怠慢无礼，罪当斩首！”

邓通连忙叩头请罪，申屠嘉大模大样，派头十足，将邓通好一顿斥责，邓通磕头磕得脑袋都出血了，申屠嘉仍然不肯饶恕。邓通只有偷偷向皇上求救，汉文帝迫于无奈，只好派人向申屠嘉替邓通说情，申屠嘉仍不肯善罢甘休。

邓通央求道：“小人做得不对，丞相不给我邓通脸面也就罢了，为何连皇上的面子都不看呢？望丞相再三考虑。”

申屠嘉反驳道：“你如果知道维护皇上的面子，就不该恃宠胡为，犯下大不敬之罪！”

虽然最后申屠嘉免了邓通的死罪，但邓通对他却怀恨在心，多次在文帝面前说申屠嘉的坏话，言行态度上没有任何收敛。文帝虽然没有罢免申屠嘉的丞相职位，但心里对他颇有不满，也不再像以前那样信任他了。

申屠嘉的做法让其家人颇为担心，都哭着对其劝说道：“皇上没有加罪于你，但你要认识到自己的错误，如果不知悔改，后果将不堪设想。即使你谁的意见不听，也要为我们考虑考虑好不好？”

申屠嘉一生还是没能改变耿直的本性，最终因看不惯皇帝宠臣的恣意胡为，又羞又恼，呕血而死。

申屠嘉不能不说是正直的忠臣，但是他的人生并没有一个好的归宿和结局，成为令人惋惜的悲剧人物，其不幸的主要原因在于他不懂得收敛自己的感情，不知迂回，不知晓官场的“潜规则”，公开直白地反对君主的某些主张，成为牺牲品。

蹇卷第七

本卷指导逆境中的人们如何生存。作者阐述了逆境产生的原因、逆境的积极作用和如何战胜逆境。若想把逆境转化为顺境，就应该保持头脑清醒，采取合理的措施，否则，病急了乱投医，会愈发不顺。愈不顺，则心愈急；心愈急，则愈不顺，由此乱了手脚，弄得一塌糊涂。在作者看来，由于时运的改变不是一朝一夕之事，“有所不为”，也就是在困境中头脑冷静而不操切，知道自己该干什么，不该干什么，就显得尤为重要了。

1. 困境磨难是常态

【原文】

人困乃正，命顺乃奇。

【译文】

人处困厄是正常的，命运顺利是出人意料的。

【解析】

人生本来就是曲折离奇的，在享受过痛苦的考验之后，才会体会到欢乐的幸福。人只有经历过困难的磨难，才能逐渐成长。在困难面前，我们的做法应该是坚强地面对，树立积极向上的奋斗目标，而不是怨天尤人，更不能自暴自弃，要坦然接受生活带给我们的一切，懂得风雨过后是美丽的彩虹。相反，命运过于顺利，我们就错过了困难带给我们的历练，生命也就不会很快的成熟，所以，人生的困厄与快乐是相辅相成的，是我们成长中不可缺少的因素。

【主题延伸阅读】

磨难激发人生的潜能

孟子云："天将降大任于斯人也，必先苦其心志，劳其筋骨，饿其体肤，空乏其身，行弗乱其所为，所以动心忍性，增益其所不能。"自古人们就看到，苦难不是磨灭人的工具，而是激发人成长的阶梯。弘一大师的人生经历正好诠释了孟子的话，他一生历经苦难，受尽折磨，但他从来没有怨言，并不以此为苦，而是把吃苦看做人生前进的阶梯，最终取得巨大成就，修成正果。

1905年，弘一大师抱着救国之志去日本求学，希望寻求到救国救民的道路。临行前写下“披发佯狂走。莽中原，暮鸦啼彻，几枝衰柳。破碎山河谁收拾，零落西风依旧”，以表心志。在日本学习了6年，在这期间参加了同盟会，决心用革命来救国救民。回来后，加入“南社”，曾填词“魂魄化成精卫鸟，血红溅作红心草，看从今，一担好山河，英雄造”，以抒发自己的胸怀。

辛亥革命胜利后，袁世凯窃取革命胜利的果实，国家重新陷入混乱之中，军阀割据，年年混战，国民党腐败不堪，老百姓依旧生活在水深火热之中。想想当初立下的誓言，到头来还是一场空。后来，他又想通过教育救国，振兴中华，可是赶上家道中落，最后的梦想也破碎了。

最后，他决定遁入佛门，潜心研究佛学知识。虽吃了许多的苦，但功夫不负有心人，最终取得了不朽的成就。

古往今来，那些成大事者没有一个是一帆风顺的。这就说明，上苍并没有特别地眷顾他们，他们之所以能够取得很大的成就，能名垂青史，主要的原因是在面对困难环境时，没有像常人那样产生畏惧和退缩之心，而是用一颗坚强的心直面以对。

1938年3月，弘一大师去厦门居住。当时，敌机敌舰经常骚扰厦门。徒弟们就劝他到内地去，弘一大师拒绝了。他说：“为护法故，不怕炮弹。倘遇变乱，愿以身殉。”并把自己的居室命名为“殉教室”。

当时的情况已经到了危急关头，如果不去躲避的话，随时都有生命危险。但是，就在这危急关头，弘一大师没有退缩躲避，而是用自己的决心和行动来鼓舞大家，不要放弃，不要害怕。或许人生多难，但这正激发出了大师的潜能，从而成为一代高僧。

平常的日子里，我们总渴望过一种安宁的生活，一旦遭遇磨难，便会本能地心生抱怨，抱怨命运的不公与残酷。弘一大师说："众人以顺境为乐，而君子乐自逆境中来。"正如濒临绝境是命运的恩赐一样，磨难也是命运给予众生的一份厚礼。看看吧，普通的水因了高压而成了壮观的喷泉，柔软的泥因了高温而成了坚硬的砖头，平凡的铁因了千锤百炼而成了锋利的宝剑……可以说，正是打磨，成就了世间珍贵的物品。我们的人生，何尝不是如此呢？

2. 逆境转化为顺境的关键是有所不为

【原文】

以正化奇，止为枢（shū）也。

【译文】

把逆境转化为顺境，有所不为是关键。

【解析】

人处于困境时，往往不知所措，无所适从。其实此时此刻，不需要任何的解决方法，只需要我们有一颗安定的心，此之谓"止"，在困境的时候，往往也是最冲动的时候，我们急于要解决问题，从而就会失去理智和思考的能力，这样就难免会做错事情，从而酿成不必要的祸患。此时的"止"蕴含着高度的进取和克制，它不会使人过分的冲动，也不会让人无奈的等待，但是它却能让人理智的思考，从而解决眼前的困境，这就是"止"，即"有所不为"的真正含义。

【主题延伸阅读】

逆境转为顺境，有所不为是关键

遇到逆境，意志消沉，感叹命运不济，自暴自弃，是不对的，但有时一味地冲撞，死打硬拼的做法也是不值得肯定和效仿的。因为当一个人越急于摆脱困境时，心态越急躁，越不能想出更好的办法。倘若抱着有所不为的心态，以冷静沉着的态度面对困难，反而更容易找到解决问题的突破口。

有一天，一个农夫的一头毛驴一不小心掉进了一口枯井里，它哀怜地叫喊求救，期待主人把它救出来。为了营救毛驴，农夫绞尽脑汁尝试了各种各样的办法但都不起作用，急得围着井口团团转。几个小时过去了，那头可怜的驴子还在井里痛苦地挣扎着，凄惨地呼叫着。

在无计可施的情况下，农夫只好无奈地放弃了营救的打算，再说，这头驴子年纪已经很大了，即使把它救上来也做不了多少农活了，卖也卖不了几个钱，不值得费那么大力气了，但不管怎样，为了防止以后意外事件发生，还是要将这口井填平。

于是，农夫便请来几个帮手准备一起将驴子填埋了。大家抓起铁锹，开始往井里填土。驴子在得知主人要将自己掩埋后，一开始极度恐慌，凄惨得嚎叫着，拼命地挣扎着想逃离这口枯井，但是，没有想到的是，这头驴子很快就停止了嚎叫，没有了一点声音，大家好奇地往井里张望，都被眼前的景象惊呆了：当铲进井里的泥土落在驴子的背上时，驴子做出了一件令人惊奇的举动，它迅速将身上的泥土抖落在地上，然后双脚将泥土踩实；人们再将泥土埋在它身上，它再将泥土抖落，再用双脚踩实，把自己一点点地垫高。就这样，随着脚下泥土的增多，驴子离井口越来越近，终于成功地上升到了井口，然后在众人惊讶的表情中纵身跳了出来，快速地

跑开了。

驴子自我营救的故事启示人们，身处困厄当中是正常的，命运顺利是出人意料的。当我们陷入逆境时，保持从容淡定的心态，才能将自己从恐慌、痛苦中摆脱出来，把逆境转化为顺境。如果只是穷于挣扎，拼命地抗争，结果往往会像陷入泥坑一样越陷越深，对改变现实一点益处都没有。

当各种各样的困难和挫折如泥土般落到我们头上时，大多数人都可能会产生这样的感觉：越是想早点实现自己的理想，越是想急于摆脱目前的境况，就越是乱了方寸，反而弄得一塌糊涂。

要知道时来运转并不是一朝一夕就能做到的，肯定需要一段时间和过程，倘若能够以坦然的心境面对现实，不要再对过去的事件纠缠不清，不盲目做事，有所为更要有所不为，才能知道自己该干什么，不该干什么，尽早摆脱困境。

有的人为了得到预想的结果，可以说是殚精竭虑，费尽心机，更有甚者可能会不择手段。但是在得到某个结果之后，他失去的东西却无法计算，付出的代价也很沉重，而这些是得到的东西所无法弥补的，这应该是人生更大的遗憾。

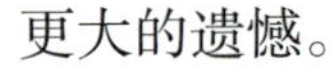

爱情也是如此。人非草木，孰能无情？当一个人怀着满腔热情去追求至善至美的爱情，换来的却是一盆冷水时，痛苦、悔恨、轻生常常会填满我们的心间，但是这些都无法改变失恋的现实，与其长期挣扎在悲伤的漩涡中，不如无所为，也就是顺其自然，坦然地接受现实，人生才会有新的开始。

3. 理性面对挫折

【原文】

事变非智勿晓，事本非止勿存。

【译文】

事情的变化不是有智慧的人就不能掌握，事情的根本不知停止就无法保存。

【解析】

事情的发展变化不是我们能够预料的，因此，无论是在顺境还是在逆境中，我们都要学会理智地保存自己的实力，这样才会留下继续发展的机会。可是有些人却无法做到这一点，尤其是在面对逆境的时候，心里只想着拿自己唯一的希望去孤注一掷，最终成功的希望却很渺茫，只能让自己一无所有。因此应理智地面对困境，只要留有希望，就不会让自己绝望。

【主题延伸阅读】

不要让内心裹挟了命运

爱、热情、积极、乐观、坚定等正向的情绪，意志、态度、品质是激发潜能的途径，除此之外，与一些具有潜能的人交往也会让我们感受到一种向上的力量。与潜能相反，“无能”大多源自一些负面情绪，比如消极、委屈、抑郁、憎恨、内疚、贪婪、愤怒、厌烦、失望、担忧、抱怨、多疑、

批评、恐惧、嫉妒，等等。如果一个人经常处于这些负面情绪中，“无能”就会被吸引而来，极大地影响健康和生活，直至使其屈从于所谓的“命运的安排”。

因为难以预知，所以命运一直被宿命论者认为是不能改变的，是不以人的意志为转移的。其实，所谓命运不过是存在于人们主观意识里的一种观念而已。命运即使真的存在，也不会受什么外在条件的左右，能够左右“命运”的只有自己。

现实生活中，所有人都会遇到困境，但一些人总能够很快从困境中挣脱，而有些人却在困境中沉沦下去，并将一切归为命运的安排。有时候，一个人能放弃一切，也是需要很大勇气的。既然有这样的勇气，为什么没有勇气与自己的命运抗争，去拼搏一下呢？不经过努力，又怎么知道不能改变命运呢？但掌握命运并非是那么简单的事。只有内心足够强大，拥有正面能量的人才有可能掌控自己的命运。

年轻的丹上尉出身于一个军人世家，他的祖辈、父辈都是为国捐躯的英雄。多年以来，他一直以为自己会像祖先一样战死疆场，身披国旗下葬。他相信这才是属于他的命运。没想到的是，一场战争夺去了他的双腿，让他不得不用轮椅载着残破的身躯离开战场。

从战斗英雄沦落为半截身体的“废物”，这个无情的现实让丹上尉绝望到了极点，他曾一度冒出轻生的念头，但却没有勇气那样做，因为他觉得自己无颜面对天堂里的祖先。

在极度的痛苦和挣扎中，丹上尉堕落了。他整天醉生梦死，纵情取乐，终于花光了所有积蓄。最后，他不得不靠领取微薄的救济金勉强度日。在狭小、破旧的公寓里，他每天都在痛恨自己，他诅咒那场战争，他憎恶那些冷眼旁观的人；他讨厌这个城市，埋怨这个国家；他甚至责怪那个曾经救过他一命的士兵。因为在他眼里，是那个士兵改变了他的命运，让他丢掉了本该属于自己的荣耀。

有一天，一个青年突然出现在丹上尉面前，这正是那个救过他的士兵。丹上尉向士兵发泄着自己的不满，但士兵真诚地对他说："你永远是我的上尉！"

这个尘封已久的称呼稍稍唤起了丹上尉的自尊和自信。

士兵告诉丹上尉，他要去海边捕虾，并邀请丹上尉一起去。丹上尉没有马上答应，不过，不久之后，他终于做出了决定。

起初他们做得很糟糕，因为他们的行动总是比那些经验丰富的渔民慢一步。很多天过去了，他们几乎没有任何收获，但他们仍然坚守着自己的渔船，他们坚信自己会迎来胜利的曙光。这时，一场突如其来的飓风改变了他们的命运。

在飓风到来之前，得到消息的渔民们早把渔船开进码头躲了起来。然而，早就在战场上看惯生死的丹上尉根本没有躲避这场灾难的打算。飓风来了。在雷电和风暴之中，丹上尉紧紧攀附在桅杆上，一边向怒吼的大海发出疯狂的挑衅，一边指挥着仅有的一名"士兵"。他们在惊涛骇浪中颠簸飘摇，随时都有覆灭的危险……

雨过天晴之后，人们惊讶地发现，所有停靠在码头的渔船都被撞烂了，只有一条渔船幸存了下来，那就是丹上尉和士兵的渔船。

接下来的事情就顺理成章了：丹上尉和士兵靠捕虾赚了很多钱，又买进了更多的渔船，成立了自己的渔业公司。后来他们又投资了一家科技公司，并赢得了丰厚的回报。几年后，两个人都成了千万富翁。

对丹上尉来说，赚了多少钱并不重要，重要的是他又重新找回了勇气和自信。改变自己的命运、找回自我的荣耀才是他最大的收获。当再度回忆起那段不堪的往事时，丹上尉经常会因为自己曾经丧失勇气和自信而感到后怕，他惊讶于命运的转变竟会如此奇妙。他对自己说："你终于可以带着荣耀去见祖先了。"

最开始时，消极的负面能量充斥了丹上尉的心，让他心生绝望乃至自

甘堕落，然而他终于在士兵的帮助下重新找回了自我。他的转变固然是出于士兵的帮助，但也得益于他唤醒了内心的潜能量，这让他重新建立了自信和拼搏的勇气，终于证明了自己的价值。最后，丹上尉终于明白了这样一个道理：能掌控自己命运的，只有自己。

说到人生，很多事情似乎都是不可避免的，不管是生来如此，还是后天遭遇的不幸，贫穷和身体的缺陷都不是我们想要的。但我们可以调整自己的心态，发掘自身的潜能，避免因此陷入绝望的漩涡。我们的衣衫可以破旧，身体可以有缺陷，但我们不能让负能量侵蚀我们的意志，我们的灵魂不能卑微。要相信境遇往往随着人内心的强大而改变，任何人都可以做自己的贵族。

很多人认为，个人幸福的根源或一切问题的出现和解决都来自于“外部”力量的作用。殊不知，只有强大的内心才能产生正面的意念，只有正面的意念才能带来足以掌控命运的力量，这样就再没有什么能够裹挟我们的命运。潜力永远是正向的，由人的内心创造。我们应该相信，每个人都可以改变自己的人生，因为“运”随“念”转。

4. 人生要善于反省

【原文】

天灾示警，逆之必亡。人祸告诫，省之固益。

【译文】

天降灾难表示警告，违逆它一定会灭亡。人生祸乱让人警戒，反省它必有益处。

【解析】

任何灾难的发生都是有原因的，因此人要善于从灾祸中总结经验，不断地反省自我，才能避免灾祸的继续发生，这是智者所为。反而，有些固执的人对于天灾人祸视而不见，自以为是，以为自己就可以主宰一切，因此，他们的下场是悲惨的。我们要善于在困境中不断地磨炼自己，从困境中总结出规律，这样不仅能够避免灾祸的再次发生，也会让自己领悟到更多的生命真谛，成功也会自然而然的来临。

【主题延伸阅读】

不断反省，不断修正

“静坐常思自己过”不失为一句最好的处世格言。南怀瑾说过：“要知道‘静坐常思自己过’是一种反思的功夫，也就是自我批评的本领。倘若有错且不能自省，别人是无法劝谏的，事情便会朝着更糟的方向发展。假如我们能够时常静下心来，思考一下自己做事或待人方面是否有亏缺的地方，自然就会少些对别人的抱怨与指责，多些安宁和快乐。”

现实中很多人想有一个完美的自己，但就是找不到途径。这里，大师给我们拿出了一个完善自我的办法。可以说，反省不仅仅是完善自己的方法，更能滋生成就自己的巨大力量。一个懂得反省的人，能给自己带来巨大的改变，活出一个全新的自己。

古时候，有个叫周处的人，从小父亲就死了，由母亲一手带大。因为缺乏家庭管教，所以凡事都由着自己的性子，蛮不讲理，动不动就和人争斗，村里的人都很害怕他，暗地里把他和附近的猛虎、蛟龙合称为“三害”。

有一天，周处看到村里的人个个愁眉不展。他走过去问：“你们有什么不高兴的事吗？”人们告诉他，他们之所以不开心，因为乡里有三个祸害：一是南山上的猛虎，二是河里的蛟龙。问到第三害了，人们都闭口不说，只是看了看周处。周处以为人们是希望他去除三害。就说：“这三害不算什么，等我去除掉它们，你们就开心了。”于是大家都撺掇说：“太好了，你

要是能除掉这三害，我们一定感谢你。”

于是，周处就去除三害了，很快，猛虎被他用弓箭射死了，随后，他又跳下了水，和蛟龙搏斗起来。

三天过去了，周处还没有回来。村里人想，这回“三害”都死了，于是互相庆贺。

可是，三天后，周处杀死了蛟龙回到了村里，发现大家正在庆祝三害已除，才知道自己是三害之一，心里难过极了，于是痛下决心，改过自新，逐渐成为一个有德有才的人。后来有人推荐他做了官，因为为官清正，得到了百姓的爱戴。

古人讲：“人非圣贤，孰能无过。过而改之，善莫大焉。”人生中，难免会犯错误，走弯路，但更重要的是，人一定要懂得反省自己，这样才能知错就改，成就完美人生。佛陀说：“如果你想了解幸福的真义，就必须经常如此反省。”故而南怀瑾告诫人们：“幸福从忏悔起步，从持戒下手。”

反省对人生产生的巨大作用，不仅佛门与俗世有共识，而且中西方的人都在践行中。

随着人类社会的发展和进步，一系列的天灾人祸也接踵而至。这些祸患的制造者不是山川草木，也不是飞禽走兽，而正是人类自己。自然科学的进步使人类情不自禁地觉得，自己的能力正在无止境地增长，“让人眼花缭乱的成功”，诱使人们不但试图主宰我们的自然环境，甚至还想主宰我们的人类环境，这就是危险所在。频发的天灾人祸就是在警示人类不能违背大自然的规律，恣意妄为。

在新疆天山以南，横亘塔里木盆地的塔克拉玛干沙漠之东，有一处由一圈一圈盐壳组成的面积达10万多平方公里的荒漠，被称为罗布泊洼地。在这片沙海之中埋没着一座古城，若干城楼和墙基露出沙面，远望如水泥楼群。残城抗击风沙逾千年，不甘愿覆没，好像在呼喊：“我要出来，我要出来！”它就是历史上著名的楼兰古城。

当时这里气候湿润、水源充足、植物繁茂、人口稠密、经济繁荣、商贾络绎不绝。有史料记载说楼兰“广袤三百里，其水亭居，冬夏不增减”，“出玉，多茵苇、怪柳、胡杨、白草，民随畜牧逐水草，有驴马、囊驼”。但到了后来，楼兰城水源枯竭，树木枯死，当年兴旺的城市面临着死亡的威胁，居民们不得不弃城别走，寻找新的水源。到了元朝时期，这里早已失去了昔日的繁华，成为一片不毛之地，人们只能通过考古挖掘在想象中再现当时的繁荣景象。虽然从戈壁和雅丹地貌中难以辨认楼兰城昔日的面目，但科学家从大量资料和考察中发现，作为丝绸之路上的重镇，废弃了1500年的楼兰曾经是座山清水秀的乐园。

据历史学家考证，在楼兰古国有一条古水道从西北方向穿越整个城市流向东南方，城内街道分明，建筑错落有致，官署房位于城市的正中央，高大的门柱、朱漆的栋梁，给人一种梦幻般的感觉；居民区位于城市的南部，庭院里栽满了各种各样的果树；城市的边缘栽有可

以让人领略到神奇之美的成片的胡杨林。历史学家通过对楼兰遗址周围墓地的考查，还发现这里不仅有汉文木简、汉代钱币、丝绸织锦，还有罗马风格的玻璃器皿，西亚风格的毛布，这些足可以证明当时的楼兰在东西方文明交流中的地位。

是什么原因导致了当年丝绸之路的要冲——楼兰古城变成了人迹罕至的沙漠戈壁呢？其主要原因是人类违背了大自然的规律，受到了大自然的惩罚。

在当时，人口的增加、经济的繁荣，给当地的农业生产造成很大的压力，于是逐渐出现了对林木大规模破坏的行为。原先本来地面有草皮、灌丛的保护，风起扬不动沙，但地表植被受到破坏后，结构疏松的砂岩和页岩裸露出来，迅速风化，碎为微粒，大风一起，便扬起蒙蒙沙雾了。

当时人们已经认识到了滥砍滥伐对生态环境造成的祸害，为了保护生存环境，楼兰人规定“绝不能砍伐小树”，“严禁砍伐活树，砍伐者罚马一匹”，但是太晚了，当时采取的措施已经无法制止人们对大自然贪婪掠夺之心的膨胀，辉煌的楼兰城最终没能抵挡住前所未有的大风沙袭击，轰然毁灭了。

人与大自然本是融为一体的，大自然为人类提供生存的环境空间，同时也需要人类的善心呵护。如果人们对环境缺少应有的保护，沙尘暴、温室效应、洪水、旱灾等现象就会纷至沓来，对人类的生存和发展造成很大的威胁，这些后果告诉我们在对待大自然方面一定要做到警钟常鸣。

5. 躁生百端，困出妄念

【原文】

躁生百端，困出妄念，非止莫阻害之蔓（màn）焉。

【译文】

躁进产生无穷祸患，困境容易生出邪恶的念头，不停止就不能阻止此中害处的蔓延了。

【解析】

困境可以制造两个极端，一个是激发人的斗志，另一个就是使人失去理智，产生祸端。困境是生命给予我们的考验，在困境的时候，我们最应该做的就是理智地思考，寻找困境的根源，采取稳妥的做法，逐渐改变现状，如此不仅能够使自己摆脱困境，还能在奋斗的过程中丰富自己的生命阅历，增强自己的信心。

【主题延伸阅读】

躁进产生无穷祸患

躁进也就是不懂得把握成事的节奏，急躁冒进，违背了市场当下的节律，最终得到的不是成功，而是痛苦和折磨。跳过交际舞的人大多有过这样的体会，一旦一个舞步出现失误，踩错了节拍，就会乱了手脚，只能停下来，踩好节拍后重新开始。做人做事也是如此，掌握好了节奏，做起事情来才会如鱼得水、得心应手，最终实现自我目标。

把握做事的节奏并不是件容易的事，这需要一定的功力和历练，就如同厨师炒菜时对火候的把握一样，没有一定的感觉和经验是很难把握准的。

1999 年创办“盛大网络”，2000 年经历过一场生死门的陈天桥回首以往的创业经历时，深有感触地说：“现在回过头来，如果说对我的创业密码做一个总结的话，我觉得就两个字——节奏。世界上没有做错的事情，所谓的错误永远是时间错误！”

节奏就是对时间的把握，对快与慢的把握，但一般人凡事都注重快的一面，疏忽慢的一面。这是因为任何一个开始创业的人都是满怀激情，他们或意气风发，或慷慨陈词，或摇旗呐喊，浑身散发出创业的激情，让看过的人也浑身充满激情和力量。有激情就会有使不完的劲，有激情就会促使一个人奋力前行，而且就像千米长跑比赛一般，快就意味着胜利，意味着奖牌，意味着风光无限。

的确如此，快可以使一个人或一个企业占据有利地位，先发制人，以快取胜。但是，贪快也会导致物极必反，欲速不达，失去平衡。因此，慢

节奏也是不可小觑的发展前进的功力和技能。

在当今的竞技体育比赛项目中，有一项是自行车运动，它追求的是最快；在民间，也有一项非常有趣的活动，是自行车慢骑，它追求的是最慢。

追求最快不容易，追求最慢更不容易，因为快骑考验的是一个人的体力、爆发力和拼搏精神，但是慢骑考验的是一个人的耐心和平衡能力，除了需要你小心翼翼地前行在最后而外，还不能掉下车来，一旦脚着地，就会被淘汰出局，所以对于一个优秀的车手来说，心里必须有一个平衡器，在慢与稳之间把握一定的度，如果没有良好的心态和一定的技能是很难做到的。

慢不是不思进取，更不是急流勇退，相反，慢是在为自身将来实现跳跃式发展做各方面的准备。韬光养晦，厚积薄发，有了助跑，才能实现质的飞跃。

这就像毛竹的生长过程一样，在开始的五年里，几乎是察觉不到它的生长的，但是只要五年一过，它就会像被施了魔法一样，开始以每天两英尺的速度急速生长，并在六个星期之内长到 90 英尺的高度。这是因为在起初长达五年的时间里它一直都在悄悄地壮大自己的根系，这为它以后的快速生长提供了很好的根基和营养。所以，人生要想有所成就，有所作为，首先要耐得住寂寞，沉得住气，在起初的发展阶段学会多走几步慢棋，等打好了根基，摸清了规律，搞清了特点，抵挡住权力、金钱、香车、美女的诱惑，保持住任何力量都无法使之动摇的平衡力，那么最终的成功一定是属于你的。

成功与失败、真理与荒谬、顺利与曲折常常就在于对快慢节奏的把握上。创造一飞冲天的奇迹很难，比创造奇迹更难的是，让飞翔的奇迹回到土地上，真实地生根发芽。倘若在没有任何根基的情况下，急躁冒进、盲目求快，祸害难免会接踵而至。

6. 自私自利者害人害己

【原文】

视己勿重者重，视人为轻者轻。

【译文】

认为自己并不重要的人为人所重视，轻视别人的人被人轻视。

【解析】

自私的人总是想着怎样为自己牟取利益，而忽略了他人的感受，当然，这在平时的生活中也感受不出有什么弊端，可是当人处在困境中的时候，一切都会显而易见。自私的人不但不会得到他人的帮助与支持，甚至还会得到大家的嘲讽，就是因为平日的自私断了自己所有的后路。相反，如果自私者能够尝试着为他人、为集体多想一些的话，这份真诚总会赢得他人的尊重与爱戴，自然而然，在困境来临之时，人们也会伸出自己的援助之手，这或许就是情感的意外收获吧！这就是自私者与心胸宽广者最大的区别。

【主题延伸阅读】

自私是快乐的极大阻碍

生活是很简单的，但是，由于人的自私，使生活变得很复杂。自己孤独，也增加了别人的痛苦，而自己还不知道是怎么回事，还会很无辜地问别人 :“你们为什么总躲我呢？”这种人在生活中从不顾及他人的感受，只图自己高兴，甚至根本无法意识到自己伤害了他人。这种人是可耻的，他们不懂别人的感受，不理解别人的心，他们只会为自己的欲望而不管不顾，一味地去拿别人的痛苦换自己的幸福！

自私是天性，他潜藏在每个人的内心深处，在我们的成长过程中，要懂得克服自私这一毛病，但有些人不但不克服反而变本加厉。眼中除了自己，再也容不下其他任何人。

自私的人总是认为自己最重要，只有自己的东西才是来之不易的，所以他们对自己和自己所拥有的东西格外珍惜。要想让他们付出哪怕是一点点，他们都会觉得难以忍受，他们根本体会不到分享的快乐。这种唯我独尊的生活会给他带来想要的一切吗？这样的人快乐吗？

古时候有一位富人，他拥有的财富很多，可是却特别自私，好东西全都留着自己用，对自己的妻子、儿女很苛刻，对别人就更是吝啬。因此，别人给他起了个绰号叫“铁公鸡”。他从来不向别人吐露他的心事，不管是苦还是乐都是一个人独自承受着。时间久了，大家都不愿和他多说一句话，并且慢慢疏远了他。可是，他的年龄越来越大了，开始觉得自己很孤独很不快乐。他想得到亲人的关心，朋友的亲近，但他却发现别人都不愿靠近他，甚至躲着他。

在一个大雪纷飞的夜晚，当他的家人都在谈笑风生的时候，他独自在外徘徊，他来到悬崖边想一死了之，却被一个云游的和尚拦了下来，和尚问他为何想不开，是儿女不孝，还是无依无靠，他说不是，和尚又问了他许多问题，可他一直都在摇头。最后，他忍不住哭了，并把大家对他的态度告诉了和尚，和尚在倾听的过程中也找到了原因。于是，和尚问：“你现在的心情如何？”富人停止了抽泣，说：“心情好像舒畅了一些。”和尚接着说：“你的心情好了一点，是因为你让我分享了你的苦恼，既然和我分享能让你快乐，那为什么不和你的亲人分享呢？如果你愿意分享你的快乐、你的财富，也包括你的烦恼，你会找回你的快乐。你先前的不快乐和被大家疏远，是因为你把一切都看得太严、太紧，你太自私，不愿让别人与你分享。所以，你就把自己抛向了一个死角，由于你的自私使你的世界越来越小，你感到越来越窒息。你要想不再孤独，就必须告别自私，学会分享。”

听完这番话，富人若有所思，他谢过和尚回家了。从那以后，他一改往日的吝啬和自私。慢慢地，大家终于接受了他，他的世界也变得宽阔起来，充满了欢声笑语。

自私的人一旦面临自己的利益与别人发生冲突时，会通过各种方式来满足自己的利益，甚至不计别人的损失；此外，自私的人即使察觉到了自己的行为可能会损害别人的利益，也仍然会为自己的利益不择手段。这些人也许会得到一时的满足，但最终的结果都并非是他们想要的。

自私的人只会打自己的“小算盘”，他的眼里只有索取，不想有任何付出。想一想吧，“小算盘”怎能算大“账”呢？不付出怎会有更大的收获呢？

从前有一个精明的犹太商人，他历经艰辛从远方带回了一种非常名贵的花卉，想通过自己的培育，过几年可以大赚一笔。商人精心呵护着这些名贵的花卉，每日浇水施肥从不敢怠慢。不久，他得到名贵花卉的消息被传开了，许多亲戚朋友都来向他要花卉的种子，原本慷慨大方的他却一粒也舍不得给。他计划通过三年繁育，就可以拥有上万株了，到时候再开始出售和馈赠。

第二年的春天，他种的花都开了，花园里姹紫嫣红，尤其是那些名贵花卉开得格外漂亮。又一个春天到来时，这些名贵的花卉已经有几千株了，但让他忧心的是花没有去年开得好了，花朵不但小了，颜色也不纯了，有了一些杂色。又过了一年，花已经繁殖了上万株，但这位商人却更加忧心了，所有的花朵都变得更小了，颜色也更差了，完全没有了它原本的雍容和高贵。当然，他也没能靠这些名贵的花大赚一笔。在原产地这些花大面积的生长，年复一年地种植，也没出现这种情况啊。这些花到底是怎么回事呢？他百思不得其解。他便去请教一位园艺师，园艺师来到他的花园看了看，便问："隔壁是否种植这种花？"他摇摇头说："这里除了我之外，没有人有这种花。"园艺师沉吟了半天说："我已经知道原因了，尽管你的整个花园种满这种名贵之花，但在你附近的花园里却种植着其他的花卉，你这种名贵的花卉在传粉的过程中，被附近花园的花粉污染了，所以你的花才会开的一年不如一年。"商人问园艺师该怎么办，园艺师说："谁能阻挡风呢？要想使花名贵依旧，只有让你附近的花园全都种上这种花。"听完后商人很惭愧，于是他就把名贵之花的种子分给了自己的邻里亲朋，第二年春暖花开的时候，整个村子的花园几乎成了花的海洋，花色绚丽，雍容华贵。商人真的大赚了一笔，当然邻居也跟着商人一起都发了财。

人生有太多的东西需要分享，只有分享才能获得更多，只有分享才会有快乐。自私的人很难与别人建立一种亲密的关系，这种自私的心理只会把他们领进失败者的队伍中。特别是在当今社会，没有合作很难成就一番事业，更谈不上有多大的成功。

利己也利他，做到双赢才能把事情做成功。分享能让我们的胸怀变得

更加宽广，使我们的生活也更加精彩。这是自私者永远也体会不到的快乐。赶快告别自私吧！快乐会回到我们身边。

7. 在困境面前保持乐观

【原文】

患以心生，以蹇（jiǎn）为乐，蹇不为蹇矣。

【译文】

祸患从思想引发，如果把困境视为乐事，那么困境就不是困境了。

【解析】

行为是思想最有力的见证，人无论在任何时候，只要保持一颗乐观的心，那么遇到任何事情都不会被难倒。人的一生，灾祸的出现是在所难免的。因此，在灾难降临的时候，不要将心完全封闭，其实希望就在心里。只要把困境当成磨炼，当成考验，就会拿出足够的勇气去战胜它，不为困境所困，是摆脱困难束缚最简单的做法。困难的时候，记着改变自己的思想，就能看到希望的曙光。

【主题延伸阅读】

顺境容易淘汰人，逆境才是真受益

弘一大师说："人生中有许多不顺利的地方，对于这些我们应该把它们看作真实受益之处。而声色名利、美食华服等在顺境中得到的东西，都应该看作毒药毒箭等一些能置人于死地的东西。"在弘一大师看来，顺境对人来说比逆境更可怕。孟子说："生于忧患，死于安乐。"逆境能够锻炼一个人的毅力，培养人吃苦耐劳的精神，激发他们内在的潜能，从而获得成功。顺境容易使人迷惑，迷惑在安逸舒服的生活当中，从而失去斗志，不思进取，最终被历史的潮流所淘汰。

有一次，弘一法师从温州到宁波，挂褡于七塔寺。夏丏尊先生听说了，前去看他。

七塔寺云水堂里共住有四五十个游方僧。床铺分两层，是统仓式的，他住在下层。他对夏先生说，到宁波三天了，前两天住在一个旅馆里。夏先生问他："那家旅馆不十分清爽吧？"

"很好！臭虫也不多，只有两三只。主人待我非常客气呢！"

夏先生邀他同往上虞白马湖小住几天。他的行李很简单，铺盖是用破旧的草席包的。到了白马湖，他自己打开铺盖，先把那破草席铺在床上，摊开了被，再把衣服卷了几件作枕头，然后拿出一条又黑又破的毛巾走到湖边洗脸。

夏先生说："这毛巾太破了，替您换一条好吗？"

"哪里！还好用的，和新的也差不多。"说着，他把那条毛巾珍重地打开来给夏先生看，表示还不十分破。

法师是过午不食的，第二日午前，夏先生送了饭菜去，在桌旁坐着陪他。碗里所有的只是些萝卜、白菜之类，可是在他看来，却几乎是盛馔了。他很喜悦地把饭划入口里，郑重地用筷子夹起一块萝卜来的那种了不得的神情，真使人见了要流下喜悦惭愧之泪！

第三日，另一位朋友送来四样菜。夏先生也同席。其中有一碗非常咸。

夏先生说："这太咸了！"

他却说："好的！咸的也有咸的滋味，也好的！"

夏家和他的寓所相隔有一段路。第四日，他说，以后饭不必送来，他可以自己去吃。且笑说，乞食是出家人的本色。

"那么，逢天雨仍替您送来。"

"不要紧！天雨，我有木屐哩！"他说出"木屐"两字时，神情上竟俨然是一种了不得的法宝。他看出夏先生有些不安，就说："每天走些路，也是一种很好的运动。"

在他，世间竟没有不好的东西，一切都好。小旅馆好，统仓好，破旧的席子好，破毛巾好，白菜好，萝卜好，咸苦的菜好，走路好。什么都好、什么都有味、什么都了不得。

对于一切事物，不为因袭的成见所束缚，都还它一个本来面目，如实观照领略，这才是真解脱，真享受。

如果处于顺境中，你的事业会青云直上，成功会加快；如果处于逆境中，你的意志会得到磨炼，愈挫愈勇，更加一往无前。大师或许正是知道顺境比逆境更可怕，更能摧残人，才让自己过着清贫的生活。大师是借此来磨炼自己呀！可是，为什么顺境那么的可怕呢？它给我们的教训又有哪些呢？

明朝崇祯十七年三月十九日，李自成率领大顺农民军开进北京城。他多年征战，终于获得了胜利，一股自豪之情涌上心头。

军队进城之后，士兵开始骄傲自满，胡作非为。李自成虽然生活俭朴，但是却以帝王自居，深居内宫，对部下的所作所为也不像以前那么清楚了。吴三桂看到义军在京胡作非为，联合清军讨伐李自成，李自成率军西退，最后以起义失败告终。

历史留给我们很多类似的惨痛教训，它告诉我们，顺境最容易让人失去警戒和防备，往往就是灾难的温床，所以范仲淹说过“生于忧患，死于安乐。”因此，不要贪图和安于享乐，这不是人生的福泽；也不要埋怨人生的苦难或坎坷，这或许就是你成功的前奏。

8. 穷不言富，贱不趋贵

【原文】

穷不言富，贱不趋贵。

【译文】

穷困时不可以说富贵的事，贫贱时不要去攀附富贵的人。

【解析】

事物的发展是不可预料的，人生的发展也是不可预料的，要平淡的享受生活给予的一切，知足常乐，才会感到快乐。否则，贫穷的人老想着富贵人的事情，这样就会觉得自己处处悲哀，无法存活，这又是何必呢？贫穷自有贫穷的快乐，而且贫穷者也不是注定一生就贫穷，通过不断地拼搏奋斗，最终也将成功。平淡地珍惜和享受自己拥有的一切，宁可享受自我灵魂的淡雅与高贵，也不去攀附富贵者，给自己带来嘲讽。

【主题延伸阅读】

贫贱不要去攀附富贵的人

时下，有些地位低下、急于向上爬的人以攀附社会上有地位的人为荣，甚至为了得到晋升，不惜丢掉人格和尊严，极尽巴结之能事，到头来，不但没有得到自己所追求的东西，反而换来别人的冷眼和唾弃。所以说，权贵是难以攀附的，攀附的代价是十分沉重的，在这方面挖空心思实为徒劳，名正言顺地去争取，才是摆脱贫困的正道。

蔡茂是西汉末年河内郡的一位有名的儒生，曾在朝廷的博士考试中以优异的成绩得到议郎这一官职。

议郎的官位卑微，薪水不高，而且事务繁杂，并得参与朝政，较为辛苦。蔡茂上任没多长时间，便心生郁闷，对好友诉苦说："我读书的时候，以为当官是多么好的一件差事，于是就刻苦学习，考取功名。如今愿望实现了，却没有想象得那样好，不但俸禄少，而且还这般辛苦！"

好友劝慰说："你步入仕途没多长时间，官场内的许多潜规则你还不了解。你不知道要想当上高官，摆脱你所说的那些烦恼，首先要学会送礼，许多官位都是送礼送出来的。"

蔡茂听了，略有所悟，于是将自己多年积累下的家产全部拿出来，交给好友，让他帮自己走走门道。

好友信心十足地说："这事就交给我了，我家的一位亲戚在朝廷任差，官职很高，有我帮你联络联络，事情就很好说了。"

过了几天，好友到蔡茂家向他回话说："我的那位亲戚对你的礼金推三阻四，说什么都不肯答应给办，也许是他生性贪婪，对你送的这点财礼不满意。"

蔡茂已经将全部家产都拿出来了，无奈之下只好东挪西借，又凑了一些银两交给好友。又等了好几天，始终不见好友回复，实在忍不住了，蔡茂只好到朋友家打听情况。好友一脸为难的表情，不好意思地说："我的那位亲戚实在有些过分，他还是嫌给的银子不够，不给办事，我也不好意思跟你说。没想到人一变阔，就不把别人放在眼里了。"

蔡茂不想再让好友感到为难，事情也就到此为止了，他暗中发誓以后再也不低三下四地求人办事，还向家人忏悔说："我是一个读书人，应该走正道博取自己的前途。自己竟然投机钻营，攀权附贵，巴结那些非正人君子的高官，以至于破财受辱，受到上天的惩罚。我决心从此以后改过自新，凭自己的本身做官。"

后来赶上天下动荡不安，蔡茂的一位朋友窦融割据一方，很有势力，为了躲避战乱，蔡茂无奈投奔了窦融。

窦融很欣赏蔡茂的学识和才干，便恳切地邀请他到张掖这个地方出任太守。蔡茂没有当场答应，回到家跟妻子提起此事说："好友窦融很热情地让我到张掖做太守，我要不要接受呢？"

妻子冷静地分析说："我们总是依附别人过活，还是慎重些好，你和窦融今天关系好的没说的，他才热情邀请你，如果哪一天关系变化了，会出现怎样的结果呢？这样的贵人还是少攀附为好。"

蔡茂很认同妻子的观点，点点头说："一旦成为他的下属，恐怕我和他很难维持这种朋友关系了。"

于是，第二天，蔡茂便委婉地拒绝了窦融的好意，窦融很不高兴，对他指责道："你我都是多年的好朋友了，没有尊卑之分，如今我真心实意请你处理地方事务，你不应该想得太复杂了。"

蔡茂仍是很抱歉地回绝说："朋友也有尊卑，我不敢和你平起平坐，也不想做什么官，只求你能帮我解决生存问题我就很感激你了，你还是不要为难我了吧。"

蔡茂在窦融处一直保持很低调的样子，在外人面前从来不炫耀他和窦融的莫逆之交，每次领取粮饷，不肯多要，只要能解决一家人的吃饭问题

便可，如果多了，还会退回一部分。

有人借此对窦融进言说："蔡茂总是和大人保持一定的距离，是对你心存芥蒂，你为什么还要真诚地待他呢？"

窦融苦笑说："蔡茂对世故人情看得很透彻，我无法利用他，只能装作糊涂。他这样的能人不可为敌人所用，所以我要好好待他。"

巴结权贵的目的无非是想借机抬高自己的身价，炫耀自己，这是虚荣心在作怪，也是私心在作怪。有的人本是穷人出身，却搞不清楚自己的身份、地位、文化、修养，不分青红皂白硬是往那些比自己品位高、档次高、出身好、钱财多的人堆里挤，到头来只能是聪明反被聪明误，被卷入是非的境地。所以，在现代社会中，人应当高贵，把自己看得如圣人一般，用圣人的行为约束自己、改变自己，而不应忘记廉耻没有原则地攀附权贵之人。

9. 忍辱为大，不怒为尊

【原文】

忍辱为大，不怒为尊。

【译文】

忍受屈辱是最重要的，不发怨怒是最宝贵的。

【解析】

"忍"字的精神境界是无穷的。人在困境的时候要学会"忍"，因为小不忍则乱大谋。困境的时候会遭到他人的嘲讽，倍感屈辱，此时此刻，如果不加以忍耐，其结果只能让自己的处境更加险恶。只有适当地改变自己的思想，在屈辱中学会成长，领悟"忍"字的博大精神，才会激发无穷的斗志，才会不断地创造出新的机会，寻找新的希望，最终获得成功，从而摆脱困境的束缚。

【主题延伸阅读】

大智者常有大辱，忍大辱者则有大成

人生在世，要成就一番事业，就难免经受一段忍辱负重的日子。忍辱几乎是有所作为的必然代价，能否忍受是伟大与平凡的重要区别所在。善忍，能得到各方面的同情，能吸收各方面的信息，善忍能够积蓄力量，东山再起。善忍带来的好处，远远大于不忍造成的损失。

公元前 494 年，勾践想趁吴国未做充分准备之际攻打之，吴国夫差接到报告后，调遣全部的精兵良将迎战越军。双方交战，结果越军大败。勾践带领着残兵败将五千人逃回会稽山，却又被吴军追上团团围住，兵败后勾践夫妇被带到吴国做奴仆。临行前，勾践将国事托给大夫文种，让重臣范蠡随他到吴国。

勾践到了吴国，夫差让他们夫妇俩住在阖闾大坟旁边的一间山洞里，叫勾践给他喂马，范蠡跟着做奴仆的工作。夫差每次坐车出去，勾践就给他牵马。勾践为了尽快逃离

吴国，东山再起，兴越灭吴，便装作苟且偷生的样子，每日蓬头垢面，低三下四地侍奉夫差，即使有人在他背后指点着说："这就是当年的越王勾践呀！"甚至有人对其进行辱骂，勾践听后也是一副满不在乎的奴才相，驯服无比。有一次，夫差染疾，卧床不起。勾践便暗中命范蠡探望，范蠡回来告诉他说夫差的病不久即可痊愈，于是，勾践便亲自去见夫差，向他祝贺道："恭喜大王，您的病近几天就能好转。"并向夫差磕了一个头。夫差不解地问："你怎么知道？"勾践凑近他身旁告诉说："我曾经跟名医学过医道，只要尝一尝病人的粪便，就能知病的轻重，刚才我尝了大王的粪便，味酸而稍微有些苦，这是得了医生所说的'时气病'，此症很快就能痊愈，大王不用担心。"

夫差听后非常感动，被勾践的"关切"之情迷惑住了，认为勾践真心归顺了他，已没有反叛之心，就放心地下令放勾践回国了。勾践回到越国后，处心积虑，立志报仇雪耻，为此，他不近女色，不观歌舞，不吃山珍海味，靠自己耕种吃饭，不用绫罗绸缎，靠妻子亲手织布穿衣，甚至连褥子都不肯用，床上尽是些干柴干草，以使自己警惕，居安思危，不丧失报仇雪恨的决心。为了磨砺志气，不忘屈辱，他在吃饭的地方用绳悬挂上一个苦胆，每次吃饭前一定要先尝一尝苦味，还问自己："你忘了会稽的耻辱了吗？"

为了壮大越国经济和军事实力，使越国尽快富强起来，他还鼓励生育，并大力提倡优生优育，且用物质奖励这些家庭，使越国人口不断壮大。他叫文种管理国家大事，叫范蠡训练人马，自己虚心听从别人的意见，安抚群臣，教养百姓。经过"十年生聚，二十年教训"，越之国力渐渐恢复起来，可是吴对此却毫无警惕。公元前 482 年，吴王夫差为参加黄池之会，尽率精锐而出，仅使太子和老弱守国。越王勾践遂乘虚而入，越军勇猛无比，很快包围了吴王王宫，攻下城池，活捉了夫差，杀死了吴国的宰相。灭吴之后，越国势力大大增强，民心欢悦，最终得以称霸于诸侯。

"复仇是复仇者的通行证；屈辱是屈辱者的墓志铭。"先前的失败让勾践不得不离弃国家，告别群臣，改变容貌，更换姓名，去做奴仆，侍奉吴王。但他并没有放弃再次与吴开战，打败吴国，东山再起的宏愿！即使受尽屈辱，也动摇不了他的意志。最后一战，是他用十多年之久的时间精心酝酿的，他所做的努力令人惊叹，他的隐忍精神也令人折服。

10. 人生的大敌是放纵自我

【原文】

蹇非敌也，敌乃乱焉。

【译文】

困境不是敌人，真正的敌人是放纵胡为。

【解析】

不要拿困境当借口而胡作非为，因为困境不会把你打倒，而胡作非为才是终究害你无法翻身的大敌。聪明的人，面对困境，会积极地寻求办法来改变现状，从而靠着坚强的毅力打拼出一个全新的天地。同时，聪明的人感谢困境带来的经验和启迪，为自己创造了人生财富；而失败的人只会在困境中一味地堕落，放纵胡为，从而让自己的处境更加恶化。如何对待困境，是重新振作还是一蹶不振全凭自己。

【主题延伸阅读】

困境不是敌人，真正的敌人是放纵胡为

人生路上难免会遇到某些难以预料的困难，困难本身并没有什么可怕的，可怕的是在困难面前放纵沉沦，消极避世，不思进取。一个人一旦自

暴自弃，放纵胡为，就等于是自我毁灭了。无论世事如何变化，无论出现什么样的困难，唯有时刻保持谨慎的心态和清醒的头脑，才不会在大风大浪中翻船。

在日常生活中，我们每个人都有过这样的经历：当我们把沙子、石子、粮食等固体性的东西装进容器时，五升的容器可以装到六七升，因为到了容器的边沿还可以继续再装一些，直到凸起小山状的尖顶。但是，如果改装水的话，不管你用什么样的容器去装，五升的容器只能装五升的水，因为你永远无法让水高出容器的边沿，装多了就溢出来了。所以，孔老圣人说了一句话叫“盈不求概，似度”来赞美水的这种品性，翻译成现代文，意思是说水遇满则止，五升就是五升，十升就是十升，它的容量始终是与容器的边沿持平的，一毫升也不会多出来。

我们做人做事就要学习水的这种品性——讲究分寸，谨慎处世当止则止，绝不多向前迈出一步，否则，恣意胡为就难以达到理想的结果。

《荀子·宥坐》一文中讲述了这样一件事。

有一次，孔子在参观祭祀鲁桓公的庙时，看见了一只倾斜的器皿，便向看守庙宇的人询问：

“这是什么东西？”

守庙的人告诉他说：“这是放在君王座位右边，用来警戒自己，如同‘座右铭’一般的器皿。”

孔子说：“我听说君王座位右边的器皿，没有水就会倾斜，倒入一半水便会垂直正立，灌满了水就会倾覆（虚则敧，中则正，满则覆），是这样吗？”

看守人回答说是。

孔子回头对弟子子路说：“向里面倒水试试吧！”子路取来水倒入其中，果然像看守说的那样，倒入一半，器皿就端正了；灌满了水，器皿就翻倒了；空着的时候，器皿就倾斜了。孔子不由得长叹一声说：“怎么会有满了而不倾覆的啊！”

据专家解释，欹器这种平衡装置在结构设计上巧妙地利用了物理学中的力矩原理，能够根据水量的多少摆出欹（倾）或正的姿势：当水达到一定量的时候，重心升高，于是欹器便接近临界平衡状态；水量再增加时，会导致重心向一侧偏移，欹器便会处于不平衡状态，于是就“满则覆”了。

据历史资料记载，西晋时，大将军杜预曾为晋武帝造过欹器，南北朝时，祖冲之也为萧子良造过，隋朝的耿询也造过。还有清朝光绪皇帝的父亲醇亲王奕䜣，在儿子被抱走坐上龙椅后，赶紧在自己家里摆上了欹器，并附上了一句警言：财也大，产也大，后来儿孙祸也

大，克制自己，做到适可而止，方可兴邦安民。

不管是身居要职的高层人士，还是处于社会下层的普通百姓，不论是春风得意之时，还是时乖命蹇之时，都要保持清醒的头脑和谨慎的心态，既不得意忘形，又不放纵胡为，唯有如此，才能走得更远。

作者指出，怨恨产生的原因是世道的不公平，所以怨恨不断发生，人与人之间会相互仇视，遍布的祸患就无法消除，疑惑不能解除，仇恨就会加重。本卷都是让人释怀、宽忍的箴言。的确，仇与恨是一种吞噬心灵的精神病毒，我们如果一直活在仇恨里，那就注定会活得很辛苦。而君子不会计较以往的恩怨，因为计较以往的恩怨只会损害我们的品行。

1. 不公才会生怨

【原文】

世之不公，人怨难止。

【译文】

世道不公平，人们的怨恨就难以停止。

【解析】

世间总会有不公平，让人们心中的积怨越来越深，究其原因，为什么要有那么多的不公平？因为贫富的差距、地位的高低等等，然而从人性的根源来说，我们没有差距。所以不要一味地用权势来制造不公平，那样人们的积怨终究会把你推下去，在人们的谩骂中一切归于公平；也不要因为财富而制造不公平；人们的积怨也会让你变得一无所有。

【主题延伸阅读】

以怨养怨，是将痛苦N次方

在这个世界上，几乎每一个人都会时不时地因为一些人和事而处在这样或者那样的抱怨之中，但聪明的人往往能够自己化解抱怨，而愚蠢的人却常常为或大或小的不如意而牢骚满腹，继而引来更加深重的抱怨。

有位心理学家曾经做过一个调查：对于一个总是抱怨的人来说，抱怨的由头几乎随时随地都可以找到。比如：挤车时，有人不小心踩了或者撞了他一下，立刻就会抱怨人家“想找茬”；上班时，老板就事论事地指出了他的毛病，立刻就会抱怨人家“穿小鞋”；购物时，商家告诉他某件衣服颜色清浅不能试穿，立刻就会抱怨人家“小气鬼”；吃饭时，传菜的服务生洒了几滴汤水在他的身上，立刻就会抱怨人家“不长眼”……就这样，每时每刻，他都有可以抱怨的事情挂在嘴边，而不会去寻找别的什么话题……

更为重要的一点是，他还把抱怨事情当成了和人谈话的一种形式，即便是在闲聊天气、交通状况、时事新闻、子女教育等问题时也是抱怨不断，让人望而生畏，真恨不得立刻遁身逃走！

心理学家把这种现象叫“以怨养怨”。有抱怨就会有痛苦。有些人因为抱怨而痛苦，再因为痛苦而抱怨，一直循环下去。这样，一个抱怨会引起无数个抱怨，一个痛苦会衍生无数个痛苦。所以，“以怨养怨”是将痛苦N次方，将其放大很多倍。

一场瓢泼大雨，把一座多年的老房子浇塌了一个角儿。

老房子的主人特别生气地跳到院子里，指着天空破口大骂：“你个挨千刀万剐的老天爷，有眼泪没处洒了不是？攒了这么多，一口气下来，倒把我的房子毁了，衣服湿了，粮食冲了，我没地儿住了，没东西吃了，你就心安了……”

正骂得起劲呢，住在隔壁的邻居出来了，安慰他说：“哎呀，算了算了，老天爷也不是故意的。再说了，你骂得挺厉害，可它能听得见吗？”

“哼哼，它当然听不见了，要能听见还不羞愧得一头撞墙死去呀……”

“呵呵，这不就得了嘛！”隔壁的邻居继续开导他，“既然老天爷听不见，那你干吗还在那白费劲儿呢？倒不如赶紧找些人手来把房子修一修，然后坐在屋里把衣服烤烤，把粮食拾掇拾掇，也免得再下雨了又出什么意外啊！”

却见老房子的主人一跳老高：“不中，我非得好好骂一骂老天爷，把我害苦了，想抬腿一走了之，门都没有……”说着，又破口大骂开了。

就这样，气呼呼地骂了好半天，就是不说修房子的事。结果，又一场瓢泼大雨下来，终于把整座房子给浇塌了。

明知道抱怨于事无补，但还是在一个劲儿地抱怨而不接受乃至改变。如此，不但凭空增添了不少的痛苦与烦恼，而且还会有更大的破坏作用。想想吧，如果生活中有两拨人：一拨听不见抱怨——批评没有、闲话也没有；另一拨充斥着抱怨——一会儿批评、一会儿闲话。一定要从两者中选择其一的话，你会选择哪一拨人去交往呢？

可以相信，绝大多数的人都会选择前者。原因也很简单：在到处都充斥着牢骚的现实生活中，我们需要一个“不抱怨的空间”！

不可否认，在现实生活中我们会不时地遇上一些让自己恼怒的事情，每一个人也都有控制不住抱怨的时候，然而若让抱怨继续下去就会伤人害己。许多关键时刻，一旦意气用事、率性而为，其后果将难以预料。所以说，陷入“以怨养怨”的恶性循环之后，喋喋不休的抱怨只会使生活更加沉闷。如此，就必须想出一个最适合调整自己情绪的办法并形成习惯，从而尽最大可能地去控制抱怨。

2. 穷富敌对产祸患

【原文】

穷富为仇，弥祸不消。

【译文】

穷人与富人互相仇视，遍布的祸患就无法消除。

【解析】

穷人和富人似乎有史以来都是敌对的，因为毕竟两者所处的环境以及思想都是截然不同的。富贵的人，总是高高在上的享受着，对穷人存在着嘲笑与看不起，而穷人面对富人的不尊重就会心存怨恨，由此，积怨越来越深。当然，要解决问题也不是不可能的，只要富人能放低姿态，和善对待身边的人，仇视自然而然也就不存在了。相互理解、相互尊重才是解决仇怨最好的方法。

【主题延伸阅读】

低调为人化解仇富心理

古人云“民不患寡，而患不均”。均，即公平，只要存在着贫富差距，存在着社会不公，就难免会导致仇富心态的滋长、贫富对抗的不断升级。所以，越是富贵的人越不要炫耀自己的富有，以化解穷人们的这种不平衡心理。

约翰·洛克菲勒是美国实业家、超级资本家，美孚石油公司的创办人。在美国商业界，提起他的财富盛名，用“家喻户晓，妇孺皆知”来形容一点也不为过，但他一向保持着节俭的作风。有一次，他下班想搭公车回家，缺10美分零钱，就向他的秘书借，并说：“你一定要提醒我还，免得我忘了。”秘书说：“请不要介意，10美分算不了什么。”

洛克菲勒听了正色道：“你怎能说算不了什么，把1美元存在银行里，要整整两年才有10美分的利息啊！”

人们很难将洛克菲勒如此节俭的作风与其亿万富翁的身份联系起来。不仅洛克菲勒本人注重节俭，而且他的子女也都很好地继承了这一家风。洛克菲勒家族能够经历一个多世纪的发展，到现在已经是第六代了，仍在续写着历史的辉煌，完全打破了中国“富不过三代”铁一样的定律，这与他们的财富观念和从小对子女的教育有着密不可分的关系。

尽管他们的家族拥有如此多的财富，每一代子女都是含着金汤匙出生的，但为了避免孩子被家族的光环宠坏，不管是老约翰·洛克菲勒还是小约翰·洛克菲勒，都始终坚守“富而不奢”的价值观念。为了防止孩子挥金如土，他们首先不让孩子们知道父亲是个富人，洛克菲勒的几个孩子在长大成人之前，从来没有去过父亲的办公室和炼油厂。其次，就是对儿女的零用钱这样的小事也始终管得很紧。

父亲对子女的零用钱做了以下细致的规定：七八岁的孩子每周只有30美分的零用钱，11至12岁每周1美元，12岁以上的每周2美元。这些零花钱每周发放一次。同时还为每人买了个小本子，要他们记清楚钱的去处，当下次领钱时孩子们需要将账本交给家长检查。如果钱账记得准确无误，没有随便乱花，下次发钱的时候会多给五美分，否则会少给五美分。此外，父亲还鼓励孩子以自己的劳动挣取金钱，比如，劳伦斯和哥哥纳尔逊，分别在7岁和9岁时取得了擦全家皮鞋的特许权，皮鞋每双5美分，长筒靴每双10美分。这样的事情听起来似乎很难和富可敌国的洛克菲勒家族联系起来，但事实的确如此。洛克菲勒为自己能培养孩子的劳动能力感到很得意。

后来子女们进入大学学习，父亲给的零用钱与普通家庭孩子的标准相差无几，如果遇到特殊情况，超过了这个标准，需要另外申请。这个规定以至于让一向贪吃贪玩的四儿子温斯格普在大学交女朋友期间因花销过大欠下了一笔债，无力偿还，只得向大姐巴博请求救援。

有的孩子有时的确发现自己手头现金拮据，某个期间花的钱超过了预期，不得不请求父亲提前给钱，而父亲通常会表现出很失望的样子，并把孩子的请求当做是教诲和指导的机会，让孩子做好自己的开支预算。

然而，像洛克菲勒这样节俭成性的富翁，竟然是美国历史上最大的慈善家。截至20世纪20年代，洛克菲勒基金会成为世界上最大的慈善机构，他赞助的医疗教育和公共卫生是全球性的，一生直接捐款达5.3亿美元，他的整个家族对慈善机构的赞助超过了10亿美元。

洛克菲勒之所以这样严格要求自己和子女，是因为他知道富人进天堂比骆驼穿过针孔还难，因为少数的富人要面对众多贫困者因贫富差距产生的失落感和不公平感等心理体验，如果现实情况长期得不到改善，势必会导致他们的心理极度失衡，甚至引发实际的“仇富”行为。洛克菲勒家族100多年来繁衍至今，世世平安，代代兴盛，几乎没有什么人对他们心存嫉恨，也没有什么人对他们口出恶言，这与他们世代俭朴、为人低调的家风是密不可分的。

3. 计较旧恶损德行

【原文】

君子不念旧恶，旧恶害德也。

【译文】

君子不计较以往的恩怨，计较以往的恩怨会损害君子的品行。

【解析】

心存仇怨的人是不会快乐的，因为心里不能专心的为理想为生活而奋斗，还要时时刻刻想着怎样去对付与自己有仇的人，这样的人生会快乐吗？试问，人与人之间会拥有多大的仇怨呢？无非是为了各自的利益而最终闹得不可开交，试着放开彼此的心吧！俗语说：大人不计小人过，用宽广的心去包容他人，去感化他人，这样的人生才会坦然，才会轻松，而敞开宽大的心怀，彰显的不仅仅是度量，还有一个人崇高的修养，这才是为人处世最重要的基础，是一个人走向成功的必备素质。

【主题延伸阅读】

君子不计较以往的恩怨

在日常生活中，即使是最亲密无间的朋友也难免会发生有意或无意伤害对方的事情，气量小的人会本能地产生“以牙还牙”的报复心理，这样做的结果，往往是怨气越结越深，仇恨越积越多，冤冤相报没有终结。而谦谦君子在切肤之痛后，不计较以往的恩怨，而是以常人难以想象的宽容

胸襟原谅对方，仍像朋友一样对待对方。其宽宏大量、豁达大度的人格魅力和高尚的君子形象会因此变得熠熠生辉，得到众人的景仰和钦佩。

第二次世界大战期间，有一支英国部队在森林里遭遇了敌军部队的袭击，经过几个小时的搏斗，大部分人员终于逃离了险情，但有两个来自同一村庄的士兵在这场战争中与整个部队失去了联络。两个人在森林中相互扶持、相互鼓励地前行追赶部队，半个月的时间过去了，仍没能与大部队人员取得联系。

有一天，他们在森林里休息时，发现了一只四处奔跑的野鹿，便开枪将其打死作为几天来的充饥食物。或许是战乱的原因，他们在以后的行军途中再也没有遇到过一只野生动物，只好将剩下的一点鹿肉保存好作为日后的食粮。

又有一天，两人在森林里走着走着又遇到了另外一群敌人，幸亏二人生性机智，平安无事地躲过了与敌人的交锋。但就在两人都放松警惕的时候，只听见“砰”的一声枪响，走在前面的年轻战士不幸被击中了左腿，后面的战士见此情景连忙跑了过来，用尽全身的力气拖住战友的身躯，缓缓地把他放置在地上，用随身携带的药品为他疗伤。到了漆黑的夜晚，两个人对生存产生了恐惧感，他们都悲观地认为很难挨过这个晚上了，那个未受伤的年轻战士想起了远在家乡、年老体迈的母亲，泪水夺眶而出。幸运的是，第二天他们与部队取得了联系，脱离了生存困境。

事情发生后30年过去了，那位当年受伤的年轻战士在回忆这段经历时说：“其实，我当时是知道谁击中我的左腿的，他就是我那位患难与共的战友。因为当时他在拖住我的身体时，他那发热的枪管碰到了我的胳膊，虽然当时我不明白他为什么要那样做，但是我没有将此事放在心上。后来，我才领悟到他想独吞仅剩的那点鹿肉，以维持生命，等待机会见到年迈的母亲。30年过去了，我一直假装是敌人开枪将我打伤的，再也没有提起过此事。但是，我的那位战友最终还是没能如愿以偿地见到他母亲最后一面．他的母亲未等到战争胜利，就离开了人世。等到战争结束后，我和他一起

到坟上祭奠了他的母亲。那一天，他像是良心发现一般，跪在我面前，将实情告诉了我，并请求我能原谅他。我没有让他继续说下去，只是告诉他我们还是以前那样最好最好的朋友。他激动得热泪盈眶……”

人活在世上，总是处在各种各样的矛盾之中，因为原则和利益，以及其他各种偶然的原因，有人可能会经常受到不友善甚至敌意的对抗和算计，如果一个人对此太介意，他便有可能一年四季都在进行战斗。这其实是不必要的。

物理学上有一个定律，作用力有多大，反作用力也有多大。对抗也是如此，你有多么激烈，对方也会有多么激烈。

所以，人要有点“不念旧恶”的精神，对于非原则、非利益的矛盾要善意地去处理，况且在许多情况下，人们误以为“恶”的，又未必就真的是“恶”。退一步说，即使是“恶”，对方心存歉意，诚惶诚恐，你如果不念旧恶，以礼相待，进而对他格外地表示亲近，也会使为“恶”者感念其诚，改“恶”从善。

4. 心存仇怨必自毁

【原文】

小人存隙必报，必报自毁也。

【译文】

小人心有隙怨一定要报复，这样只能让自己毁灭。

【解析】

在日常生活中，即使最亲密的朋友也难免有意无意地伤害到对方，此时此刻，气量小的人便会“以牙还牙”，恩怨就此产生，积怨越来越深，最终闹到无可挽救的地步。回头看来，最初的原因或许就是鸡毛蒜皮、不值一提的小事，但这样冤冤相报何时才能够终止。聪明的人在这时会敞开心胸，化解冤仇，其实事情说开了或许就没有想象中的严重了。小人的做法则不是，他们会不断地寻求报复，最终的结果是害人害己，终日不得安宁。

【主题延伸阅读】

恕人之过胜过怀恨在心

把心放宽，用一个淡淡的微笑，一句轻轻的安慰，包涵谅解别人，以律人之心律己，以恕己之心恕人，你会感到很快乐。

有一则公益广告：拥挤的公共汽车上，一位男子不小心把一位姑娘的脚踩了，女子不依不饶，男子也不甘示弱，他俩吵得不可开交。这时，一位老者说："算了，算了，年轻人，把心放宽就不挤了！"

是啊！当人行到窄处，不妨把心放宽，恕人之过，这样相互之间的关系就不至于弄僵，谅解了别人自己也就得到了快乐。

把心放宽，恕人之过绝对不是面对现实的无可奈何，更不是软弱无能的表现，这是一种气度，一种胸怀，一种伟大的人格。宽恕别人，其实就是快乐自己。宽恕有助于身体健康，有助于赢得友谊，有助于家庭和睦，有助于事业成功。人生之旅，从来都是磕磕碰碰的，你触犯别人或者别人触犯你的时候随时存在，只有把心放宽，恕人之过，才可以随时随地收获快乐。

一位父亲带着两个儿子一起去登山，行经一处石崖时，弟弟失足滑落，哥哥拼命拉他，费尽九牛二虎之力终于将他救起，弟弟感激不已，于是在附近的大石头上刻下了："某年某月某日，哥哥救了弟弟一命。"

他们继续向前走，来到一处河边，哥哥和弟弟为了谁先过河的一点小事吵了起来，哥哥一气之下打了弟弟一耳光，弟弟从旅行包撕下一张纸，

写下："某年某月某日，哥哥打了弟弟一耳光。"然后叠成一只小船，放在河里飘走了。

父亲十分好奇，于是就问小儿子："你为什么把哥哥救你的事刻了下来，而不把哥哥打你的事刻下来呢？这里也有很多石头啊。"

他的小儿子认真地回答说："哥哥救了我，我十分感激他，至于他打我的事，我打算把它忘记，所以叠成小船飘走了。"

听到这里，哥哥羞愧地低下了头。

这是一个值得敬佩的小男孩。这个孩子在挨了哥哥耳光后所表现出来的大度让人称赞，他能记住哥哥的好，而忘记哥哥的错，这种胸怀不是一般大人都能做到的。他宽恕了哥哥，他一定也得到了快乐。

古人云："壁立千仞，无欲则刚，海纳百川，有容乃大。"是的，生活的快乐之源是宽容。当你十分努力地去做一件事，但无法得到别人的认可，内心万分沮丧时，请别忘了：宽容是快乐之源，它能包容一切，也能化解一切。很多时候，睚眦必报会使事情变得越来越糟，但是如果把心放宽，容人之过，你会发现快乐就在眼前。

仇恨如牢笼，心怀怨恨，伤人亦伤己。如果你执意要为他人的错误而惩罚自己，斤斤计较，寸土必争，那么带来的后果只能是无法获得生活的幸福，永远失去心灵的快乐。而宽恕则如和煦的春风，春风所到之处，将吹走一切不快，让我们的心灵获得自由。把心放宽，恕人之过，既可以让生活更轻松愉快，也可以让我们收获更多的亲情和朋友。

美国《时代周刊》上曾经刊载过这样一个感人的故事。

一对老夫妇20岁的儿子被一个酒后驾车的年轻人撞死了。这对夫妇得知他们的独子被撞死后，心中充满痛楚、伤心和愤怒。但是在那年的圣诞节，他们几经挣扎，还是怀抱宽恕之心，到监狱探视了凶手。因为他们了解到凶手也是个孩子，他们不想用仇恨的态度来影响他一生。老夫妻轮流拥抱了他，如同拥抱自己的儿子一样。孩子很愧疚地哭了，向他们表示歉意，并表示出狱后要替他们的儿子尽人子之责。

相信看过这个故事的人都会深受感动。是的，“得饶人处且饶人”，宽容比仇恨更能打动人心。与其将仇恨记在心里，让它毒害自己的灵魂，倒不如将它清除，这样在给别人一个机会的同时，也让自己的心灵得到了一份快乐。

在这个世界上，每天都会发生许许多多的故事，人情易反复，世路多崎岖，如果我们能够把心放宽，以一颗宽容之心待人，何愁世间不能多一些温暖、社会不会变得更加美好？如果你这样做了，你会发现快乐就在你的眼前。

5. 和而不争是谋之首

【原文】

和而弗争，谋之首也。

【译文】

讲和而不争斗，这是谋略首先要考虑的。

【解析】

在人与人的交往中要以“和”为贵，这是为人处世最基本的法则。其实，人与人之间的斗争是在所难免的，因为不同的性格，不同的处世方法，看问题不同的角度，难免就会产生不同的观点和看法，但是大家最终的目的都是一样的，都是为了将工作做得更好，因此，互相的谦让是必要的。谨记：当产生矛盾和摩擦时，控制感情的冲动才是最重要的。

【主题延伸阅读】

"和"字值千金

一个团队内部有点小摩擦是正常的，每个人所站的角度不同，做事的思路不同，势必会在处理一般事务上有些歧义，这是难免的，也是正常的。当产生矛盾和摩擦时，牢记"和"字，力戒感情冲动才是最为重要的。《易经》中非常强调"和"字的重要性，所谓"天时地利人和"深刻地表明了"人和"的重要价值。

司马迁在《史记·廉颇蔺相如列传》中记载了这样一个被传为美谈的"以和为贵"的故事。

廉颇是战国后期赵国的名将，赵惠文王时被封为上卿，屡次战胜齐、魏等国，为赵国立了大功。赵孝成王时被封为信平君，任相国。

蔺相如智勇双全，也是战国时期赵国的大臣。赵惠文王时得到世上稀有的宝玉——楚国和氏璧，秦国想以15座城换取"和氏璧"，蔺相如奉命带璧出使秦国，在秦廷上战胜了残暴的秦王，完璧归赵，被赵王封为上大夫。公元前279年，他又随赵惠文王到渑池与秦王相会，使赵王未受辱于秦，归国后因维护了赵国的尊严被封为上卿，地位超过了赵

国宿将廉颇（大夫、卿官职，分别分为上、中、下三等，上大夫是最高一级的大夫。上卿是诸侯下面最高的官职。蔺相如也做上卿，但由于是文官，上朝集会时，位置在廉颇的右边。秦汉以前以右为尊，所以蔺相如的职位比廉颇高）。

急躁刚直的廉颇愤愤不平，私下对自己的门客说："我是赵国大将，立下多少汗马功劳。蔺相如有什么了不起？倒爬到我头上来了。哼！我见到蔺相如，总要给他点颜色看看。"

这句话传到蔺相如耳朵里，蔺相如以国家安危为重，对廉颇容忍谦让，每逢上朝就经常推托有病，不肯和廉颇争位次先后，有时外出，老远就瞧见廉颇的车马迎面而来，他叫赶车的退到小巷里去躲一躲，让廉颇的车马先过去。

蔺相如的门客看到这些情况，颇为不解地问道："他说出那样难听的话，您居然躲起来，害怕得不得了。何必这样呢？"

蔺相如对他们说："强暴的秦国之所以不敢发兵进攻我们赵国，就因为武有廉颇，文有蔺相如。如果我们两者相斗，就会削弱赵国的力量，秦国必然乘机攻打我们。我这样避让廉将军，就是把国家的利益放在前面，而把私人的恩怨放在后面啊！"

众门客顿时领悟，由衷佩服蔺相如以大局为重的高尚人品。这些话传到廉颇耳中，这位久经沙场的老将军静下心来想了想，觉得自己为了争一口气，置国家利益而不顾，羞愧不已，立即背上荆条，到蔺相如府上请罪。他说："我这个粗野卑贱的人，不知道您宽容我到这样的地步啊！"

蔺相如连忙扶起廉颇，说："咱们两个人都是赵国的大臣。将军能体谅我，我已经万分感激了，怎么还来给我赔礼呢。"

从此，两人终又和好如初，成了生死之交，全心全意保卫赵国。

将相和好的表面原因是蔺相如的宽阔胸襟和廉颇勇于认错、负荆请罪的态度，实际上，是源于他们共同的爱国情怀，源于他们共同的认识：将相不和，赵国危矣！也正是因为这一点，"将相和"的故事才成为一段佳话。

6. 名不正而谤兴

【原文】

名不正而谤兴，正名者必自屈也焉。

【译文】

没有正当的名义就会惹来非议，让名义归正就一定要委屈自己了。

【解析】

在现实社会中，名誉的不正当就会引来非议，这是导致失败的重要因素。尽管这样，人们还是想在名誉的庇佑下行事，因为这样就可以掩人耳目、为自己打开方便之门，历史上“挟天子以令诸侯”就是这方面的案例。

当然，要想名义归正也不是简单的事情，必须以牺牲个人的利益作为代价，似乎这样才会公平。有远见的人懂得这个道理，因此，他把自我的牺牲看成是胜利的前提，心甘情愿的付出应有的代价。而目光短浅的人，却只看眼前的一点蝇头小利，不肯付出，自然不会得到。

【主题延伸阅读】

让一切都有理由

古人云：“假借舟者，能以乘江海；假借马者，能以致千里。”在古人成事的手法中，找借口往往是成事的良方。正所谓名不正、言不顺，这里的找借口更多是“没理找理”，借此找个说法给个交代，这样，一切都显得很好办了。

不可否认，做任何事情都要一定的理论依据，即使是那些喜欢胡搅蛮缠的无赖之人，也不愿让人说自己无理取闹，他们总会有自己的“理”。由此看来，我们在做事情的时候，要是没有正大光明的理由，一定要为自己找个遁词，这样才能办好事。

有一天，乾隆想找一个办法试验试验纪晓岚的机智，对纪晓岚说：“纪晓岚！”“臣在！”“我问你：何为忠孝呀？”纪晓岚说：“君叫臣死，臣不得不死，为忠；父叫子亡，子不得不亡，为孝。合起来，就叫忠孝。”纪晓岚刚回答完，乾隆皇帝接过话来：“好！朕赐你一死。”纪晓岚当时就愣了：怎么突然赐我一死？但是皇帝金口一开，绝无戏言。纪晓岚只好谢主隆恩，三拜九叩，然后走了。

这时，乾隆就想：“这纪晓岚可怎么办呢？不死，回来，就是欺君之罪；可要是死了就真是太可惜了，自己手下便少了一个栋梁之材呀。”当然，乾隆知道纪晓岚不会让自己轻易死掉的，必定会有什么办法解救自己。于是他静观其变。

不一会儿，纪晓岚气喘吁吁地跑回来了，扑通给乾隆跪下了。乾隆装作很严肃地说：“大胆，纪晓岚！朕不是赐你一死了吗？为什么你又跑回来啦？”纪晓岚说：“皇上，臣去死了，我准备跳河自杀，正要跳河，屈原突然从河里出来了，他怒气冲冲地说，你小子真混蛋，当年我投汨罗江自杀，是因为楚怀王昏庸无道；而当今皇上皇恩浩荡，贤明豁达，你怎么能死呢？！我一听，就回来了。”听到这里，乾隆哑口无言：你让他去死吧，你就是昏庸无道；可是让他活着吧，自己皇帝的面子又下不了台。最后，乾隆不得不解嘲说：“好一个纪晓岚，你真是能言善辩啊！”

纪晓岚真是找寻借口的高手，在我们看来，纪晓岚应该是理屈词穷，不会想到他还有什么可以诡辩的了，但他却能理直气壮，说出一番有逻辑的话，确实不简单。从这里可以看出其在险恶环境下所拥有的镇定和机智。

当然，这里的找遁词、说歪理并不是是非不分，不长眼色，不明世事，

胡乱找借口，否则就会惹大麻烦。

刘备与关羽、张飞等人肝胆相照，与诸葛亮鱼水相得，同曹操比较的确可称忠厚，但也并非心无芥蒂。

当年攻取四川时，刘备曾与刘璋在涪县会见，刘璋部下从事张裕在座。张裕脸上多须，刘备拿他开玩笑："我从前在老家涿县，那地方姓毛的人特别多，县城东西南北都是毛姓人家，县令说：'诸毛怎么都绕涿而居呢？'"

张裕回敬说："从前有人作上党郡潞县县长，迁为涿县县令，调动之际回了一趟家。正好这时有人给他写信，封面不知道如何题署好，如果题'潞长'，就漏了'涿令'，题'涿令'，就漏了'潞长'，最后只好署'潞涿君'。"借"潞"为"露"之谐音，讽刺刘备脸光露嘴无须。

后来张裕归顺刘备。他对天文、占卜皆通，曾劝刘备不要取汉中，说取汉中于军不利。刘备不听，出兵攻取汉中，以证明张裕预言不准。张裕又私下向人泄露"天机"，说魏文帝黄初元年刘备将得益州，九年后将失去益州。刘备不忘当年受辱，借机要杀张裕。诸葛亮问张裕犯了什么罪，刘备说："芳兰当门而生，不得不锄去。"

显然，刘备杀张裕，是为了报当年受辱之仇，可是刘备很聪明，身为领导者，不能让人觉得自己滥用职权，所以他得找个名正言顺的借口杀了张裕。这一招，就连足智多谋的诸葛亮也拿他没办法。

7. 惑不解而恨重

【原文】

惑不解而恨重，释惑者固自罪焉。

【译文】

疑惑不能解除仇恨就会加重，想消融疑惑的人一定要自我谴责。

【解析】

人与人之间的相处一定要坦诚，一味地互相猜忌只会破坏彼此的感情。在遇到矛盾与困难的时候，一定要学会自省，而不是议论是非，指责他人，这样只会加剧矛盾的恶化，徒增新的烦恼。当然化解彼此之间的疑惑与矛盾，就需要打开各自的心扉，坦诚相见，诚意是化解怨恨唯一的钥匙。当矛盾化解的时候，你就会发现，坦诚相见远比相互猜忌要好得多。

【主题延伸阅读】

明断是非，不随意招摇

在人与人的相处过程中，我们每个人都会有各自的优点和缺点，正所谓："尺有所短，寸有所长。"因此，我们切勿揭人阴私，搬弄是非，乱造谣言。

隋唐著名才子薛道衡13岁时就能讲《左传》，隋高祖时，做内史侍郎。大业五年，被召进京，当时已是自负才气的隋炀帝杨广在位，薛道衡为了

显示自己的文章水平，呈上了《高祖颂》，炀帝看了就很不高兴，说："这只是文辞漂亮而已。"有一次，炀帝与下臣谈天，说自己才高八斗，傲视天下文士，御史大夫乘机说薛道衡自负才气，不听训示，有无君之心。于是炀帝便下令把薛绞死了。

看来，薛道衡由于不懂得深藏不露、明哲保身，得罪了不少人，不但有隋炀帝，也有那个进谗言的御史大夫，甚至可能还有其余的大臣，否则怎会没人替他求情于皇帝呢？因为锋芒太露而把人得罪光了，薛道衡算得上是一个典型。

在古代，有一个名叫郭解的侠客，就是一个很能藏锋露拙、大智若愚的人物。在洛阳有一位男子因与人结怨而处境困难，许多人出面当和事佬，但对方一句话也听不进去，最后只好请郭解出面，为他们排解这场纠纷，郭解晚上悄悄造访对方，热心地进行劝服，对方就逐渐让步了。

这时候如果是一般人，一定会为自己的成功而沾沾自喜，急于示人，但郭解不同。他对那接受劝解的人说："我听说你对前几次的调解都不肯接受，这次很荣幸能接受我的调解。但是，我作为一个外地人却压倒本地有名望的人，成功地调解了你们的纠纷，实在是有违常理。因此，我希望你这次就当我是调解失败，等到我回去，再由当地有威望的人来调解时才接受，怎么样？"

郭解的做法异于常人，但却是一种使自己免遭众人嫉恨的明智之举。既保护了自己，又留下了为人称道的美名。谁又能说郭解不是大智慧者呢，那些极力显示自己才能的人，不过是耍小聪明罢了。

你承认自己也许会弄错，就绝不会惹上烦恼。因为那样的话，不但会避免所有争执，而且还可以使对方跟你一样宽容大度。并且，还会使他承认他自己也可能弄错。

如果你肯定别人错了，而且直率地告诉他，结果会如何呢？

有位年轻的纽约律师，在最高法院参加了一个重要案子的辩论。案子牵涉了一大笔钱和一个重要的法律问题。

在辩论中，一位最高法院的法官对他说："海事法追诉的期限是6年，对吗？"这位律师蓦然停住，看了法官半天，然后直率地说："法官先生，海事法没有追诉期限。"

"庭内顿时安静下来，"他后来讲述他当时的感受时说，"气温似乎一下子降到了冰点。我是对的，法官是错的。我也据实告诉了他，但那样就使他变得友善了吗？没有。我仍然相信法律站在我这一边。我知道我讲得比过去精彩。但我并没有尊重他的感情，用讨论的方式据理说明我的观点，而是当众指出一位声望卓著、学识丰富的人错了，从而引起争端让人误会。"

没有几个人能够逻辑性地思考。我们许多人都会犯武断、偏见的毛病。许多人都有固执、嫉妒、猜忌、恐惧和傲慢的缺点。多数人都不愿轻易地改变对宗教、爱好和信仰的看法。

因此，如果你发现自己有指责别人的毛病，请在每天早晚前，坐下来读一读下面这段文字："我们有时会毫无抗拒地或在热情淹没的情形下，改变自己的想法。但若有人说我们错了，反而会使我们迁怒对方，更固执己见，而且会毫无根据地坚持自己的想法。显然，不是那些想法对我们珍贵，而是我们的自尊心受到了损害……"

人言固然可畏，可谣言止于智者，尽管再多的是非，我都"非礼勿听"。在别人面前宁可显得笨拙一些，也不可显得太聪明，宁可收敛一下，也不可锋芒毕露；宁可随和一点，也不可自命清高；宁可退缩一点，也不可太积极前进。只有这样，我们才能既保护了自己，又能和谐的与别人相处，从而得到宁静的生活。

8. 私念不生，仇怨无结

【原文】

私念不生，仇怨不结焉。

【译文】

自私的念头不产生，仇怨就不会结下了。

【解析】

人与人之间的怨恨，无非就是因为彼此的利益得不到满足而产生的。其实这是由自私引起的。如果每个人都为他人着想，怨恨就可以避免了。当人活在怨恨当中的时候，连快乐的权利都被剥夺了，因为心中的怨恨让自己无法快乐起来，这样的生活是压抑的，是闭塞的，最终，在还没有伤害到对手的时候，却先伤到了自己。这就是仇怨带来的危害，伤人伤己。放开我们的心吧！知足常乐，适当地给予，适当的包容，赢得的总归是快乐和尊重，哪里还会有仇恨？

【主题延伸阅读】

私念不生，就不会结下仇怨

爱、恨、情、仇，简简单单的四个字，却涵盖了我们这一生的开心、痛苦、无奈、折磨。其实，归根结底，这一切的一切，还是由自私的念头引起的！如果我们一直活在仇恨里，就注定会很辛苦。不如把那些自私的念头和仇恨都抛掉吧，这在给自己减轻负担的同时，也给了别人光明。

晋文公刚刚开始执政的时候，晋惠公在位时留下的旧臣元老吕省、郄芮担心自己的权势和利益会遭到晋文公的削减，所以谋划放火烧掉他的宫室，将晋文公置于死地。

晋文公原先的仇敌寺人披知道了这个阴谋后，为了在晋文公那谋得一官半职，想将这个阴谋告诉晋文公，三番五次要求会见晋文公。

晋文公想起了以前的恩恩怨怨：当初，这个人曾两次追杀我，害得我有家难回，像一个丧家犬，现在我掌权了，他又想起巴结我来了，所以坚决不予接见。

寺人披见此，只好写了张纸条让人传给晋文公说："我当时是奉命行事，是迫不得已。您大人有大量，想当初，齐桓公被管仲暗箭相击，差点丢了性命，但齐桓公为了成就霸业，能够不计前嫌，重用管仲，才有了后来的兴旺发达，您应该从长计议，不计较以前的恩怨。"

晋文公考虑再三，还是接见了这位仇人。寺人披就将吕省、郄芮谋反一事告诉了晋文公，晋文公大吃一惊，幸亏及时采取措施，才粉碎了吕省、郄芮二人的阴谋，避免了一场宫廷骚乱，不然，半夜里自己就被烧死了……

吕省、郄芮二人阴谋难产，两人逃出晋国，后来被秦穆公抓住杀了。但是，他们的党徒甚多，二人被杀后，这些党徒们惶惶不可终日，生怕哪一天会遭遇杀身之祸，于是，处于个人安危的考虑，处处与晋文公作对，晋国的安全受到很大威胁。

晋文公没想到自己刚刚执掌国家政权，就遇上了这么多的麻烦事，真是伤透了脑筋。为了稳定国家政治局面，晋文公决定封赏天下功臣，对于朝廷遗老采取了宽宏大量的做法，但是这些遗老怕晋文公会报复他们，谁都不敢出来。

此时，有个名叫头须的小吏想要加封晋爵，要求求见晋文公。此人曾经背叛过晋文公，当晋文公听到这个人时，本来不想见他，但为了稳定局面，最后还是接见了他。

头须不慌不忙地说："我虽然曾经得罪过您，但是我还是希望您能网开

一面，能为我安排个重要官位，朝廷的元老旧臣之所以不敢出来做官，就是因为他们的顾虑太多，如果您能重用我这样的大罪人，他们都会知道您不念旧恶，就会打消顾虑，全心为国家效力了。”晋文公想了想，觉得头须说得有道理，于是，就托言要巡视城防，让头须来为自己驾车，在大街上招摇过市。

榜样的力量是无穷的，吕省、郤芮的党徒们见头须这样的仇人都被晋文公重用了，他们这些人也定会有好日子过了，所以也就纷纷出来为国效力。这样一来，混乱的政治局面得以安定，政权得以平稳交替。

人与人之间的仇怨从根本上来说是由私念引起的，因为别人以前损害过你的利益，让你无法容忍，仇恨就这样产生了，以此开始，仇恨产生更多的仇恨，冤冤相报，没有终结。“念念不忘”别人的“坏处”实际上最受其害的就是自己的心灵，搞得自己痛苦不堪，何必呢？这种人，轻则自我折磨，重则就可能导致疯狂的报复，疯狂的结果是自我毁灭。只有消除私念，宽恕别人，怨恨、责怪、愤怒才会相继消失。

9. 宽不足以悦人

【原文】

宽不足以悦人，严堪补也。

【译文】

宽厚并不能讨好所有的人，严厉可以作为它的补充。

【解析】

任何事情都要有一个度，过分的好，或者过分的坏，都会让事情走向极端，引起不必要的祸端。宽厚是一种好的品德，但是一味地宽厚就失去了原则，这也是行不通的。所以，适当的时候，也要以严厉的面目来面对眼前的困难，宽严适当，方可彰显一个人的整体精神。否则，一味地宽就是懦弱，一味地严就是不近人情，唯有适当，方可两全。因此，为人处世要灵活多变，才会掌握主动，得心应手。

【主题延伸阅读】

“随和”但不可丢了“刚性”

随和，是一个人拥有高度修养与内涵的表现和升华，是高瞻远瞩，是宽宏大度，更是豁达潇洒……看起来这么美丽和实用的随和，似乎理所应当成为人人趋之若鹜的美德。于是，自懂事起，随和就成了我们人生中一门必修的处世功课，以至于当我们走入社会、走入人脉圈时，随和依然被我们奉若瑰宝。

很多女性往往因为这份感性的“随和”，而比男性更为在意周围人的看法，这虽然会使女性获得与男性不一样的灵动的直观感受，赢得更好的人际关系，但另一方面，一个不容人们回避的事实是：任何事都是过犹不及，如果你过分表现出女性感性的一面，表现出过度的随和、柔弱和谦让，那么，在你的事业发展中，就一定会遇到不小的障碍。

小薇是一家大型公司的公关部助理，由于工作性质的原因，她经常要和公司上上下下的人打交道，不过，由于她深知在大公司做事人际关系的重要和人言可畏的后果，所以，她为人一向比较随和，不喜欢争执，一开始就和同事们建立了良好的关系。

在平时的工作中，她处处留心、谨小慎微，对于同事所提出的所有创意和做法都表示赞同，更从来没说过任何反对的话；对每个人，她也都是有求必应，笑脸相迎，从来没有对周围的人说过一个“不”字，生怕得罪了同事或上司，生出什么枝节。

对于自己这样为人处事的方式，小薇本以为算得上是天衣无缝、无懈可击了，不但不会为自己带来麻烦，还会为自己赢得绝佳的人缘，可算是高枕无忧了。

可是，不知为什么，随着时日的推移，她却渐渐地成了办公室里最遭冷漠的一个人，部门里每次讨论什么事情的时候，好像总是忘记了她的存在；同事们有什么聚会，也很少邀请她参加。

对此，小薇感到疑惑和委屈，因为她自感没有做错任何事，反而由于自己对别人有求必应，使自己在无形当中做了许多额外的工作，占用了自己的大量时间。她实在不明白，自己对他们这么好，难道他们一点都不记得，或者就没感觉到？

有一段时间，不知道为什么，同一部门的刘莉老是处处和她过不去，有时候还故意在别人面前指桑骂槐，合作时也都有意让她承担较多的工作任务。

虽然小薇对于刘莉的态度有着满腹的不平，不过，她仍然秉持着自己一贯的随和态度，尽量避免和刘莉发生冲突，她觉得既然大家都是同事，也就没什么大不了的，忍一忍也就算了。

直到有一天，小薇由于疏忽忘了把刘莉的工作报告交给经理，这使刘莉对她更加不满，忿忿不平地对其他同事说：“你看小薇那样，真让人觉得虚伪，果然，她为了报复我，连这种小动作都使！”

有个同事赞同地点点头：“是呀，小薇虽然看上去很好说话，跟谁关系都挺好，可却总让人感觉心里不踏实，她似乎跟谁都隔着一层，让人无法信任。”

另一个同事则公正地评价道：“小薇可能也没那么坏心眼，不过，她确实让人感觉不到她有什么自我，她对什么事似乎都不会有不同的意见，也不会有不同的见解。让人琢磨不透啊！”

……

刘莉和同事背地里说的这番话，恰巧被小薇路过时听到，她这才恍然大悟：原来正是由于自己过度的“随和”，才使人感觉不到她与人交往时的真诚，从而给人以虚伪的感觉，让人不可相信；更是由于她过度的“随和”，让她虽然没有得罪任何人，但却失去了自我。

显然，小薇这种过度“随和”的为人处事态度非但不聪明，反而使其陷入了一种尴尬的境地。因为随和有的时候不仅仅意味着好说话，不挑剔；它更意味着迁就别人，没有主见，没有追求，或者城府很深，让人无法知其心里到底在想些什么。

如果你对于工作、对于同事和上司过度“随和”，那只会给别人一种随便怎样都好的感觉，甚至让人感觉虚伪做作，像带了一层假面具。这样一来，又有谁愿意和你交心，又有谁敢和你交心呢？那么，身在人脉圈的你虽然没有强大的敌人，恐怕也没有真正的朋友了！

10. 敬无助于劝善

【原文】

敬无助于劝善，诤（zhèng）堪教矣。

【译文】

恭敬对劝人改过没有帮助，诤谏就可以教导他了。

【解析】

面对他人的错误，要真心的劝谏才是君子所为，或许他人会对你的直言不讳感到厌恶，但终究会明白你的良苦用心，便会更加的尊重与感谢你。相反，有些人，面对朋友的过错只会一味地恭维、放纵，结果，朋友会沿着错误的路径一味地走下去，直至毁灭，那时伤害的就不仅仅是他人，还有自己愧疚的良心。所以，良药苦口利于病，忠言逆耳利于行，是劝谏还是应该鼓励，用心做评判，这样才会避免祸患，赢得尊重。

【主题延伸阅读】

诤谏比恭敬更能让人改过

臣子对君主既要忠诚、恭敬、谨慎，又要开导、规劝、诤谏、拒从。

公元前266年，赵惠文王去世，赵孝成王继承了赵国的王位。因年幼，由赵太后执政。此时的赵国，新旧更替，动荡不安。野心勃勃的秦国乘机发兵进攻赵国，一举攻占了赵国的三座城池，赵国危在旦夕，靠自己的力量无法拒秦，赵太后不得不请求与赵国关系密切的齐国增援。齐王虽然答应出兵，但提出赵国必须派长安君到齐国去做人质。

长安君是赵太后的小儿子，最受赵太后的宠爱，太后舍不得让他去当人质，不肯答应这一条件，齐国也就不肯发兵。大臣们见国家情况十分危急，纷纷劝说赵太后。赵太后态度坚定地说："有哪个再来说要长安君为人质的，我就要把唾沫吐在他的脸上。"

左师触龙见没有一个人能说动太后，就自告奋勇想尝试尝试。他慢慢地小跑着来到宫中太后跟前，见太后一脸怒色，就没有直接提人质的问题，先是谢罪说："我很久没来看望太后了，怕您玉体欠安，所以想来见见您。"然后又随便问问饮食和起居情况，闲谈些家常琐事，暗示赵太后现已年老体衰，为世不久，从而为下文提出的"一旦山陵崩"之后的长远打算做铺垫。

见太后的怒色渐渐有所缓解，机智的触龙才慢慢向正题上引：借口为自己心爱的小儿子求情，希望在自己还没死之前能让儿子充当一名卫士，以保卫王宫。还说"虽少，愿及未填沟壑而托之"。

由于这些家常话很合赵太后的心意，所以，赵太后不解地问道："你们男人也疼爱最小的儿子吗？"触龙趁机进一步反激赵太后说："比起女人有过之而无不及呢。”这诱使赵太后说出了真心话：“胡说，哪能比得上女人！”

由于触龙处处体贴赵太后爱幼子的思想感情，从而使得赵太后在这一点上同自己有了共同语言，甚至把自己当她的知音。触龙循循善诱地说：“父母越是疼爱儿子，那么为他的将来打算得也越长远。”

这个时候的谈话气氛虽然很融洽，话题也慢慢地转移到了为子女作长远打算的问题上了，但触龙并不急于把话挑明，而是委婉地启发赵太后：“从现在算起上数三代，赵王的子孙被封侯的，他们的后代还有在位的吗？”太后说：“没有。”

为何会这样呢？触龙作了一个发人深思的分析：“当中祸患来得早的就降临到自己头上，祸患来得晚的就降临到子孙头上。为什么国君的儿子被封了侯就都没有好结果呢？这是因为他们地位高而没有功勋，俸禄丰厚而没有劳绩，占有的珍宝太多了啊！”

此时，在这铁的事实面前，应该是火候到了。于是，触龙水到渠成地直接指出太后溺爱长安君的错误之处：“如今您抬高长安君的地位，封给他肥沃的土地，赏赐他许多国家重器，却不趁现在您还在时，让他多为国家立功。一旦您不幸去世，那么，长安君凭什么保持在赵国的地位呢？我觉得您为长安君考虑得太短浅了。”

这番话说到了点子上，真正起到了药到病除的作用，把赵太后说得口服心服。赵太后终于醒悟，说："是啊，随便你派他做什么吧。"

于是触龙下令为长安君备齐一百乘车辆，让他去齐国做人质。齐国这才派出救兵，秦国军队便撤退了。

赵太后溺爱幼子而置国家安危于不顾，简直到了蛮横不讲理的地步，面对此情此景，深谙说话艺术的左师触龙并没有一味地犯颜直谏，而是察言观色，步步诱导，旁敲侧击，明之以实，晓之以理，不知不觉之中，太后怒气全消，明白了国君和居高位的执政者应该让自己的子女去为国家建功立业的道理，允许长安君到齐国做人质。触龙成功说服赵太后的故事，告诉人们诤谏比一味地恭敬更能让人发现自身的错误，采取正确的措施。

本卷主要就内心的修养给予人们一些指导。古代人特别注重修心，文中子也不例外。本卷教育人们在名利、荣辱和逆境等面前该保持怎样的心态。一个人要想赢得人生，就要把自己心胸中填满“清净”二字，修身养性，拔除病根，光大自我。

1. 用心性控制欲望

【原文】

欲无止也，其心堪制。

【译文】

欲望是没有止境的，思想可以制伏它。

【解析】

人总是活在欲望当中，用欲望作为动力，不断地为自己、为社会、为他人创造财富的时候，欲望可以称之为理想。相反，当欲望变成无限制的索取，乃至达到自己都无法控制的时候，欲望就变成了一种灾难。此时，就要学会止欲，告诉自己过多追求欲望就会相应地失去快乐与幸福，还是适可而止为上策，拥有平淡的快乐要比无止境的虚无重要得多。欲由心生，需要理智的控制。

【主题延伸阅读】

贪欲是隐形“杀手”

圣人生存在世间，无生存之虞就已知足，不求多余的感官刺激，因而抛弃外在的追逐，只取内在的满足。

对于老子的这一见解，南怀瑾先生指出，老子是针对当时社会中人丧失自我于物欲、迷失本性于世俗的现象，阐述的修身养性的道理。即：圣人对生存的条件并不苛刻，他们没有过多的贪欲，只追逐内心的满足。

人生在世总难以摆脱人事的微妙，总要面对社会的错综复杂，如履薄冰是许多人真实的感受，很少有放松的时刻。烦恼都是因事情而起，而好事也绝非那么的单纯。所以，人们眼中的美事儿有许多都是虚幻的，它们能让人逐步堕落，过分的追逐物欲只能给人们带来一时的快乐，而引发的祸患却是长久的。

春秋时期，越国被吴国打败，越王勾践带领残兵逃到会稽山上，被吴军团团围住。勾践派人向吴王夫差请降，夫差不答应，勾践几乎绝望了。

这个时候，勾践的谋臣文种、范蠡为他出主意说："吴国大臣伯嚭十分贪财，他现在正受夫差宠信，如果用重礼向他行贿，他一定会为我们说好话的。"

勾践于是让文种带上大量金银财宝，又选了八位美女，前去求见伯嚭。

伯嚭偷偷地接见了文种，他一见重金和美人，心中就高兴起来。文种对他说："我奉命来见你，是不想让好事给别人占去啊。财宝和美人都在这，只要你肯替我家大王美言几句，让吴王退兵，这些就都是你的了。"

伯嚭说："越国灭亡了，越国的东西都会归吴国所有，这点东西又算得了什么呢？你是骗不了我的。"

文种早有准备，他马上说："如果是这样，越国的一切也是都归吴王所有，你是得不到半点好处的。何况只要越国不亡，我们定会时时记得你的恩德，进献永远不会停止。这是天大的好事，聪明人是不会拒绝的。"

伯嚭觉得文种说得在理，于是收下美人和财宝，答应替越国求情。

伯嚭的一位心腹看出了问题，他对伯嚭说："越国送钱送人，看是好事，实际上这是陷你于不义啊！他们现在有求于你，才会这样，哪里是他们的真心呢？收下礼物，以后的麻烦就大了。"

伯嚭不听规劝，从此百般在吴王面前说勾践的好话，越国终于保存下来。

勾践在吴国做人质期间，文种给伯嚭送礼无数，从未间断。伯嚭不停

地为勾践进言，帮助他回到了越国。

勾践灭掉吴国后，伯嚭自以为有功，欢天喜地拜见勾践。勾践对他说：“你贪财好色，出卖自己的国家，还有脸见我吗？”

勾践杀了伯嚭，他的家人也一个没留。

伯嚭让主动上门的好事迷住了双眼，不厌其多，结果搭上了自己和全家人的性命，还断送了吴国。他不问青红皂白，见好事就要，这是他贪婪幼稚的表现，注定要有那样的下场。

古人因为贪欲而丢权丧命的不在少数，而现代人却依然没有感悟老子在这方面的智慧——现代人常常认为，“吃点拿点收点，不算什么大问题”，这种自谅心态使有些人忽视了贪欲之害。

惩治腐败的高压态势，贪官落马的惨痛教训，使有些人对十几万、几十万元的大“红包”不得不心存畏惧。但他们对“喝个小酒、收个小礼、受个小贿”等等的小诱惑，往往毫无畏惧之心，统统照单笑纳。在他们看来，收大礼受大贿风险大，一旦暴露将受到严惩；而收点小礼违纪不犯法，警察管不着，法官判不着，处分够不着。殊不知，“恶不积不足以灭身”。一个人贪欲之口一开，就不会满足于小打小闹，很难在诱惑面前止步，最终会滑入贪欲的泥潭难以自拔。

是呀，不过分去追逐那些“生不带来死不带去”的虚幻之物，各种贪欲就不会成为扼杀我们美好人生的隐形杀手。换句话说，人生少一分贪念，便会多一分快乐、多一分幸福。

2. 行动可以解除疑惑

【原文】

惑无尽也，其行乃解。

【译文】

疑惑是没有尽头的，践行就能解除它。

【解析】

生命无止境，疑惑也无止境，从而才有学无止境。那么在心中充满疑惑的时候，光靠头脑的想象是无法解决问题的，应该身体力行的去考察问题的答案，这样才会在不断的解惑中提升自己。相反，在疑惑面前止步的人，不仅永远得不到问题的答案，同样失去的还有对未知探索的勇气。

【主题延伸阅读】

诱惑没有尽头，践行就能解除它

人们的欲望是无限的，得到了之后，还想得到更多，发展得很快了，还想更快，这种欲望可以化做个人成长的推动力，但如果控制不好，过于贪多、求快，欲望反而是一种灾难。有长远眼光的人懂得用行为控制自己的欲望，求得平稳健康成长。

海尔集团CEO张瑞敏曾经提出这样一个问题：怎样不借助外力让石头在水面上漂起来？答案是速度，唯有速度能使沉甸甸的石头漂在水面。同样，在市场竞争日益激烈的今天，速度对于一个企业发展起着至关重要的作用，但是许多企业家片面地理解了张瑞敏的这句话，认为讲求速度就是一味求快，企业发展得越快越好，殊不知，速度也有快慢之分，如果一味贪快，让企业失去了平衡，就会欲速不达，甚至带来灭顶之灾。相反，如果能抵挡住发展的诱惑，把速度适当放慢一些，暂时舍弃一些利益，稳中求进，企业会走得更远，生命力会更强盛。

能够抵挡住速度陷阱诱惑的典型代表就是当当网。

2003年前后，当当网获得了惊人的发展速度，年同比增长率高达200%、300%以上，当时年轻狂放的当当网总裁李国庆曾在一批北大经济学教授面前放言：互联网企业的高增长可以持续10年。2004年，李国庆、俞渝夫妇公开宣称当当网的发展策略是："扩张，扩张，不断扩张。"但没过多久，李国庆清醒地认识到企业发展速度过快不是什么好兆头，"很多企业想一口吃胖，却撑死了"，于是猛然来了个急刹车，采取了稳健的发展策略，同时，提高订单送达速度，于2008年7月23日启动北京、上海、广州、深圳四城市物流提速计划，宣布凡北京城区顾客下的订单，当日下单次日就可送达；广州、深圳新推出航空线路，一半以上订单隔日即可送达，较原来送达时间提前3天。有媒体测试显示，在几乎同等条件下，当当网的送货时间几乎比竞争对手卓越网快了一整天。这样，虽然当当网在短期内的盈利减少了，但是却换来了客户更高的满意度，为提升自身未来的竞争实力打下了有力基础。时至今日，当当网已经拥有注册用户4000万，日消费人次已上万，这样的成就是有先见之明的李国庆在形势一片大好的情形下抵住诱惑，主动放慢前进脚步的结果。有人对此深为不解地劝说道："现在就应该把能赚的利润都赚到手，把能拿到的利润拿到手再说。"李国庆并没有被大家的劝说所心动，他之所以这样做，并不是不想在更短的时间内赚取更多的利润，而是他更加懂得“竭泽而渔”所带来的长期隐患，他不想为了眼前利益而丧失更多的长远利益。

为了取得有利的竞争地位，李国庆始终坚持“最低卖价”策略：不管是多么著名企业的产品，如果不能给出最低折扣价，就不与其合作；当当网上的商品，不论是图书、数码产品，还是时尚美妆、潮流家居、休闲食品，倘若价格不能在全国网上做到同类产品最低，干脆就不卖；当当网还设有比价系统，当发现其他网上出现价格更低的同类产品时，当当网会自动调低本网站产品售价。这样在价格上就取得了绝对竞争优势。2008年，对于全球企业来说是不同寻常的一年，这一年华尔街金融风暴席卷全球，企业界遭遇了百年不遇的寒冬，企业应当如何过冬成为众多企业领袖思考的难题。不少企业都拼死守护利润底线，拯救孱弱的现金流，这对于当当网来说也是非常重要的，然而越是在寒冷的冬天，越不能仅思考眼前如何生存，而更要思考春天来了怎么办。与他一起担任联合总裁的俞渝总在身边提醒他抗拒诱惑：“你别听投资人的鼓动，你有90%左右的同比增长，已经很不错了，一定要留好过冬的钱。如果靠负债经营、短债长用，当股本金使尽，有一点风吹草动就完了。”不为了眼前生存而饮鸩止渴，使得当当网的路可能不像以前走得那么快，但一定会走得更远。

企业在成长过程中会经历快速增长带来的喜悦，与此同时也会经历速度陷阱的诱惑，导致继续快速增长，信心高度膨胀，在形势一片大好中开始走下坡路。根据美国一项调查结果显示：60%的成长型企业都是在达到历史最高销售额后的一年内倒闭的。为什么会有这样的怪现象？就是因为企业领导经受不住速度陷阱的诱惑，在快速增长的大好形势面前自我陶醉，却不“知止”，一路朝死亡陷阱直奔而去。正如管理大师德鲁克所指出的，如果企业长时间保持高速增长绝不是一种健康现象，它会使企业极为脆弱，一有风吹草动就会酿成重大危机。

可见，“知止”对企业家把握企业发展的速度有着非同寻常的意义。如

果能在遇到暴利的时候克制住贪婪的欲望，由过去的高歌猛进转为稳扎稳打，由快中取胜转向慢中求实，稳中求进，就能让企业长久生存下去。

3. 不求于人，其尊弗伤

【原文】

不求于人，其尊弗伤。

【译文】

不向他人求助，尊严就不会受到伤害。

【解析】

人类社会只有在大家的互相帮助中才能不断地向前发展，因此，在发展的过程中难免会遇到这样那样的问题不能解决，希望得到他人的帮助，这时的求助是为了大家共同的利益而谋求发展，所以是不会伤及尊严的。相反，对于不思进取只会一味依赖他人的人来说，事事求助他人，难免会遭到他人的讽刺与鄙夷，自尊受到伤害是在所难免的。俗话说，求人不如求己，一个人的尊严需建立在自食其力的基础上，因此，要想有自尊，就要依靠自己的努力奋斗，最终获得成功，赢得尊严。

【主题延伸阅读】

人生要靠自己

有人说，有双好父母就会有好前程；也有人说，嫁个好人家就会幸福；还有人说，有个当官的亲戚人生就会很顺畅……很显然，这些人是将自己的人生寄托在别人身上。但人生不能靠别人，只能靠自己。俗话说：靠天

靠地不如靠自己。自己的道路自己走，只有自己为自己奋斗，才能为自己创造美满的人生。

小刘和妻子先后都失业了。但是为了生活，他们夫妻俩每天仍努力地找工作，可晚上回到家时，却是望着彼此摇头，不停地叹气。

小刘的父亲曾经是个拳击冠军，但如今他年老体衰，卧病在床了。

有一天，父亲的精神很好，他将满脸愁容的小刘叫到床前，对他说了自己在某次赛事上的经历。

在一次拳击冠军对抗赛中，他遇到了一个比自己高大的对手。因为自己是个矮个子，一直无法进行对其有效的反击，反而差点被对方击倒，连牙齿也被打掉了一颗。

休息时，教练鼓励他说："忍住，你一定能打到第12局！"

听了教练的鼓励，他也说："我不会怕，我应付得了！"

于是，在场上，虽然自己一直没有有效的反攻机会，但也没有被对手彻底打倒。他跌倒了又爬起来，爬起来后又被对手打倒，一直坚持到了第12局。

就在第12局最后十几秒钟，可能是力气消耗得太多，对方的手开始发颤了，他抓住这一最好的反攻时机，倾全力给对手一个反击，只见对手应声倒下，他因此获得了拳击生涯中的第一枚冠军奖牌。

说话间，因病痛苦的父亲额上全是汗珠，他紧握着儿子的手，吃力地

笑着："没关系，我应付得了。"

小刘含着泪说："放心，我们也一定能应付过去。"

从此以后，小刘不再愁容满面，白天，他出去找工作，晚上就和家人开心地聚在一起。因为努力地找工作，不久，小刘夫妇都找到了满意的工作。很快，一家人又回到了宁静、幸福的生活中。

后来，每当家人遇到困难的时候，小刘总会想到父亲说的那段话，他会告诉家里的每一个人，甚至是他遇到的每一个生活艰苦的人，那便是在困境中要告诉自己"我一定应付得过去"。

人生在世，好的命运要依靠自己去创造和改变。尤其在巨浪滔天的困境中，我们应随时赋予改变命运的力量，不断地告诉自己："我一定能应付过去。"这样，你才能获得满意的人生。当我们有了一份靠自己改变命运的坚定信念后，困难便会在不知不觉中慢慢远离，生活自然会回到风和日丽的宁静当中。学会依靠自己，你就会走出人生的低谷，出现在你面前的，就将是一片湛蓝的天！

4. 无嗜之病，其身靡失

【原文】

无嗜（shì）之病，其身靡失。

【译文】

没有特殊爱好的毛病，自身就不会迷失。

【解析】

嗜好一旦形成就很难改变，为了满足嗜好，人往往不能控制自己，这样就会犯下错误，当然，这样也会令他人有可乘之机，从而加以利用。最终不能自拔。因此，不良的嗜好会引人堕落，所以有嗜好的人在诱惑面前一定要把持自己，才会避免受到伤害。

【主题延伸阅读】

没有特别嗜好，自身就不会迷失

中国有句经典名言叫“人贵有自知之明”，意思是说要了解自己的情况，对自己有正确的评估。在这里，把人的自知称之为“贵”，可见人一般是多么不容易自知，而把自知称之为“明”，又可见自知是一个人智慧的体现。

为什么这样说呢？因为每个人的生物遗传密码千差万别，造成了每个人特长和缺陷上的很大差别，再加上后天教育和生活环境的差异，更是造就了每个人不同的志趣、性格和特长。一个人只有具备了自知之明，明确了自己的长处和短处，能对自己的人生坐标进行准确定位，知道什么是自己能做的，什么是不能做的，在功名利禄面前保持原有本色，才不会在名利面前迷失。

在物欲横流的现代社会，我们太需要这种自知之明的大智慧了。止学中讲“贪巧之功，天不佑也”，意思是说贪婪和巧取所得的功名，上天不会保佑他。其中还告诫世人“人无誉堪存，誉非正当灭”，意思是说人没有名誉可以存活，不是正道得来的名誉却能让人毁灭。看看那些在演艺界取得一点成就就飘飘然、忘乎所以的演员或在文学艺术方面很有造诣的书法家、绘画家、作家，面对权力的诱惑心动了，不管自己有没有从政的能力，就走马上任，即便吃不上皇粮，也要挂个虚名好给自己脸上增光，更有甚者，使劲了力气，用尽了手段拼命地往政治圈里挤，结果呢，官没当好，为人所诟病，而且还荒废了自己的专长，丢掉了谋生的饭碗。

这其实是没有明确自己的位置，才被权力冲昏了头脑，在特殊喜好面前迷失了自己。一个人可以没有最高的头衔，但一定要坚守自己本有的位

置，心无旁骛地在某个方面做深做透，才能成为万人敬仰的人物。例如孔子尽管一生没有什么头衔，却起着万世师表的作用，不是更伟大吗？设想一下，如果孔子当了鲁国的宰相，如果孔子有过商鞅、吴起、李斯的官差，如果贪恋权位，迷失了自己的方向，也许他就不会对中国文化产生像现在一样的深远影响，这也许就是止学中所说的“求誉不得，或为福也”。

5. 自弃者人莫救

【原文】

自弃者人莫救也。

【译文】

自我放弃的人，人们无法拯救他。

【解析】

在任何时候都不能放弃希望，这是生存的法则。然而，很多人在面对困难时会自暴自弃，导致堕落。对于这样的人，他人是无法给予帮助的，哀莫大于心死。实际上，这种陷入绝望的做法不仅不能挽救当前的困境，而且还会将自己的斗志完全的丧失掉，从而一蹶不振，无力翻身，就是他人想帮助也无从下手。正确的做法就是在困境面前重拾奋斗的勇气，笑着从头再来。

【主题延伸阅读】

自暴自弃者没有人能拯救他

人生道路，到处布满了荆棘，有着各种各样的挫折。人走在这条崎岖

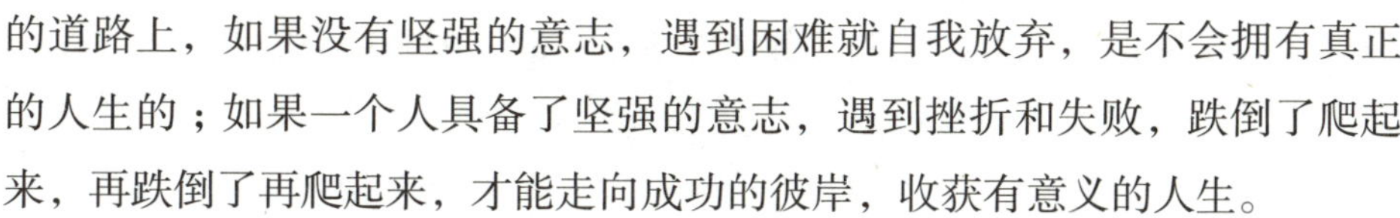

的道路上，如果没有坚强的意志，遇到困难就自我放弃，是不会拥有真正的人生的；如果一个人具备了坚强的意志，遇到挫折和失败，跌倒了爬起来，再跌倒了再爬起来，才能走向成功的彼岸，收获有意义的人生。

日本松下电器公司总裁松下幸之助，年轻时家庭生活贫困，全家只靠他一人养家糊口。有一次，瘦弱矮小的松下到一家电气工厂去谋职。他走进这家工厂的人事部，向一位负责人说明了来意，请求给安排一个哪怕是最低下的工作，这位负责人看到他衣着肮脏，又瘦又小，觉得很不理想，但又不能直说，于是就找了一个理由：我们现在暂时不缺人，你一个月后再来看看吧。这本来是个托词，但没想到一个月后松下真的来了，那位负责人又推脱说此刻有事，过几天再说吧，隔了几天松下又来了，如此反复多次，这位负责人干脆说出了真正的理由："你这样脏兮兮的衣服是进不了我们公司的。"于是，松下幸之助回去借了一些钱，买了一件整洁的衣服穿上又返回来。负责人一看实在没有办法，便告诉松下："关于电器方面的知识你知道得太少了，我们不能要你。"两个月后，松下幸之助再次来到这家公司说："我已经学了不少有关电器方面的知识，您看我哪方面还有差距，我一项项来弥补。"

这位负责人盯着他看了半天说："我干这行几十年了，头一次遇到像你这样来找工作的，我真佩服你的耐心和韧性。"结果松下幸之助的毅力打动了负责人，终于进了那家公司。最终松下又以其超人的毅力成为了一位非凡的人物。

机会总是偏爱那些执著追求的人，有人已经走到了机会的面前，甚至听到了机遇的召唤，可是一念之差，一点退缩，就会导致前功尽弃。只有在所有人都已失望的情况下，仍对自己充满信心，才会争取最后的成功。一个人只有具备了坚定的决心，顽强的意志才会走向成功；一个人只要有决心，任何人都会相信你，会对你付以全部的信任；一个有意志的人，会处处受到别人的帮助。如果你三心二意，没有干劲和毅力，就没有人愿意信任你，支持你，因为大家都了解你做事不可靠，随时都会放弃。

6. 苦与乐自在心

【原文】

苦乐无形，成于心焉。

【译文】

苦与乐没有一定的形态，它的形成取决于人们的思想。

【解析】

痛苦和欢乐原本没有界限，关键看你是怎样看待它的。有的人拥有金钱地位，但是并不快乐，因为这些物质的东西并不能满足情感的需求。有些人没有过多的钱财，但却生活得很快乐，因为他们有一个幸福的家。这就是快乐的定义。同时，快乐还可以延伸，拥有富裕生活的人可以帮助他人，这样会让更多的人喜欢和尊重自己，自己也就不会变得孤独。而物质生活不富裕的人，也可以快乐的工作，通过自己的努力改变现实的生活，这样也能获得快乐和富裕，总之思想千千万，快乐是想出来的，也是干出来的。

【主题延伸阅读】

苦乐取决于人的心态

人世间的苦与乐并没有绝对的界限，它们的转换随心情而定，其实心情也是没有固定形态的，苦与乐的形成与转换又是由谁决定的呢？那就是我们自己。也就是说人生的苦和乐完全取决于我们自己。

有一位农妇提着一篮子鸡蛋赶往集市，途经一拐弯处，与学车小生相撞，不小心打碎了一个鸡蛋。这本来是再平常不过的一件事了，但是这位农妇却伤心得不行。原来这个农妇是个心胸比较狭窄的人，鸡蛋被打碎后，她沿着这样的思路想下去了：一个鸡蛋经孵化后可以变成一只小鸡，小鸡长大后成了母鸡，母鸡又可以下好多的鸡蛋，那些鸡蛋又可以孵出很多的小鸡，所有的小鸡长大了，又可以下很多的鸡蛋，孵出更多的鸡，养鸡场越来越大，如果将养鸡场换成钱那岂不是现在等于损失了一幢房子……于是她越想越伤心，最后农妇大叫一声："天哪！我失去了一个养鸡场！"随着这一声惊叫，她竟然一下子瘫坐在地上，昏厥过去，眼睛发直，口吐白沫，后经好心人送往医院急救才慢慢缓过气来。只是药费不菲需要自付。

故事很小，但让人深受启发，平时生活中，有多少人像那位农妇一样，"碎了一个鸡蛋"后将痛苦放大，觉得"损失了一个鸡场和一幢房子"，愚昧立现。人生在世，遇到挫折是难免的，考试失手，竞争失利，恋爱失败，亲友失和，面子失落，哪怕是其中的一点点，都可能会给人带来无法排解的

痛苦。化解这些痛苦关键还在于我们的心态。倘若将不小心打破一个鸡蛋，放大成失去一个养鸡场的痛苦；把一个钉子扎进脚的痛苦，放大成半身不遂的痛苦，无休无止，自添烦恼。倘若以淡定的心来审视它，它会慢慢缩小，小得如同绣花针一样。这就是《止学》中教导我们的“苦乐无形，成于心焉”。

7. 同等看待荣辱

【原文】

荣辱存异，贤者同焉。

【译文】

荣与辱存有差异，贤明的人却同等对待它们。

【解析】

真正能做到宠辱不惊的人，必有广阔的胸襟和高度的智慧。人生在世，必然有得也有失，有荣也有辱，无论是受宠还是受辱都应该用顺其自然、淡泊名利的心态去对待，无论失还是得，都要将其置之度外，只有这样，才能够修炼自己的气度，真正地做到超尘脱俗。只有从思想上淡化荣辱观念，才能让人放下功利，真正领略人生的自由。

【主题延伸阅读】

真正贤明的人，总是宠辱不惊

人生在世，必然有得也有失，有荣亦有辱，能够做到宠辱不惊之人，必是心胸开阔、有度量、淡泊功名利禄之人，是超尘脱俗、修身养性的谦谦君子。

《新唐书·卢承庆传》中讲了一个卢承庆考绩评功的故事。

卢承庆，字子馀，幽州涿人，在唐太宗时担任吏部“考功员外郎”，专门负责考核官吏的业绩功过。唐朝时期，针对各级官员设立的考核制度也称为考课，磨勘。考课由吏部考功司主持，根据考课等级进行奖惩，考课结果由主管部门当众宣读，考官有酌情处置权。因考核结果事关每位官员的仕途升迁，所以大家都看得很重。但卢承庆却遇到一位宠辱不惊的负责运粮的官员。这位官员在运送粮食时，因遭遇大风，导致发生粮船沉没事故，浪费了许多大米，而受到处分。到年终考核时，考功员外郎卢承庆奉命给下级官员评定等级。因为运粮船沉没一事，卢承庆给那位运粮官评了个“中下级”，并且把这一决定告诉了此官吏。没想到那位运粮官没有意见，也没有任何疑虑的表情，于是就这么定了。后来，卢承庆综合考虑各种因素，觉得粮船沉没是意外事故造成的，并非完全是这个粮官的责任，也不是他个人的力量所能避免的，又将运粮官的级别改成了“中中级”，并再次通知了本人。这个官吏知道后，还是没有意见，也没有流露出半点感激或感谢的神情。

卢承庆见这位运粮官对名利如此看得开，对其大加赞赏：“好，宠辱不惊，实在难得。”于是又将他的级别改成了“中上级”，并把评定结果通知给了那位运粮官，但是他仍然神色自若，无言而退。运粮官的淡定从容、卢承庆的超人见地，实为我国官场千古佳话，这便是成语“宠辱不惊”的典故。

做到从容淡定地面对荣辱，这在等级制度森严的封建社会是难能可贵的。在古代，某些人一旦权力在握，高高在上的等级意识便油然而生，对于下级做出的成绩，居高位者也会将公家的荣誉当成私予的恩赐，就像皇帝给大臣、宫妃的恩宠，你可以不在乎这种恩赐，可以“不惊”，但必须对皇帝心存感恩，即便是皇帝让人死，也是恩宠，也叫赐死，你死也先要

"谢主隆恩"，然后才能死，否则就是大不敬。而典故中的那位运粮官能够冲破封建等级桎梏，宠辱不惊，去留无意，实属难得，这就是卢承庆对此官吏赞赏有加的原因。一个人只有做到了宠辱不惊、去留无意，方能心态平和，恬然自得，方能达观进取，笑看人生。生亦欣然、死亦无憾。

8. 心无怨而忧患弗加

【原文】

事之未济，志之非达，心无怨而忧患弗加矣。

【译文】

事情没有成功，志向不能达到，思想上没有抱怨就不会增加人的忧虑和祸患了。

【解析】

失败并不可怕，志向没有完成也并不可怕，可怕的是心由此而蒙上失败落后的阴影，这样就会一蹶不振。这时，请不要抱怨，虽然抱怨可以暂时发泄心中的不满，可是它对解决问题却一点用处都没有，反而无形之中会增加无穷的压力，从而惹来更多的麻烦。此时，最需要做的就是停止抱怨，保持良好的心态去奋斗，相信只有这样才会重新赢得成功的到来。

【主题延伸阅读】

抱怨于事无补，只会把事情弄得更糟

人生活在繁杂的世界中，会遇到许多不顺心的事，发发小牢骚、吐吐口水，怨气就自然而然地产生了。虽然抱怨是一种发泄方式，然而这些抱

怨会让人丧失斗志，甚至带来祸患。

何比来是公司的一名业务精英，在年终业绩评比时，他的业绩是全公司第五名，他算了一下，他在年终的时候可以获得2万元年终奖。一想到这，何比来心里就乐呵呵的，工作起来也更加卖力。可是出乎所有人意料的是，公司公布的奖金名单上竟然没有写上何比来的名字，可是比自己销售业绩差的同事都被选上了。

何比来简直不敢相信，以为肯定是公司弄错了，于是，何比来决定向领导讨个说法。上司拍拍他的肩膀，语重心长地说："这次年终奖的发放，不仅看业绩，公司进行了无记名问卷调查，考核一个人的工作品质。单位里很多同事都向我反映你在工作中牢骚与抱怨太多，让同事间彼此产生很多误会，团队士气低落，有几次还导致了一些客户丢失，所以，公司决定取消你的奖金资格。借这次机会，希望你能好好反思一下，争取来年做得更好。"

听了上司的话，何比来感到很是羞愧，低下了头，一言不发地退出了上司的办公室。因为他心里清楚上司说的一点没错，自己在工作中一遇到不顺心的事就发牢骚和抱怨，为此，同事们还在私下给他起了一个"抱怨鬼"的绰号。

在生活中，谁都会遇到挫折、不平和委屈之事，当事情没能成功，志向没能达成的时候，怨天尤人，让内心的怨尤之水肆意横流，不仅不能博得他人的同情和安慰，还会招致祸患。

某公司要裁员，名单公布，有内勤部办公室的王娜和赵丽，规定一个月之后离岗。那天，大伙看她俩都小心翼翼，更不敢和她们多说一句话，因为她俩的眼圈都红红的，这事摊到谁身上都难受。第二天上班，王娜的情绪仍很激动，谁跟她说话，她都气冲冲的，像灌了一肚子火药，逮着谁就向谁开火。裁员名单是老总定的，跟其他人没关系，王娜也知道，可心里憋气得很，就找杯子、文件夹、抽屉撒气。“砰砰”“咚咚”，大伙的心被她的举动提上来又掉下去，空气都快凝固了。人之将走，其行也衰，谁忍心去责备她呢？

王娜仍旧不能出气，她去找主任诉冤，找同事哭诉。“凭什么把我裁掉，我干得好好的……”眼珠一转滚下泪来。旁边的人心里酸酸的，恨不得一时冲动让自己替下王娜。自然，办公室订盒饭、传送文件、收发信件，原来属于王娜做的，现在都无人过问了。不久听说，王娜找了一些好像还是重量级的人物到老板那说情，王娜着实高兴了好几天，不久又听说，这次是“一刀切”，谁也通融不了。王娜再次受到打击，很是气愤，异样的目光在每个人脸上刮来刮去，仿佛有人在背后捣她的鬼，许多人开始怕她，都躲着她。王娜原来很讨人喜欢，但后来，人还未走，大家却有点讨厌她了。

赵丽也很讨人喜欢，同事们早已习惯了这样对她：“小赵，把这个打一下，快点儿！”“小赵，把这个传出去！”赵丽总是连声答应，手指像她的舌头一样灵巧。裁员名单公布后，赵丽哭了一晚上，第二天上班也无精打采，可打开电脑，拉开键盘，她就和以往一样地干开了。赵丽见大伙不好意思再吩咐她做什么，便特地跟大家打招呼，主动揽活。她说：“是福跑不了，是祸躲不了，反正这样了，不如好好干好最后一个月。以后想干恐怕没机会了。”

赵丽心里渐渐平静了，仍然勤劳地打字复印，随叫随到，坚守在她的岗位上。

一个月满，王娜如期下岗，而赵丽却被从裁员名单中删除，留了下来，主任当众传达了老总的话："小赵的岗位，谁也不可替代；小赵这样的员工，公司永远不会嫌多！"

在现实生活中，有些人这也看不惯，那也不如意，怨气冲天，牢骚满腹，总觉得别人欠他的，社会欠他的，从来感觉不到别人和社会对他所做的一切，这种人心里只会产生抱怨。哲人说，世界上最大的悲剧和不幸就是一个人大言不惭地说："没人给过我任何东西。"只知抱怨的人，肯定无法得到他想得到的一切。抱怨永远解决不了问题，如果你抱怨生活，生活中的一切都会成为你抱怨的对象，事情就会越弄越糟。与其抱怨结果，不如改变自己，一切就会随之改观。

9. 仁者好礼，不欺其心

【原文】

仁者好礼，不欺其心也。

【译文】

仁德的人喜好礼仪，他们是不愿欺骗自己的思想的。

【解析】

仁德之人注重礼节，然而却会因此而吃亏，但是他们不会因此动摇，因为他们尊崇的思想是"吃亏是福"，始终要"礼"字当先。原因是他们不想欺骗自己的感情，去做违背心愿的事情，无论他人怎样改变，他们心中的道德礼仪永远不会改变。这就是他们为什么高尚的原因。

【主题延伸阅读】

以礼行事，方显一个人的仁德

“礼”既是人们行为规范的基本要求，也是表现“仁”的一种形式，如果一个人不懂得“礼”，自然很难知道“仁”是什么，就不能称之为有德之人；为人如果能以礼行事，人们便觉得他是一个高尚的人。

明代时期，湖北有一户袁氏人家的三个兄弟非常友爱，而且他们从小个个聪明机敏。但他们从不自恃聪明，打小便勤奋好学，对人更是彬彬有礼，深受乡里人的喜爱。乡里有一位教书先生看见袁家三兄弟品学兼优，认为将来定能成大器，对他们寄予了殷切希望，于是，便将自己的知识毫无保留地传授给了他们，呕心沥血地去栽培他们。兄弟三人在老师的悉心教导下，变得更加勤奋努力，对老师也是愈加感激和敬重，生怕辜负了老师的良苦用心，老师对这三个懂事的兄弟很是欣慰。

十年弹指一挥间，三个兄弟经过一番寒窗苦读，各自都学有所成。有一天，老师把他们叫到身边，有点恋恋不舍地说：“你们现已饱读诗书，考取功名一直是老师所期待的，老师虽然舍不得你们，但更愿意看到你们远走高飞，你们去吧。”三兄弟也都想着考取功名来报答老师的知遇之恩，然而现在马上要离开老师了又有些恋恋不舍，一拜再拜，很久才缓缓地离去。袁家兄弟三人进京赶考，都考取了进士，好消息轰动了乡里。为此，袁家决定盛宴邀请亲朋师友，庆贺一番。酒菜一切准备就绪，只差这场喜事的主人袁氏三兄弟了，但是左等右等总不见人影，快到晌午的时候，三兄弟偕同他们的恩师终于来到了酒场。开饭前，三兄弟首先对着自己的老师一拜再拜，以表达他们对老师的培育之恩。老师们见自己的学生这般有出息，自然觉得脸上有光，高兴得合不拢嘴，连夸三个孩子孺子可教、孺子可教。

按照常规的礼节，三个兄弟的所有老师都应该被邀请，还要安排坐在首席。其中有一位是老三小学时的私塾老师，老三曾经在他的门下读过一段时间的书，但不久就转学了，由于时间太久的缘故，所以袁家对这位先生没什么印象了，这次宴请发请帖的时候竟然将他忘掉了。

这位私塾先生名叫刘福锦，他看到自己的学生现在如此风光，本来很想赶场子庆贺一番，但左等右等也没见到袁家给他发请帖，最后确定是袁家忘了他，于是在家生起了闷气。这时，周围的一些亲戚朋友、街坊邻居见此情景，又故意趁机取笑他，他越发觉得很没面子。后来他实在忍不住了，晚上便拿出一张白纸，在上面写下这样一句诗："高塔入云有一层。"意思是提醒老三，你能有今天不要忘了老师我的辛苦栽培。然后装在一个信封里，派人送到了袁家。

老三接到来信，打开一看，猛然清醒地叫道："失礼了，失礼了！"急急忙忙去找两位哥哥商量此事该如何处理。三个兄弟经过一番商议决定再办一场酒席，专门邀请刘福锦老师一次，并准备邀请所

有的长辈师长来作陪。酒宴那天大清早，老三拿出纸笔，在送给刘福锦先生的请贴上，对老师的诗句做了这样的补充："高塔入云有一层，孔明不能自通神，一日为师终生父，谨请先生谅晚生。"一表歉意，还亲自抬着轿子到刘福锦家去请他。

可老先生觉得面子还没有挽回，就假装很生气的样子，不管老三怎样赔礼道歉，他都不肯上轿。老大和老二两兄弟在家里见等不到人，连忙步行赶到刘家，兄弟三人一起恭恭敬敬地拜倒在地深情邀请，刘福锦先生才为学生的真诚大为感动，心中的怨气一消而散，坐着轿子到袁家赴宴了。这三位兄弟就是中国历史上杰出的大学问家袁宗道、袁宏道、袁中道，因为他们都是湖北公安人，史称"公安三袁"。

礼在某些时候起的作用令人不容忽视，在人际交往中懂得礼节的人，公共关系必然极为良好，人想要促成某事，虽然要靠自身的努力，但要是有"礼"来推波，则可助其事成，捷足先登。"礼"的魅力很难抗拒，要想表现你的真情实意，"礼"是最有效的利器之一。

但是"礼"不是表面的低头哈腰，也不仅仅是流于形式的表面问候致意，只有明白"礼"是从内心发出的，对他人的恭敬表现得自然而然，别人才能真切地体会到你的真诚，显示你的仁德。

10. 智者示愚，不显其心

【原文】

智者示愚，不显其心哉。

【译文】

有智慧的人显现愚钝，是不想暴露他的思想。

【解析】

处世需要的是聪明和智慧，但却常常以糊涂的形式表现出来。这是因为在错综复杂的人际社会里，这才是安身立命的重要原则。有时候，过分的聪明就会招致他人的嫉妒，锋芒毕露就会招致他人的陷害。因此，学会低调处事，才是保全自己的法则。谦虚的显示愚钝，实际上是智慧的一次飞跃，就像郑板桥所说："所谓做人难得糊涂，正是大智慧隐藏于难得的糊涂之中。"

【主题延伸阅读】

聪不外露，愚不外显

处世是最需要聪明和智慧的，但聪明与智慧常常以糊涂的形式表现出来。

美国总统威尔逊小时候与同龄孩子相比显得较为木讷，镇上很多人都喜欢跟他开玩笑逗他，或者戏弄他。有一次，他的一个玩伴一手拿着一美元，一手拿着五美分，问小威尔逊会选择要哪一个。

"我要五美分。"威尔逊干脆地回答道。小伙伴们不禁哈哈大笑起来："他放着一美元不要，却要五美分。"有关威尔逊的这个笑话开始四处传播开来。许多人在听了这个笑话后，不相信小威尔逊会如此呆傻，每天都有人用同样的方法纷纷试探他。果然百试百中，每次小威尔逊都要五美分的，对一美元毫无兴趣。惹得人们在一片笑声中离开。

但是，他的数学老师不相信小威尔逊会如此呆傻，有一天，老师找到他，当面询问："小威尔逊，难道你连一美元和五美分都分不清大小吗？"小威尔逊这时才说了真话："我当然分得清，可是，如果要了一美元的话，就没有人愿意再来试了，我以后连五美分都拿不到了。"

选择一美元叫聪明，舍弃这种聪明虽然显得愚蠢，却是智商很高的聪明人很难达到的一种智慧，这就是聪明之人大多一事无成，而拥有智慧的人却能成事。

张作霖文武双全，在一次文人墨客和附庸风雅之士出席的名流集会上，有几位日本浪人邀请张作霖即席赏赐墨宝。张作霖知道日本人是有意找事，但是面对这么多的人不好意思直接拒绝，只好让人拿来笔墨，在案桌上潇洒挥笔，写了一个“虎”字，然后落款“张作霖手黑”。这几位日本浪人看着落款，不知其中蕴藏的玄机，不由得面面相觑。还是随从秘书低声细语地向张作霖指出了其中的纰漏：“大帅，您写的‘墨’字下少了个‘土’，‘手墨’写成‘手黑’了。”张作霖提高嗓门，故意大声呵斥秘书：“我怎么不知道‘墨’字下面有个‘土’？因为这是日本人索取的东西，不能带土，这叫寸土不让！”张作霖的爱国热情立刻引起了人们的掌声，只有那几个日本浪人觉得很没有脸面，只好悻悻退场了。

聪明不是什么坏事，但如果运用不当反而会误事，使人失去许多宝贵的东西，如果我们用智慧来化解，通过实践把这种聪明转化为一种智慧，用智慧指导我们的行动，就会避免聪明反被聪明误的悲剧。

修身卷第十

本卷名为修身。其实为“修德”“修心”，因为本卷甚至没有一篇说的是身体健康的内容。由此看来，古人修身更注重修心，以修心去修身。如何才能“服人”？有的主张“以力服人”，有的主张“以理服人”，也有的主张“以德服人”。在三者中，本卷主张以德服人——这是让人信服的一种至高境界，它是通过自我修炼来达到自我完善的一种途径，是把先贤之美德才学化为自身之习性功力的一个过程，唯有注重修身立德，行端品正，才能“高山仰止，景行行止”，让众人服之、众心归之。

1. 服人者乃德

【原文】

服人者德也。

【译文】

让人信服的是一个人的品行。

【解析】

权势可以压倒一个人，但却不可以压倒他的心，物质利益可以诱惑一个人，却也不会动摇他的心。而真正动摇人心的，让人臣服的是品德。一个具有高尚品德的人，就会使天下的贤能之士心甘情愿地为其效力，因为高尚的品德绝对不会辜负天下的人，有了德便有了功。相反，失德之人除了遭到人们的唾弃，更不会有人与之为伍。

【主题延伸阅读】

让人信服的是一个人的品行

古往今来，人们无不看重“服人”二字，有的主张“以力服人”，有的主张“以理服人”，也有的主张“以德服人”，认为注重自身修身立德，行端品正，道德高尚，就能“高山仰止，景行行止”，让众人服之、众心归之。我们认为，对于今天的领导层而言，除“以力服人”“以理服人”外，“以德服人”更是必不可少的，它是一种更高的用人境界。

公元225年（蜀后主建兴三年），蜀汉丞相诸葛亮为了巩固后方，奉旨起兵50万南征。正当大功告成、准备撤兵之际，突遇蛮王孟获率领的10万反兵的袭击。孟获虽然作战勇敢，意志坚强，但不善于用兵。第一次上阵，见蜀兵败退下去，就以为蜀兵不敌自己，不顾一切地追上去，结果闯进埋伏圈被活捉。将孟获擒获后，诸葛亮让他观看自己军队的阵营，并问孟获："你看我的军队怎么样？"孟获不服气地说："以前我不知道你军队的虚实，所以打败了，你放我回去，整军再战，若再被擒，我便肯服。"于是诸葛亮当即下令放了他，并给他衣服、鞍马、酒食，还派人送他回去。

孟获回去后，信心百倍地对士兵们说："蜀军没有什么了不起的，今夜三更我们去劫营，定能打败蜀军。"当天夜里，孟获率军悄悄进入蜀军大营，一路上都无阻拦。孟获窃喜，以为成功在望，不料正在得意之时蜀军突然四起，孟获又被擒住。这次，孟获仍不服气，要求收拾兵马再与蜀军大战一场，若再被擒，方肯死心塌地归降。于是，诸葛亮亲自将他送至泸水边，派船送回。

之后，孟获接连第三次被擒，但他仍然不服气："我误中诡计，死不瞑目。"诸葛亮还是没有杀他，只是款待后又将其放回。直到第六次被擒，孟获又发誓说，如第七次被擒，我便子子孙孙倾心归服，誓不再反。结果第七次又被蜀兵引进埋伏圈，一网打尽。第七次生擒孟获后，诸葛亮令人设酒食招待孟获夫妇及其宗室，叫孟获回去再招人马来决战。这一次，孟获流着眼泪说："作战中

七擒七纵（即七次逮住七次放回），自古以来没有听说过。我等虽然是化外之人，也懂礼仪，丞相对我仁至义尽，我没有脸再回去了。”就这样，孟获等终于顺服蜀汉，听从管辖。孟获归顺后，诸葛亮命其继续为蛮王，所夺之地，尽皆退还，蜀军班师，孟获亲自送诸葛亮渡过泸水。后来孟获仕蜀，官至御史中丞。终蜀之世，蛮方一直太平无事。

孟子说：“用武力而假借仁义的人可以称霸，用道德而实行仁义的人可以使天下归服。”诸葛亮凭借其军事实力和聪明才智，要征服孟获如囊中取物般容易，他之所以要对孟获七擒七纵，是因为他知道南蛮凭借其地远山险，不服从管制由来已久，即便蜀军打垮孟获的主力，甚至杀了他，南中地区的叛乱仍不会因此而结束，孟获死后一定会有新的叛乱首领出现。夫用兵之道，攻心为上，攻城为下；心战为上，兵战为下。所以，要想彻底平定南方最重要的是攻心，让其心悦诚服地归降。诸葛亮七擒七纵，“纵”的是孟获其人，而最终“擒”的是蛮王及蛮方百姓的心。收服人心，蜀国才会有一个巩固的南方，才会毫无后顾之忧地全力伐魏。

2. 不修德的人没有好下场

【原文】

德之不修，其才必曲，其人非善矣。

【译文】

不培养品行，人的才能就会用于偏邪，他的下场便不是善终了。

【解析】

没有品德约束的人就会放纵自己，胡作非为，做出伤害他人的事情。有才无德的人，对他人造成的危害会更加的惨烈。一个人无论有多大的才能，多高的职位，如果没有了道德的约束，都会变得不可依靠、不可信任，还会不断地迷失自我，沦为别人的工具。自古没有获得成功的人，多不是无才造成的，而是丧失道德导致的。

【主题延伸阅读】

大的节操很容易被小的瑕疵葬送

古人说："不衿细行，终累大德。"意思是说，平时不注重小节，将有损于道德修养，甚至丧失大节。今天在市场经济条件下的官场里因小失大的案例可以说是层出不穷，剖析当下众多贪官的堕落轨迹，大都是从当初的"小节"开始的。这些"小节"看似与腐败不沾边，其实在那漂亮甚至是充满"人情味"的面纱下却包藏着吞噬心，意志脆弱者往往会在不经意中滑落下去而无力自拔。

尼克松是我们极为熟悉的一位美国总统，他在位期间取得的政绩有许多可圈可点之处：20世纪70年代初期，尼克松访华，恢复了同中国中断二十几年的关系；在任期内，又在越南问题上通过妥协将美国军队撤出了越南，逐渐结束了那场使美国陷入危机的战争；还就削减战略武器同苏联达成协议，结束了长达几年的美苏冷战。外交上的这些显赫成就为他赢得了空前的声望和良好的声誉，在美国人心目中树立起了伟岸高大的形象，也享誉国际政治舞台。

尼克松总统感动人们的不仅是他出色的从政能力，而且还有他不服输、不放弃的做事精神。正是尼克松在位期间政绩斐然和做事的精神，使得美国民众相信他会在1972年总统连任中以绝对优势胜出。然而就在总统竞选前期，为了能使自己在竞争中稳操胜券，尼克松却做出了一件极不光彩、令他后悔终生的蠢事。他在竞选连任期间，其竞选委员会成员一度潜入民主党总部水门大厦，窃听民主党竞选会议。这就是美国政治史上有名

的“水门事件”。此丑闻被揭露出来后顷刻间引起美国公众哗然。

事发之后，尼克松为了维护总统尊严，原想利用总统职权，动用各种手段干预司法调查，并做了一些掩盖的手脚，以达到推卸责任、息事宁人的目的，但是没想到欲盖弥彰。于是尼克松又开始指望在访谈中为自己的行为辩解，用过去的辉煌，比如开中美外交之先河，来遮盖“水门”的污点，力求翻身。但这反而成了反对党攻击他的炮弹，同时美国公众的舆论也锐不可当，结果使得包括白宫办公厅主任在内的一大批内阁成员宣布辞职，尼克松也不得不于1974年8月9日做出美国历史上从未有过的“壮举”——宣布辞去总统职务，依依不舍地离开了白宫。我们不会忘记纪录片中那个令人难忘的特写镜头：镜头聚焦在尼克松的脸上，茫然、悔悟，甚至有些扭曲，已经完全找不到往昔的自信和傲慢。他为此耿耿于怀，始终不肯认错，欠着一个道歉，还在梦想有朝一日东山再起。

尼克松本人种下的苦果以及事发后的欠妥处理，使他为此付出了惨重代价，以前辛辛苦苦树立起来的良好形象彻底崩溃瓦解，水门事件成为他政治生涯中一个永远无法抹去的污点，也由此断送了自己的政治前途。

尼克松在晚年曾说过：“只有去过最深的峡谷，才能体会攀上最高山峰时，风光是多么壮丽。”我想，这句话也正是尼克松总统一生的写照。水门事件葬送了尼克松的政治前途，也警示我们“慎微”的处世之道。《止学》中说“小处容疵，大节堪毁”。树立一个良好的形象，可能需要花费一个人几年、十几年的时间，而要毁掉一个人的形象，却可以不费吹灰之力。所以，无论是从政，还是经商、求学，首先要注意社会公德，用正当的手段参与竞争。不顾自己的形象和身份，不顾社会公德，不择手段地进行牟权，虽然能解一时之急，但是若将此作为自己的依托，结果将适得其反，不仅形象被玷污，事业也会因此遭到失败。

3.虚心纳言者才能成功

【原文】

纳言无失，不辍（chuò）亡废。

【译文】

采纳他人的建议就没有缺失，不中途停止就不会前功尽弃。

【解析】

我们都是踩着前人的经验之路而慢慢成长的，因此，在我们的工作、学习和生活中要接受他人好的建议，才能够避免错误，有利于成长。相反过分的自信，不听取他人的善言，最终的结果只会重蹈覆辙。在成长的路途中无论遇到怎样的困难都要坚持走下去，这样才会看到成功的曙光，半途而废的结果往往是失败。

【主题延伸阅读】

死拼盲打不靠谱，多听听别人的意见

我们很容易相信那句“走自己的路，让别人说去”的名言。然而，有多少人正是因为太相信这句话而吃尽苦头。走自己的路当然没错，但如果能够多听一听别人的意见，尽量少走弯路不是更好吗？

俗话说“一处不到一处迷”，很多问题不是仅凭我们自己的想当然就能解决的，一定要去见识一番才能了解情况。如果全靠自己去闯，受伤的机会就比较多了，因为你无法预料那个陌生的地方有没有陷阱荆棘，有没有

毒虫猛兽。若是向“过来人”问一问，安全系数就大大提高了。当然，你不能像小马过河那样，全听他人意见，重要的还应该是结合自己的实际情况亲自实践一下。

李强是一个刚出道的年轻人，因为学了几年的服装设计，于是想自己创业，开一家服装店。他的家人知道了他这个创业计划后，劝他说：“你舅舅以前做过好多年的服装生意，虽然现在不做了，但他有很多关于服装生意的经验，你最好先去请教你舅舅。”

李强心想，舅舅做生意都是几年前的事了，他那点老经验拿到网络时代来用，只怕已过时得太久了。他决定按自己的思路做事。

李强在街面上租了一个门面，门面的周围没有服装店，只有几家面点店和百货商店。在他看来，这里开服装店，没有竞争对手，生意会更好做。但是出乎李强的意料，开业后，他的服装店生意一直不景气，就这样一直支撑了半年，把仅有的一点积蓄也花完了。正在犹豫时，母亲替他请来舅舅，帮忙找找生意做不下去的原因。舅舅来到店铺一看就说：“你这地方没人气啊，就你一家开服装店，很难招揽到客人。”

李强听完了舅舅的解释，觉得很有道理，于是接受了舅舅的意见，换了一个地方重新开了一家服装店。后来，他在舅舅的指点下，新开服装店的生意做得很不错，现在已扩大成服装超市了。

或许，我们经常听到别人的忠告，自己也常常给别人提出忠告。然而，当人们给予建议或忠告时，你是仔细聆听，还是认为人们故意找麻烦？分清别人的意见是否切实可行，是很宝贵的一笔财富。

4. 细节决定成败

【原文】

小处容疵，大节堪毁。

【译文】

小的地方存有缺点，大的节操就可能被葬送掉。

【解析】

平时不注重小节，必将有损于道德修养，甚至丧失大的气节，这就是古人所谓的不衿细行，终累大德。从小事做起是修身养性的根本，一点一滴的积累才能成就品德的提升。一个人的品行高低往往体现在他的一举一动之中，很多人就是因为小事情没有做好，从而招致错误的不断积累，最终走向失败。因此，就像古人所言，不以善小而不为，我们要以小事为基础，做好每件事，走好每一步，才能积累自己的能力，修养自己的品德。

【主题延伸阅读】

不要犯眼高手低的毛病

“千里之行，始于足下”，要想未来成就大事就必须要从当下小事做起，眼高手低是定位的大忌，只有脚踏实地才能把梦想化为现实。

郭得如毕业于某大学外语系，她一心想进入大型外资企业，但最后却进入了一家成立不到半年的小公司“栖身”。心高气傲的郭得如根本没把这

家小公司放在眼里，她想利用试用期“骑驴找马”。

在郭得如看来，这里的一切都不顺眼——不修边幅的老板，不完善的管理制度，土里土气的同事……自己梦想中的工作可完全不是这样。“怎么回事？”“什么破公司？”“整理文档？这样的小事怎么让我这个外语系的高材生做呢？”“这么简单的文件必须得我翻译吗？”“就一篇小报告而已，为什么自己不写要我帮忙呢？”“噢，我受不了了！”

就这样，郭得如天天抱怨老板和同事，双眉不展、牢骚不停，而实际的工作却常常是能拖则拖，能躲就躲，因为这些“芝麻绿豆的小事”根本就不在她思考的范围之内，她梦想中的工作应该是一言顶千金的那种。呵，梦想为什么那么远呢。

试用期很快过去了，老板认真地对她说：“我们认为，你确实是个人才，但你似乎并不喜欢在我们这种小公司里工作，因此对手边的工作敷衍了事。既然如此，我们也没有理由挽留你。对不起，请另谋高就吧！”

被辞退的郭得如这才清醒过来，当初自己应聘到这家公司也是费了不少力气的，而且，就眼前的就业形势，再找一份像这样的工作也很困难。初次工作就以“翻船”而告终，这让郭得如万分失望与后悔，可一切都已晚矣！

有些人则不同，他们也有很高的梦想，但不会每天都深迷于幻想中难以自拔，他们从眼下的工作开始做起，从一点一滴的小事做起，并毫不松懈地坚持下去。要知道除非是努力把事情做成，否则什么也不会发生。就这样，他们一步步地默默努力着。终于有一天，他们晋升成为公司的骨干，所有人都不禁会大吃一惊，但仔细回想，这一切其实纯属正常，毕竟天助自助者。梦想对于他们，已经变成了活生生的现实。

当人们抱着过高的目标接触现实环境时，感到处处不如意，事事不顺心，于是就整天抱怨。其实在做事时，首先要做的是根据现实的环境调整自己的期望值，即使给自己定位很高，也要从现实出发。

5. 敬人先敬心

【原文】

敬人敬心，德之厚也。

【译文】

尊敬他人就要尊重他人的思想，这是提高品德的关键之处。

【解析】

与人交往，无论给予对方多少的物质帮助，都不如精神上的支持。所以，我们要善于与人交心，这样才能了解其思想和底蕴，才能给别人机会，同时也给自己机会。在思想上尊重他人，包容他人，这样才能提升自己的品德，扩展自己的度量。

【主题延伸阅读】

尊重他人就要尊重他的观点

与人交往，不论对方的地位高低、身份如何、相貌怎样，都要尊重他人的人格，使对方在心理上获得满足，进而产生愉悦感。尊重他人最重要的就是尊重思想，允许他人表达思想，表现自己。当别人和自己的意见产生分歧时，不把自己的意见强加给对方。

美国总统林肯在执政期间，其才干、品德和从政能力深深受到内阁成员的钦佩，成为大家都能接受的全局性人物，这主要源于他在处理问题时

所奉行的和而不同的行为准则和政治态度。不管是与其意见一致的人，还是与他意见相左的人，他都给予应有的尊重，不会因政见不同，就凭借手中掌握的权力，对对方进行人身攻击或是报复。这种做法使他能够在各种政治势力中进退自如而不会受制于任何一方，甚至连那些曾经反对他的政党派别也对他的这种温和态度抱有某种幻想。1860年，林肯刚刚当选为美国总统后不久，有一个名叫巴恩的金融界人士到总统办公室对他进行拜访，正巧遇到参议员萨蒙·蔡思从总统官邸出来。对于萨蒙·蔡思这个人，巴恩是很了解的，觉得他一点不适合从政，于是建议林肯说："如果你要组阁的话，千万不要将此人作为您的选择对象。"

林肯听了很奇怪，问他为什么这样说。巴恩说："因为萨蒙·蔡思这个人是个自高自大的家伙，他觉得自己很了不起，甚至觉得连你都没有他伟大。"林肯笑笑说："哦，原来是这样，那么，除了萨蒙·蔡思之外，您知道还有谁像他一样觉得他自己比我伟大很多？"

"其他人我不是很了解，"巴恩回答说，"不过，您为什么要这样问呢？"

"因为我想把他们全部选入我的内阁。"事实证明，巴恩识人是很准的，萨蒙·蔡思确实是个目空一切、唯我独尊、骄傲自满、得意忘形的家伙，他疯狂地追求最高领导权，实现自己的总统梦，没想到却输给了林肯，只好退而求其次，将目标转移到了国务卿这一职位的竞争上。令萨蒙·蔡思失望的是，林肯却将这一职位安排给了西华德，无奈之下，他只好再而求其次，谋得了财政部长的位子。萨蒙·蔡思为此感到大为不快，一直对此事耿耿于怀。不过，论才能，这个家伙确实不可小觑，无论是在宏观调控方面还是在财政预算方面，他都有自己很独到而高效的方法，因此，林肯非常欣赏他在金融方面的才干，并以求同存异、和而不同的原则尽量减少与他的争执和分歧。

内阁成员对于林肯对死对头一味退让的做法非常看不惯，有一位成员向他提议说："你不应该试图和萨蒙·蔡思那样与你意见相左的人交朋友，而应该消灭他们。"

林肯笑笑回答道："当他们变成我的朋友时，难道我不正是在消灭我的敌人吗？"在林肯的内阁成员中像萨蒙·蔡思一样与林肯存在意见分歧的大有人在，其中有一半是民主党人，另一半虽然是共和党的同仁，但却又是自己的死对头，其中的典型除了萨蒙·蔡思之外，还有一个人物叫赛华德。赛华德自认为无论是从资质、学问，还是名望上，自己完全有资格坐上总统宝座，没想到这个位子却被伊利诺伊州的小律师占得了，所以心里很不服气，在对某些问题的看法和主张上有意与林肯持相反观点。

林肯所要面对的问题远远不止这些，当时政见相左、水火不容的两派势力——激进派和调和派同时向林肯施加压力。在对待这些人上，林肯没有试图消除哪一派别，而是善于寻找他们认识上的共同点，在两个派别之间选择更加明智、实用和富有建设性的意见；与两派都密切合作，却不站在任何一派的立场上考虑问题。林肯不仅在工作上，尊重内阁成员的不同意见，而且在日常交往中，他在尊重权威、尊重自己感情和判断的同时，也坦诚而公正地尊重所有的人，尊重他人的阅历和经验。正是这种和而不同的政治领导艺术，使得他得到了一切进步阶层和全体美国人的衷心拥护，成为美国历史上最伟大的总统之一。

随着当今政治的多元化，文化的多样化，"和而不同"成为国与国之间、人与人之间处理分歧所坚守的重要原则。所谓"和而不同"，指"和"

不等于“同”，“同”是无差异，千篇一律，高度统一，“和”则是不同思想的对立统一。虽然现今社会越来越讲究言论自由，思想自由，但自由不是无拘无束、无法无天，不是以自己的主张压制他人的思想主张，而是确保每一个公民的权利都得到法律尊重。人人都有坚持自己思想的自由，但没有剥夺他人思想的自由；“我虽然反对你的意见，但坚决捍卫你发表不同意见的权利”。坚持和而不同，尊重别人的价值观，特别是尊重弱者，“己所不欲，勿施于人”，那么就会得到其他人的尊重，在这样的情况下才有所谓的正义、平等、自由、博爱。因此，自由既强调自尊，又强调自律；既追求自我实现，又懂得宽容他人；不但可以自由发表自己的意见，而且尊重并乐于听取不同意见，唯有如此才能达到和谐相处的目的。

6.真诚待人，不行诡道

【原文】

诚非致虚，君子不行诡道。

【译文】

真诚不能靠虚假得来，所以君子不使用诡诈之术。

【解析】

在现在纷繁复杂的社会里，人与人之间的感情已经很难辨别出真假，我们在伤怀的同时还要保留希望，因为，毕竟真实流露的感情是怎么伪装也得不来的。

真诚付出感情，得到的是真诚友爱的回报，自己也会问心无愧，做人也会坦然。相反，为了某种利益虚伪的付出感情，与真情实感是有很大差别的，就是这种差别最终都会让虚情假意的人露出马脚，当虚伪暴露于世人面前时，除了人们的鄙夷和唾弃，最惨的就是失去了自我。

【主题延伸阅读】

做人要厚道

不知什么时候“做人要厚道”这句话开始流行起来了。翻阅老子的典籍我们发现了这样一句话：“大丈夫处其厚，不居其薄；处其实，不居其华，故去彼取此。”由此看来，先哲老子在很早的时候就已经很推崇“做人要厚道”的思想了。

有人可能会这样认为，在这个世界上越是善于玩弄手段的人越能赚到钱、越能逍遥。其实，我们不应将眼光放得如此短浅。只要稍微向远看，就不难发现这些善于玩弄手段的人，不是妻离子散就是家破人亡，最终都没有好结果。从某种意义上说，机关算尽者的共同命运通常为：以害人始，以害己终。古往今来，概莫能外。

秦、魏两国军队摆开阵势以后，商鞅派人给魏国领兵的将领公子卯送上一封信，信上假惺惺地说：“我和您是老朋友，现如今是敌对的两国将领。我不得不接受秦王的委派带兵前来攻打您。我很想和您见上一面，签订个盟约，大家高高兴兴地喝一杯，然后领兵回营，使秦、魏两国都相安无事，不是很好吗？”商鞅本来就是公子卯的老朋友，信上又把主动请命领兵伐魏说成是“秦王令我领兵伐魏”，似乎是不得已而为之。谎话说得那么不脸红，也就很有欺骗性。难怪魏公子卯不听军吏劝阻，应邀与商鞅相见。没有想到，会盟之后，正在尽情饮酒之际，商鞅早已埋伏下的全副武装的刀斧手突然出现在席间。公子卯还没有清醒过来，便当了俘虏，成了阶下囚。

商鞅虽因俘虏公子卯、大破魏国军、割河西之地而名利双收，得到商、於十五邑的封地，戴上“商君”的桂冠。然而这胜利的花环掩盖不了他灵

魂的丑恶，为人的卑劣。与庞涓一样，商鞅也无法逃脱道德的惩罚，无法改变“恶有恶报”的戒律。待他的支持者秦孝公死后，不得不离秦去魏。魏人怨恨商鞅欺诈公子卯而使魏国损兵、折将、割地，而不肯接纳他，并愤愤地将其押送回秦国。秦国杀了他犹不解恨，又“车裂”之，并灭其族。

如果一个人不厚道，总和人玩狡诈之术，只能得益于一时，最终还是搬起石头砸自己的脚。所以，做人厚道、坦荡为人，才能使自己立于不败之地。

7.人最难的就是战胜自己

【原文】

祸由己生，小人难于胜己。

【译文】

祸患由于自身而产生，小人很难战胜自己。

【解析】

任何的祸患都是自己引起的，与他人无关。君子在遇到祸患之后就会以此为警示，不断地告诫自己，不要再犯同样的错误。而小人却往往是千百次地犯同样的错误，却始终还是难以控制自己，致使越来越多的错误将自己推到绝望的深渊，再想爬起来却无能为力。究其原因就是，小人不讲修身，不讲道德，甚至没有原则，所以在诱惑面前一次次的犯下错误而不知悔改，这是他们失败的最终原因。由此，修身是我们时时刻刻要做的事情，只有这样，我们才可以明辨是非，把握自己。

【主题延伸阅读】

命运掌握在自己手里

一个生活平庸的人带着对命运的疑问去拜访禅师，他问禅师："你说真的有命运吗？""有的。"禅师回答。"是不是我命中注定穷困一生呢？"他问。禅师就让他伸出他的左手指给他看，说："你看清楚了吗？这条横线叫爱情线，这条斜线叫事业线，另外一条竖线就是生命线。"然后禅师又让他跟自己做一个动作，他的手慢慢地握起来，握得紧紧的。禅师问："你说这几根线在哪里？"那人迷惑地说："在我的手里啊！""那命运呢？"

那人终于恍然大悟，原来命运是在自己的手里，而不是在别人的嘴里。

命运掌握在自己的手里，而不是在别人的嘴里。然而，我们身边却有许多人在怨天尤人、自暴自弃，他们总觉得自己不如别人，总埋怨父母没有给他们最好的生活，总以为别人是天才而自己却是愚不可及。从而一天天地消沉下去。对于这些人，我只能说："是你的态度和行动决定了你们的命运，并不是什么家庭与智商，怨天尤人、自暴自弃更是无济于事。如果想改变现状，只有先改变态度与行动。"

正确把握自己的命运，正确对待人生，是一种态度，一种境界，一种美德；是洒脱，是奔放，是对自己的尊重与负责。

漫漫人生路，有谁能说自己是踏着一路鲜花，一路阳光走过来的？又有谁能够放言自己以后不会再遭到挫折和打击，我们应该知道在成功的背后往往布满了荆棘和激流险滩！如果因为一时受挫就轻易地退出"战场"，半途而废，到头来懊悔的只能是你自己；如果总是因为害怕失败而丢掉前行的勇气，就永远不会追求到心中的梦想，正如歌中所唱的，阳光它总是在风雨之后……

对于受挫和失意，命运会赐予一件最妙的补偿，那就是从哪里跌倒，

就从哪里爬起来，使自己带着现实的态度，以现实的稳健步伐走下去，去履行自己的人生，去实现自身的价值，生命的好处，也正是在这个时候才像春天吐芽一般，一点一点地显露出来。人生的魅力，在于时时可以从痛苦的阴冷角落里启程，走向阳光明媚的远途，走向没有遗憾的未来。这就是幸福的根蒂，也是你我永生的财富。

滴水足以穿石。每一天的努力，即使只是一个小动作，持之以恒，都将是明日成功的基础。所有的努力，所有一点一滴的耕耘，在时光的沙漏里积累后，萃取而出的成果将是掷地有声，众人艳羡的“成功之果”。

8. 不惧怕谤言和强权

【原文】

谤言无惧，强者不纵，堪验其德焉。

【译文】

对诽谤的话不惧怕，对势大的人不放纵，以此可以验证一个人的品德。

【解析】

面对诽谤，面对权势的欺压，不同的人会有不同的做法，而从他们的做法中就会看出他们的品德。有勇气面对一切的流言蜚语，在强权面前敢于维护自己的尊严和利益，这样的人可以称得上是品德高尚的正义君子；相反，对于他人的诽谤没有反击的勇气，面对强权的侮辱却还笑脸相迎的奉承，这样的人丧失的不仅仅是品德，还有做人的基本原则。

【主题延伸阅读】

不怕权势，才是正义之士

有勇气面对一切流言蜚语，敢于啃硬骨头、敢于碰硬钉子，不回避矛盾，不畏惧权势，面对权势的侮辱和刁难敢于直截了当地公开予以回击，以维护自己的尊严，这样的君子算得上是品德高尚的正义之士了。

春秋时期，齐国的晏婴有一次奉命出使楚国，面对楚国统治者的侮辱，晏婴不但没有丝毫的惧怕，还反唇相讥，从而赢得了人格和尊严。

当时的楚国一天比一天强大起来，楚国自认为是“南岭虎”，想咬谁就咬谁，所以，齐国虽然也是个大国，但楚国也不把齐国放在眼里。为了疏通国与国之间的交往渠道，和善关系，齐王便派出晏婴出使楚国。晏婴到达楚国后，楚王想借晏婴解解气，就传令楚人，尽量侮辱晏婴。

晏婴远远地过来了，前来迎接的礼宾官员见他那么矮小，就命令士兵打开城门旁边的侧门，瞧他进不进。晏婴仪表堂堂地站在正门前，一声不响。

嬉皮笑脸的士兵过来了，晃悠着脑袋指了指小门儿，说：“先生，您请进吧！”

晏婴轻蔑地笑了笑，指着一个侧门，打了个比喻，反击道：“这纯系狗洞！出使狗国的人，才走狗洞！”本想戏弄一下晏婴的礼宾官员反被侮辱了一通，只好命令士兵把正门敞开。

楚王接见了晏婴，但表现得极为傲慢无礼，他不屑一顾地问晏婴：“难道齐国没有人了吗？”

晏婴听了这话暗想：这不仅是对我个人的嘲笑，更是对国家尊严的侮辱。于是，晏婴连眼皮也没有抬，夸张地赞颂自己的国家道：“我的故国齐都，名唤临淄，说大，确实不大，但是，如果每个人都把袖子甩开，能盖住偌大的太阳！如果每个人挥一把汗水，无异于下一场大雨！国都的大路上，人如潮涌，摩肩接踵，怎能说没人呢？”楚王也想夸奖一下自己的国家，又苦于没有辞令，困窘了半晌，才接上了晏婴的话茬，冷嘲道：“齐国既然人多势众，为什么选你来出使我国呢？”

晏婴也顺势接着楚王的话讽刺道：“是的，诚如您所说，齐国派出使者，是经过谨慎选择的：水平高尚的，出使上等国家；水平低下的，出使下等国家。我晏婴水平低下，不消说，就出使贵国来了。”楚王听后哑口无言，只好吞下了这个“苦药丸”！

晏婴出使楚国，楚王想借机百般羞辱晏婴。面对这种困境，晏婴对势大的人不畏惧，用自己的聪明才智对楚王的侮辱话语予以有力回击，挫败了楚国有辱齐国国格和自己人格的阴谋，还巧妙地使对方自感羞愧，由此维护了自身的尊严和齐国的国威，真可谓是不辱使命。

9.识人先察其德

【原文】

不察其德，非识人也。

【译文】

看不出人的品行，就算不上会识人。

【解析】

与人结识，不要被他美丽的外表所迷惑，也不要被他富有的物质生活所倾倒，最主要的是要看他有没有一颗善良的心。因为，美丽的外表终究会随着岁月的流逝而变老，富裕的物质也是不断地变化，唯一不变的就是人心。

但是人的内心的好坏是无法一眼就能看穿的，所以在交往的过程当中，我们就要从他的言行举止中去渗透，去了解，当然，一个善良的人是不会表现出虚假的感情来的，所以，看一个人的人品，才算真正认识这个人。

【主题延伸阅读】

识人的关键在于看德行

在现实生活中，有这么一些人，他们善于装饰打扮自己，当着领导者的面，总是以“正人君子”的面孔出现，看上去似乎公道正派，心地纯良，给人一种“善人”的表象，其实他们的内心极其阴险，心术不正，这种人是典型的“阴阳人”或“两面人”。一旦起用这种人担任领导职务，将会给国家或组织带来无穷祸患。因此，领导者在识人时，不能只看到一个人的当面“表演”，而不看其品行，或看不透其品行。

安禄山是西域胡人和突厥人的混血儿，本姓康，父亲死得很早，母亲带着他改嫁给了一个姓安的突厥人，于是改名安禄山。安禄山在发动叛乱之前，用了整整十年的时间卖傻装憨，言辞乖巧，最终赢得了唐玄宗的百般信任，对他毫无防备之心，可谓用心良苦。

公元 743 年（天宝二年），安禄山升任平卢节度使后入朝谢恩。玄宗对其恩宠无比，一面笑答，一面调侃逗弄，而安禄山显得受宠若惊，还乘机上奏说：“去年营州一带昆虫大嚼庄稼，臣即焚香祝天：我如果操心不正，事君不忠，愿使虫食臣心；否则请赶快把虫驱散。下臣祝告完毕，当即有大批的鸟儿从北边飞来啄食蝗虫，蝗虫马上全部飞走。由此可见，天神也认为臣对皇上忠贞不贰。应该把它写到史书上去。”如此可笑的谎言，玄宗信以为真，并更加相信安禄山的憨直诚笃。

到了公元 751 年（天宝十年），安禄山随着手中权力的扩大，野心也

愈加膨胀，企图起兵谋反称霸一方。而在起兵之前，他的野心丝毫没有被唐玄宗所察觉，这得益于他善于在玄宗面前逢场作戏的本领。安禄山晚年，越吃越肥，大肚子垂至膝下，走路时要左右仆人扶持腋下才能迈动步子。但一到上朝面见唐玄宗时，安禄山常作胡旋舞，腾挪旋转，轻松自如，其疾如风。玄宗见此眉开眼笑，问道："你腹中装的是什么东西，如此庞大，跳起舞来却又显得轻盈无比？"安禄山脱口而出："没有其他东西，只有一颗忠于陛下的赤心。"玄宗乐得差点要摸他的大肚子了。

安禄山得知玄宗与太子之间存在矛盾，就故意在玄宗面前表现出对太子的不敬。有一次他到长安晋见唐玄宗，行礼完毕后有傧相告诉他也要朝太子行礼，他装傻问道："皇太子是什么官职？"唐玄宗说，他为储君，朕驾崩后你就要归他管。安禄山作恍然大悟状："自己是胡人，只知其父，而君上就好比父亲，所以只朝君上拜礼而不知拜储君。"说着，还用手故意打了自己的脑袋几下，然后随随便便地向太子拜了几拜。玄宗大悦，以为安禄山傻而忠，故而给他加官晋爵，让他兼任三镇节度使，掌握兵马数十万，

使得他更加踌躇满志，骄恣横行，并趁机招降纳叛，极力扩充实力，积极为发动叛乱做全面的准备。安禄山不断秣马厉兵，公元 755 年（天宝十四年），其司马昭之心许多人都有察觉，当时朝中许多大臣都一再向唐玄宗提及，但唐玄宗被安禄山的花言巧语哄得云里雾里，对他的忠心深信不疑：“禄山对我推心置腹，肯定不会谋反！”杨玉环也被干儿子哄得眉开眼笑，她做梦都不相信满嘴抹蜜的“禄儿”会谋反。当狼烟四起，安禄山反叛的消息确凿后，唐玄宗惊慌失措，匆忙调集兵力全力镇反，但已经无法抵挡安禄山势如破竹的气势，唐王朝政权由此受到沉重打击。

安禄山并不是一个真正有雄才大略的英雄，然而，唐玄宗却对他百般信赖，授予实权，致使这样一个目光短浅、阴险奸诈的无赖之徒集千万恩宠于一身，在仕途上如鱼得水，步步高升。这既与其本人善于逢场作戏、卖傻装憨的计谋有关，又与唐玄宗李隆基好大喜功，偏听偏信，不善于识人的缺陷有关，不能看出安禄山的真正品行，结果为大唐江山带来了祸患。

10. 识而不用非大德

【原文】

识而勿用，非大德也。

【译文】

能识人却不能任用他，就不能说是德高者了。

【解析】

在位者不仅要善于识别人才，更重要的还在于善于任用人才，这就是人们常说的“知人善用，择贤而任”。所谓知人，就是考察选准人才；所谓

善用，就是正确地使用人才。所谓择贤，就是要选择那些德、才、能三才兼备的良将；所谓而任，就是将具有德、才、能三才兼备的良将任用到重要的工作岗位上去，发挥他们应有的智慧与才能。只有在识好人才的基础上用好人才，才能维护好政权。

【主题延伸阅读】

能识人更要会用人

春秋时期，齐桓公拜管仲为相，君臣一心，励精图治，对内整顿朝政，力行改革，对外尊王攘夷，终于九合诸侯，一匡天下，成就了春秋五霸之首的伟业。霸业的取得与齐桓公的开明和管仲的谋略是密不可分的，但还有一个重要原因就是齐桓公善于任用人才。管仲作为齐桓公身边的重要谋士，之所以能够最大程度施展自己的才华，是因为齐桓公没有让他独揽大权，如果管仲也是集各种权力于一身的话，恐怕他早就有谋反之嫌了。

根据《韩非子直解》记载，齐桓公对管仲极为信任，有一天，他在朝堂对大臣们说："寡人想要立管仲做我的仲父，不知你们有什么意见。同意我立管仲为仲父的人进门以后往左走，不同意的人进门后往右走。"他说完以后，群臣各分左右，入门后站定，唯有一个叫东郭牙的大臣既不往左走，也不往右走，竟然站在门的正当中。

东郭牙是何许人也？据《吕氏春秋》记载，东郭牙，也就是叔牙。管仲就是经过他的推荐，才得以被齐桓公重用的。东郭牙最显著的特点就是性格耿直，敢于犯颜直谏，所以一直被管仲称为知己。齐桓公看到东郭牙做出这样的反应，感到很奇怪，就问他说："寡人要立管仲为仲父，如果你同意就往左走，不同意就往右走，你为什么立在中间不动呢？"东郭牙不紧不慢地问道："请问大王，以管仲的才能可以谋定天下大事吗？"

齐桓公说："当然能。"

东郭牙又问："以管仲的决断能力能干成大事吗？"

齐桓公说："当然能。"

东郭牙说："那好，管仲的智谋足以谋定天下大事，管仲的决断足以干成大事情，而您现在又要把国家的大权交给他，如果他用自己的智谋才能，凭借您的威势，来治理齐国，请问，您的政权能不危险吗？"齐桓公听后悚然而惊，对东郭牙说："你的意见很有道理。"

于是，齐桓公就不再立管仲为仲父，也不把所有的大权交给他，而是让自己的曾孙治理内政，让管仲治理外交，使他们分权并立，相互制衡，杜绝了权力的滥用，维持了国家的政局稳定。

为什么同样的一个人才在不同人手下做事成效却相差悬殊？这与用人者是否善于用人有很大关系。如果权力分配不当，而又不及时地从其现任的位置上撤职和采取切实可行的分权措施进行纠正，这必然是国家之祸，使人民受害，后患将是无穷的。要想国家繁荣富强，政治稳定，领导者就要知人善任，在充分发挥人才特长的同时，避免权力过度集中到一个人手中。

参考文献

[1] 陈才俊．止学全集［M］．北京：海潮出版社，2011.

[2] 马树全．止学［M］．合肥：黄山书社，2010.

[3] 杨承清．中国人成事最常用的招儿［M］．北京：航空工业出版社，2011.

[4] 左燕．最有中国味的谋略之道［M］．北京：中国华侨出版社，2013.

[5] 吴冰．厚黑成大事的智慧［M］．北京：中国商业出版社，2005.

文中子简介

王通，字仲淹，生于隋文帝开皇四年（公元 580 年），卒于隋炀帝大业十三年（公元 617 年），朝河东郡龙门县通化镇（今山西省万荣县，一说山西河津）人，是盛唐文明的思想先驱，死后门弟子私谥为“文中子”。

作为隋朝著名的大儒和隐士，《隋书》等史书中本应有关于他的传记，但现存的官方史书《隋书》以及《北史》等却没有为王通留下一个字。新、旧《唐书》王绩、王勃、王质传中虽均曾提及他，然皆极简略，仅称其为隋末大儒而已。参考其他文献，我们大致可以知道：王通出生在官宦世家，其家族是魏晋南北朝时期赫赫有名的太原王氏。这支王姓族人从春秋战国时开始，就英才俊杰层出不穷，在社会上享有很高的威望。到王通及其后人时，太原王氏又进入一个新的发展阶段。王通的弟弟王绩，是初唐时有名的诗人；孙子王勃，更是名列“初唐四杰”之首。王通从小受家学熏陶，精习《五经》，传说他 15 岁时便开始从事教学活动，18 岁时有“四方之志，游历访学，刻苦读书，不解衣者六岁，其精志如此”。学问大有长进。

他在隋文帝仁寿三年，也就是公元 603 年参加科举，考中功名，后来就到了长安，很受隋文帝的赏识，但却受到朝廷大臣的排挤。后来虽被任命为蜀郡司户书佐、蜀王侍读等一些很小的官，但不久便因对朝廷失去信心而辞官归乡，从此决心以古代隐逸贤才为榜样，“退而求诸野”，完全闭门著述，聚徒讲学，走了传统文人和前辈圣贤实现自己理想的老路。

他的思想学说，上承孔孟，下接唐代韩愈，直至宋代理学，可圈可点之处颇多。在自然观上，他对以董仲舒为代表的天人感应学说及后来的谶纬神学进行了抨击，在一定程度上使汉代以来神学化的儒学向理学转变；

在政治上，他以恢复王道政治为目标，倡导实行“仁政”，主张“三教合一”，基本上是符合时代潮流的；在文学上，王通论文主理，论诗主政教之用，论文辞主约、达、典、则，主张改革文风，这些都有一定的进步意义。可惜天妒英才，王通仅活了 38 年。其死后，众弟子将他奉为“至人”，称他为“王孔子”或“文中子”，并用讲授记录的形式保存下了王通讲课时的主要内容，以及与众弟子、学友的对话，共为 10 个部分，成为后人研究王通思想以及隋唐之际思想发展的主要依据和参考文献。

后人对他的评价都很高，如唐末著名学者皮日休就充分地肯定了他在隋唐儒学变革和发展中的重要历史地位，称赞他说可继孟氏者“唯文中子王氏”，而“文中子”之道，百代之后能得其真传者只有韩愈。

《止学》全文

智卷第一

智极则愚也。圣人不患智寡，患德之有失焉。才高非智，智者弗显也。位尊实危，智者不就也。大智知止，小智惟谋，智有穷而道无尽哉。谋人者成于智，亦丧于智也。谋身者恃其智，亦舍其智也。智有所缺，深存其敌，慎之少祸焉。智不及而谋大者毁，智无竭而谋远者逆。智者言智，愚者言愚，以愚饰智，以智止智，智也。

用势卷第二

势无常也，仁者勿恃。势伏凶也，智者不衿（jīn）。势莫加君子，德休与小人。君子势不于力也，力尽而势亡焉。小人势不惠人也，趋之必祸焉。众成其势，一人堪毁。强者凌弱，人怨乃弃。势极无让者疑，位尊弗恭者忌。势或失之，名或谤之，少怨者再得也。势固灭之，人固死之，无骄者惠嗣焉。

利卷第三

惑人者无逾利也。利无求弗获，德无施不积。众逐利而富寡，贤让功而名高。利大伤身，利小惠人，择之宜慎也。天贵于时，人贵于明，动之有戒也。众见其利者，非利也。众见其害者，或利也。君子重义轻利，小人嗜利远信，利御小人而莫御君子矣。利无尽处，命有尽时，不怠可焉。利无独据，运有兴衰，存畏警焉。

辩卷第四

物朴乃存，器工招损。言拙意隐，辞尽锋出。识不逾人者，莫言断也。势不及人者，休言讳也。力不胜人者，勿言强也。王者不辩，辩则少威焉。智者讷言，讷则惑敌焉。勇者无语，语则怯行焉。忠臣不表其功，窃功者必奸也。君子堪隐人恶，谤贤者固小人矣。

誉卷第五

好誉者多辱也。誉满主惊，名高众之所忌焉。誉存其伪，谄者以誉欺

人。名不由己，明者言不自赞。贪巧之功，天不佑也。赏誉勿轻，轻则誉贱，贱则无功也。受誉知辞，辞则德显，显则释疑也。上下无争，誉之不废焉。人无誉堪存，誉非正当灭。求誉不得，或为福也。

情卷第六

情滥无行，欲多失矩。其色如一，神鬼莫测。上无度失威，下无忍莫立。上下知离，其位自安。君臣殊密，其臣反殃。小人之荣，情不可攀也。情存疏也，近不过己，智者无痴焉。情难追也，逝者不返，明者无悔焉。多情者多艰，寡情者少艰。情之不敛，运无幸耳。

蹇卷第七

人困乃正，命顺乃奇。以正化奇，止为枢也。事变非智勿晓，事本非止勿存。天灾示警，逆之必亡；人祸告诫，省之固益。躁生百端，困出妄念，非止莫阻害之蔓焉。视己勿重者重，视人为轻者轻。患以心生，以蹇为乐，蹇不为蹇矣。穷不言富，贱不趋贵。忍辱为大，不怒为尊。蹇非敌

也，敌乃乱焉。

释怨卷第八

世之不公，人怨难止。穷富为仇，弥祸不消。君子不念旧恶，旧恶害德也。小人存隙必报，必报自毁也。和而弗争，谋之首也。名不正而谤兴，正名者必自屈也焉。惑不解而恨重，释惑者固自罪焉。私念不生，仇怨不结焉。宽不足以悦人，严堪补也。敬无助于劝善，诤堪教矣。

心卷第九

欲无止也，其心堪制。惑无尽也，其行乃解。不求于人，其尊弗伤。无嗜之病，其身靡失。自弃者人莫救也。苦乐无形，成于心焉。荣辱存异，贤者同焉。事之未济，志之非达，心无怨而忧患弗加矣。仁者好礼，不欺其心也。智者示愚，不显其心哉。

修身卷第十

服人者德也。德之不修，其才必曲，其人非善矣。纳言无失，不辍亡废。小处容疵，大节堪毁。敬人敬心，德之厚也。诚非致虚，君子不行诡道。祸由己生，小人难于胜己。谤言无惧，强者不纵，堪验其德焉。不察其德，非识人也。识而勿用，非大德也。